suhrkamp taschenbuch 396

3,50
10/96

Erich Heller, geboren am 27. März 1911 in Komotau in Böhmen, studierte in Prag Jura und Germanistik. 1939 emigrierte er nach England, 1948 wurde er zum Professor für deutsche Sprache und Literatur an der Universität von Wales ernannt. Heute lehrt Erich Heller an der Northwestern University in Evanston, USA. Buchveröffentlichungen in deutscher Sprache: *Enterbter Geist, 1954; Thomas Mann, der ironische Deutsche, 1959; Studien zur modernen Literatur, 1963; Die Reise der Kunst ins Innere, 1966; Essays über Goethe, 1970; Nirgends wird Welt sein als innen: Versuche über Rilke, 1975; Franz Kafka, 1976.*

Die Wiederkehr der Unschuld: »Ohne Zahl und zahllos variiert sind die Figuren des Denkens und der Phantasie, die sich im Treffpunkt von Rousseaus ›Zurück zur Natur‹ und Hegels ›Vorwärts zum Geist‹ bildeten; was aber alle gemeinsam haben, ist die sehnsüchtige Erwartung eines Zustands, in welchem die Befangenheit des seiner selbst sich bewußten Individuums, dieses beharrliche Hemmnis der Seele auf der Suche nach ihrer Freiheit, aufgehoben ist und aufgelöst in der endlich wiederhergestellten oder auf neue Weise erreichten ›Naivität‹ und ›Unschuld‹« *(Erich Heller).*

Der große titelgebende Essay, der zuerst 1973 publiziert wurde und hier in überarbeiteter Form vorgelegt wird, kreist das Motiv ein, dem Hellers Denken in der Analyse der »drei Verwandlungen Zarathustras« nachgeht: das literarische Motiv der Anmut, der Grazie, der schwerelosen kindlichen Unschuld, wie es z. B. in Kleists Dialog *Über das Marionettentheater* in der mechanischen Konstruktion der Marionette auftaucht. Der Reiz, der von Erich Hellers Essayistik ausgeht, liegt nicht zuletzt in dem fast utopisch zu nennenden Gehalt ihrer literarischen Sujets, den sie subtil, zuweilen auch listig, zu entfalten vermag.

Erich Heller

Die Wiederkehr der Unschuld

und andere Essays

Suhrkamp

suhrkamp taschenbuch 396
Erste Auflage 1977

Satz: Otto Gutfreund & Sohn, Darmstadt
Druck: Nomos Verlagsgesellschaft, Baden-Baden
Printed in Germany
Umschlag nach Entwürfen
von Willy Fleckhaus und Rolf Staudt

Inhalt

I.
Die Wiederkehr der Unschuld

Zarathustras drei Verwandlungen und Nietzsches innere Biographie

Also sprach Zarathustra (1883–1885) ist unter Nietzsches Werken das Buch, auf welchem, als wäre es ein Jugendstil-Thron, sein Ruhm jahrzehntelang höchst kaiserlich beruhte; und wenn Nietzsche selbst seinen bärtigen Propheten nach dem Turiner Rötelstift-Selbstbildnis Lionardo da Vincis sah, so fiel das Gemälde doch mehr auf die Art eines präraffaelistischen Malers aus. Nietzsche aber hielt seinen *Zarathustra* für das Fünfte Evangelium, das Evangelium, das die ersten vier außer Kraft setzte, und liebte ihn als das echtbürtigste Kind seines poetisch-philosophischen Genies. In seiner Autobiographie aus dem Jahr 1888, *Ecce Homo*, deren Titel schon den herannahenden Größenwahn verrät und dennoch im leidenschaftlichen Glanz und in der Präzision der Sprache seine Meisterschaft bezeugt (eines großen Geistes Größenwahn – welch katastrophale Überflüssigkeit!) – in *Ecce Homo* berichtet er von dem Aufruhr des Geistes, in welchem fünf Jahre vorher der erste Teil von *Zarathustra* geboren wurde. Hat am Ende des neuzehnten Jahrhunderts, fragt er da, auch nur einer noch eine klare Vorstellung davon, was in weniger schwächlichen Zeitläuften Inspiration hieß? »Im andren Falle will ich's beschreiben.« Sie sei von solcher Art, daß einer, der davon betroffen ist, sich nur mit Mühe des Glaubens erwehren kann – und hätte er auch nur die geringste Spur von Aberglauben in sich, so glaubte er wirklich –, daß er »bloß Inkarnation, bloß Mundstück, bloß Medium übermächtiger Gewalten« sei. »Offenbarung« – das Wort in dem Sinn verstanden, daß plötzlich etwas sichtbar wird, was vorher verborgen war – wäre keine übertriebene Bezeichnung für das, was ihm damals zustieß. Denn er fand auf einmal, wonach er nicht gesucht hatte, so berichtet Nietzsche, und nahm an sich, ohne zu fragen, woher es ihm kam. Luminöse Gedanken leuchteten auf wie Blitze, »mit Notwendigkeit, in der Form ohne Zögern, – ich habe nie eine Wahl gehabt«. So erging es ihm mit *Zarathustra* (XXI, 251).[1]

Obgleich der heutige Leser von *Zarathustra* sich oft und immer wieder wünscht, es hätte weniger Blitze und mehr Zögern, weniger Notwendigkeit und mehr Diskretion gegeben und vor allem weniger von jenem Dialekt der Ewigkeit, der wie der Adler und

1 Nietzsche wird nach der Musarion-Ausgabe seiner Gesammelten Werke, München, zitiert, Schiller nach der Insel-Ausgabe, Leipzig. In beiden Fällen bezieht sich die römische Ziffer in der Klammer auf den jeweiligen Band, die arabische auf die Seite.

die Schlange und die ganze evangelische, emblematische und allegorische Kulissenwelt arg gealtert ist (während etwa der Stil von *Menschliches, Allzumenschliches* mit jeder Lektüre jugendfrischer wird), stimmt es dennoch, daß es der Leuchtkraft von Nietzsches Geist zuzeiten gelingt, durchs dicke prophetische Rüstzeug hindurchzuscheinen, ja dann und wann sogar an Helligkeit zu gewinnen durch die parabolische Präsentation, und den Sinn mit einer Direktheit an den Mann zu bringen, die jeglichem diskursiven Philosophieren versagt bliebe. Ein Beispiel ist die Rede Zarathustras »Von den drei Verwandlungen« – es ist seine erste –, obgleich es sogleich am Anfang nicht ganz mit rechten allegorischen Dingen zugeht:

> Drei Verwandlungen nenne ich euch des Geistes: wie der Geist zum Kamele wird, und zum Löwen das Kamel, und zum Kinde zuletzt der Löwe (XIII, 25).

Versucht man sich diese so gut wie unvorstellbaren Metamorphosen dennoch vorzustellen, so geht es ohne großes zoologische und spirituelle Unbehagen nicht ab: Müßte der Geist sich nicht arg degradiert fühlen, indem er zum Kamel wird, und der Löwe sich nicht der Operation widersetzen, die ihn in eine so hilflose menschliche Gestalt zwingen will? Jedoch wird die Inspiration des Propheten in dem, was folgt, überzeugender, wohl weil das weniger anspruchsvolle »*Wie* ein Kamel« nun für die eben noch ganze symbolische Gegenwart des geduldigen Tieres eintritt. Es gibt, so lesen wir, ein Stadium auf dem Weg des Geistes, da er nach nichts mehr begehrt als nach Beweisen, daß er stark genug ist, die schwersten Lasten zu tragen, niederkniet, »dem Kamele gleich«, und »gut beladen« sein will. Und was ist das Schwerste?

> Ist es nicht das: sich erniedrigen, um seinem Hochmut wehe zu tun? Seine Torheit leuchten lassen, um seiner Weisheit zu spotten?
>
> Oder ist es das: von unserer Sache scheiden, wenn sie ihren Sieg feiert? Auf hohe Berge steigen, um den Versucher zu versuchen?
>
> Oder ist es das: sich von Eicheln und Gras der Erkenntnis nähren und um der Wahrheit willen an der Seele Hunger leiden?

Oder ist es das: krank sein und die Tröster heimschicken und mit Tauben Freundschaft schließen, die niemals hören, was du willst?

Oder ist es das: in schmutziges Wasser steigen, wenn es das Wasser der Wahrheit ist, und kalte Frösche und heiße Kröten nicht von sich weisen?

Oder ist es das: Die lieben, die uns verachten, und dem Gespenste die Hand reichen, wenn es uns fürchten machen will?

Alles dies Schwerste nimmt der tragsame Geist auf sich: dem Kamele gleich, das beladen in die Wüste eilt, also eilt er in seine Wüste (XIII, 25 f.).

Wäre die Inspiration, der Nietzsche dies verdankt, so erfolgreich gewesen in dem, was sie bewirkte, wie sie mächtig war in seiner eigenen Erfahrung; und hätte sie, wie Nietzsche es offenbar erhoffte, Gedanken und Erfahrung in eine große poetische Parabel verschmolzen, es wäre kleinlich, sie wieder in die Elemente aufzulösen, aus denen sie besteht. Wie es sich aber nun einmal damit verhält, ist es nicht pietätlos, die animalischen Verwandlungen des Geistes eine Weile außer acht zu lassen und von Nietzsche selbst zu sprechen, von seinem intellektuellen und persönlichen Leben, zwei biographischen Aspekten, die in seinem Fall in engerem Verhältnis zueinander stehen als bei vielen andern Philosophen. Er wußte das selbst, wenn er auch nach seiner Art die persönliche Einsicht sogleich ins Allgemeine übersetzte: Alle Philosophie, sagte er, sei auf diese oder jene Weise autobiographisch, und was den Philosophen vom Gelehrten unterscheidet, sei, daß an ihm »ganz und gar nichts Unpersönliches« ist (XV, 13). (Hätte Aristoteles das sagen können? Thomas von Aquino? Kant? Kaum. Dagegen Plato schon, und wohl auch Augustinus, und ganz gewiß Pascal und Kierkegaard. Hier liegt der Ausgangspunkt einer Typologie von Denken und Denkern.)

Sieht man *Zarathustra* als ein philosophisches Werk an, dann ist Nietzsches Gleichsetzung von Philosophie und Autobiographie zweifellos auf diese erste Rede des Philosophen-Propheten anwendbar; und zwar so sehr, daß es nicht undenkbar wäre, Nietzsches Leben so darzustellen, als wäre er unter dem Zeichen des Kamels geboren. »Einsam . . . und schlimm mißtrauisch gegen mich, nahm ich . . . Partei *gegen* mich und für alles, was gerade *mir* wehe tat und hart fiel« (IX, 7), sagte er einmal und sprach damit eine Grundwahrheit seines Daseins aus. Sie bestimmte sein Leben von Anfang bis ans Ende und verlor auch dadurch nicht ihre Gültigkeit, daß Zarathustra dem Geist eine Laufbahn zuwies, die ihn über das Stadium des Kamels hinausführte. Denn es wäre falsch anzunehmen, daß Nietzsche in eigener Person alle Prüfungen von Zarathustras Metamorphosen bestanden habe: Kamel, Löwe, Kind. Bei weitem nicht; und wenn er etwa Zarathustra als einen so dreifach Verwandelten zeigen wollte, so ist es ihm nicht gelungen: weder ein Löwe, frei von moralischen Skrupeln, noch ein Kind in schöner Unbefangenheit ist, wer den Dichtern vorwirft, daß sie zu viel lügen, und dann, bedrückt von Selbsterkenntnis hinzufügt: »Aber auch Zarathustra ist ein Dichter« (XIII, 166). (Sollte der nach einem Jenseits von Gut und Böse jagende Löwe nicht eher fragen: »Warum denn nicht lügen?« Sein Tonfall aber verrät, wenn nicht schlechtweg moralische Verurteilung, so doch metaphysisches Unbehagen oder – noch schlimmer – Unfähigkeit, an sich selbst zu glauben.)

Auch stimmt es nicht, daß der Gedanke der drei Verwandlungen einem Blitz gleich aufleuchtete, »mit Notwendigkeit, in der Form ohne Zögern«. Nietzsche übte und prüfte ihn im voraus, wie eine Notiz aus der *Zarathustra*-Zeit zeigt (XVI, 36 f.). Darin spricht er noch nicht von drei Verwandlungen, sondern von »drei Gängen« auf dem »Weg zur Weisheit«. Noch haben sich die Symbol-Tiere nicht eingestellt, sondern nur von drei Stufen und Geisteshaltungen ist die Rede; und wenngleich die Trennungslinien zwischen den einzelnen Stadien noch nicht so energisch gezogen sind wie in Zarathustras erster Rede, so ist es doch klar, daß von derselben Reise berichtet wird. Auf dem ersten Gang ist die Aufgabe, besser zu verehren, zu gehorchen und zu lernen als irgendeiner: »Alles Schwere tragen« und gegensätzliche Wertsetzungen im eigenen Innern »miteinander kämpfen lassen« – »Asketismus des Geistes« ist hier das Ziel. Der zweite Gang ist die »Zeit der Wüste«: »Dem Kamele gleich, das beladen in die Wüste eilt . . .«, wird es bei Zarathustra heißen, da er den Geist sich anschicken läßt, zum Löwen zu werden. Diese Wüstenzeit lehrt den Lehrling, Kritik zu üben an allem Verehrten, auch wenn das verehrende Herz dabei zerbricht; denn Freiheit muß er gewinnen und die Unabhängigkeit, sich an »umgekehrten Schätzungen« zu versuchen und das Unverehrte zu idealisieren, bis dann auf dem dritten Gang die »große Entscheidung« fällt, ob er der grenzenlosen Bejahung fähig ist und, weder Gott noch Menschen *über* sich kennend, jene Unschuld des Instinkts erwirbt, die »jenseits von Gut und Böse« auf die Quelle neuer Schöpferkraft stößt: daß »der raubende Löwe auch noch zum Kinde werden« muß, wird Zarathustra sagen.

». . . nahm ich . . . Partei *gegen* mich und für alles, was gerade *mir* wehe tat und hart fiel . . .« Es ist erstaunlich, wie unverkennbar Zarathustra von Nietzsche selbst spricht, da er den Geist in seiner Kamel-Gestalt beschreibt: ». . . sich erniedrigen, um seinem Hochmut wehe zu tun . . .« Wer fasziniert der ereignisreichen Geschichte – sie ist in Nietzsches Werken und nicht nur in seinen autobiographischen Äußerungen aufgeschrieben – seines Verhältnisses zu Wagner gefolgt ist, hat guten Grund zu glauben, daß selbst in den überschwenglichsten Diensten, welche der Autor der *Geburt der Tragödie* und der »Unzeitgemäßen Betrachtung« *Richard Wagner in Bayreuth* dem Dichter-Komponisten geleistet hat, ein beträchtliches Maß von Selbsterniedrigung war. Sicher ist, daß Nietzsche am Ende der *Geburt der Tragödie*, dem Erzeugnis seiner jugendlichen metaphysischen Intuition und seiner klassischen Gelehrtheit, ja seines Genies, vor Wagner »niederkniete«, geradeso, als wären Dionysos und Apollo nur darum zu ihren göttlichen Ämtern gekommen, um der musikalischen Wiederkehr Wotans den Weg zu bereiten. Und hat nicht dieses »fragwürdige« und »wunderliche« Buch, wie er es sechzehn Jahre später nannte (III, 5), nicht vor allem dadurch Schaden genommen, daß es – ein wenig stimmbrüchig – mit einer Art von metaphysischer Reklame für den Musik-Dramatiker endet?

Wenn, wie es mehr als wahrscheinlich ist, einige der Dionysos-Dithyramben verspätete Liebeslieder auf Cosima-Ariadne und Haßgesänge auf Theseus-Wagner sind, dann war Tribschen, der Ort von Nietzsches scheinbar so glücklichen Aufenthalten bei Wagner und Cosima, der Name des labyrinthischen Zustands einer Seele, zerrissen im Widerstreit von Bewunderung, Verlangen, Eifersucht und Selbstlosigkeit. Und vergleichen wir Nietzsches Schrift *Richard Wagner in Bayreuth*, in der noch der Eifer des Apostels glüht, mit dem, was er zur gleichen Zeit über Wagner in sein Notizbuch schrieb – Bemerkungen, die manches von seiner späten Diatribe gegen Wagner, dem *Fall Wagner*, vorwegnehmen –, so errät man, wovon die Rede ist, wenn Zarathustra dem Kamel-Geist aufgibt, »seiner Weisheit zu spotten« und »seine Torheit leuchten« zu lassen – zum Ruhme eines Mannes, dessen Genie er schon damals geneigt war, für katastrophal zu halten: »Das Berauschende, das Sinnliche, Ekstatische, das Plötzliche, das Bewegtsein um jeden Preis – schreckliche Tendenzen!« (VII, 341 f.) ». . . von unserer Sache scheiden, wenn sie ihren Sieg feiert . . .« Genau dieses tat Nietzsche, als er schließlich mit Wagner brach. Damals hatte Wagner über alle Widerstände der Welt gesiegt und brauchte Nietzsches Anwaltschaft in seiner Sache nicht mehr. Im Gegenteil, hätte Nietzsche sich seine Freundschaft bewahrt, wäre wohl ein wenig von dem Licht, das jetzt so reich auf Wagner schien, auch auf denjenigen gefallen, der im Herbst des Jahres 1882, als *Parsifal* in Bayreuth uraufgeführt wurde, sich zwar nicht weit von der Festspielstadt aufhielt, jedoch das Ereignis vermied und aus Tautenburg in einem Brief an Lou Salomé über diesen Künstler und seine Kunst sagte, er, Nietzsche, habe sich einst beide »erliebt«: ». . . es war eine ganze lange *Passion*: ich finde kein anderes Wort dafür«; und dann fügte er hinzu, daß die Trennung von ihm ein Akt der Entsagung war, die, war sie auch von der Notwendigkeit geboten, sich selbst zu finden, »zu dem Härtesten und Melancholischsten« in seinem Leben gehörte.

Das Gefühl, »hohe Berge« erklommen zu haben, um seinen Feind herauszufordern – den »Henker-Gott«, wie Zarathustras Zauberer ihn in einer von Nietzsches unheimlichsten Ventriloquismen nennt, seinen Marterer und doch sein »letztes Glück« – wurde Nietzsche so wenig los wie den Ansporn, »den Versucher zu versuchen«. Dieser Trieb kam aus dem Herzen seiner geistigen Existenz und war vielleicht sein tiefstes Geheimnis. Insofern Thomas Manns *Doktor Faustus* auch ein Nietzsche-Roman ist, ist er das vor allem dadurch, daß sein Held, der Komponist Adrian Leverkühn, das triumphierende sowohl wie tragische Opfer solchen »Versuchens« ist; und Leverkühn könnte sich gewiß in der Gesellschaft jener höchst schöpferischen, einsamen und verstörten Menschen finden, denen Nietzsche einmal die Worte in den Mund legte: »Ach, so gebt doch Wahnsinn, ihr Himmlischen! Wahnsinn, daß ich endlich an mich selber glaube! . . . Der Zweifel frißt mich auf, ich habe das Gesetz getötet . . .; wenn ich nicht mehr bin als das Gesetz, so bin ich der Verworfenste von allen« (X, 22 f.). Denn Leverkühn wollte den Wahnsinn sowohl wie die siegreiche Selbstgewißheit des Genies, und beides wurde ihm gewährt, wenn auch nicht von den Himmlischen, sondern vom Teufel, dem Versucher, den er versucht hatte. Jedoch hatte Nietzsche, der Autor des Wahnsinns-Gebets, selber ein Anrecht auf jene Worte; und noch deutlicher auf sich selbst anspielend, erfand er einmal eine Figur, die er – nach des Versuchers berühmtestem Versucher – Don Juan nannte, den Don Juan der Erkenntnis, der, enttäuscht von jedem erreichbaren Wissen, zuletzt nach dem »absolut *Wehetuenden* der Erkenntnis« verlangte, und ganz am Ende nach der Hölle, der letzten »Erkenntnis, die ihn *verführt*« (X, 247).

So wie Nietzsche aus einem zerstörerischen sowohl als auch schöpferischen inneren Zwang heraus in seinem gelebten Dasein alle »Tröster heimschickte«, Lou Salomé etwa, die er liebte, und dafür die herrschsüchtige und taube Freundschaft der Schwester sich erhielt, eines Wesens von der Art derer, »die niemals hören, was du willst«, so trieb es ihn in seinem intellektuellen Leben aus jeder Gegend, die seiner spirituellen Natur Nahrung bot, zum Beispiel der metaphysischen Domäne der *Geburt der Tragödie* und der *Unzeitgemäßen Betrachtungen*, als wollte er »um der Wahrheit willen an der Seele Hunger leiden« und sich mit »Eicheln und Gras der Erkenntnis« begnügen, wie sie auf den »gottverlassenen« Feldern von *Menschliches, Allzumenschliches* wuchsen. Schrieb er aber dieses antimetaphysische Buch, das geistreichste Werk, das der Positivismus des neunzehnten Jahrhunderts, ja der Positivismus überhaupt hervorbrachte, wirklich »um der Wahrheit willen«? Es so zu sehen, hieße, es sich zu einfach machen. Denn *Menschliches, Allzumenschliches*, das erste große Experiment seines geistlichen Trotzes, ist bereits durchsetzt von dem Verdacht, daß es überhaupt keine Wahrheit gäbe, und sicherlich keine spirituelle, und daß, was Wahrheit heißt, nichts sei als »die Art von Irrtum, ohne welche eine bestimmte Art von lebendigen Wesen nicht leben könnte« (XIX, 19). Hat dieser intellektuelle Argwohn, Erzeuger von witzig-tragischen Paradoxien und Verwirrer aller Logik, erst einmal vom Denken Besitz ergreifen, so kann das Verlangen nach intellektueller Redlichkeit – und keinen verlangte mehr danach als Nietzsche – allein durch die Art von Ironie befriedigt werden, die nicht Unentschiedenheit ist, sondern Schicksal, und bei ihm oft dazu führte, daß er es mit extremen und extrem widersprüchlichen Meinungen zu gleicher

Zeit oder in rascher Aufeinanderfolge versuchte.

Wo solch dürre Jahre für die Wahrheit gekommen sind, stagnieren ihre Wasser; und ist einer dennoch entschlossen, sich darein zu begeben, weil »es das Wasser der Wahrheit ist«, wird er in die Sümpfe geraten und hinter Irrlichtern her rennen. Daß sie »den Irrlichtern um die Sümpfe herum« gleichen »und sich zu Sternen *verstellen*« – das sagt Nietzsche im Buch, das auf *Zarathustra* folgt, in *Jenseits von Gut und Böse* (XV, 243 f.), all den »großen Dichtern« und überhaupt den höheren Menschen nach. Sie haben, schreibt er, immer etwas zu verhehlen in ihrer Seele, etwas Schlimmes, »eine innere Besudelung«; und »oft in den Schlamm verirrt und beinahe verliebt«, erheben sie sich mit der »Falschmünzerei« ihrer Werke in jene Höhen, zu denen das naive Volk in reiner Bewunderung aufblickt. Es mag wohl sein, daß Nietzsche dank der Intuition, die ihn die großen Errungenschaften als die Rachetaten verwundeter und gedemütigter Seelen sehen ließ, wirklich war, wessen er sich rühmte: der erste Psycholog – »Es gab vor mir noch gar keine Psychologie« (XXI, 282) –, einer, der »kalte Frösche und heiße Kröten« und andere Kreaturen des schmutzigen Wassers nicht scheute, wenn nur ihr Aufenthalt eine Wahrheit versprach. Ist es aber das Gebot intellektueller Redlichkeit, daß der Sucher die Wahrheit in versumpften Teichen sucht? Einige Seiten nach der Reise in den Morast steht der Autor von *Jenseits von Gut und Böse* wieder auf trockenem und sauberem Boden: »Woraus sich ergibt, daß es zur feineren Menschlichkeit gehört, Ehrfurcht ›vor der Maske‹ zu haben, und nicht an falscher Stelle Psychologie und Neugierde zu treiben« (XV, 248). Dies freilich ist nicht mehr vom Kamel-Geist gesprochen, sondern von einem, der weiß, daß die »Sumpfwahrheit« nicht das einzig gültige Maß der Wahrheit ist. Trotzdem spricht er von Masken. Wo jedoch kein wahres Gesicht ist, können auch keine Masken sein oder aber Masken allein. Und Psychologie und Neugierde »an falscher Stelle«? Es gibt keine falsche Stelle, wo es die rechte nicht gibt. Oder ist diese dort, wo – immer noch in der Umgebung der Sümpfe – zu lesen steht: »Wer das Hohe eines Menschen nicht sehen *will*, blickt um so schärfer nach dem, was niedrig und Vordergrund an ihm ist, – und verrät sich selbst damit« (XV, 248)?

Für jede Wahrheit, die aus der Welt verschwindet, erscheint ein Gespenst. Eines insbesondere kam zu Nietzsche-Zarathustra, ein

Dämonen-Gespenst, das ihn »fürchten machen« wollte und dem er »die Hand reichte«, als wäre es der Bote freudigster Nachrichten. Mit dieser Begegnung endet das vierte Buch der *Fröhlichen Wissenschaft* (XII, 253 f.). Es ist die erstaunliche, schöne und noch zaghafte »wie, wenn ...«-Probe für die ewige Wiederkehr, die zugleich mit der Prophezeiung des Übermenschlichen nachher zur lautesten Botschaft Zarathustras wurde. Und als wollte Nietzsche verhindern, daß ja niemand die Verbindung zwischen dieser Stelle und dem Propheten-Buch übersehe, nahm er danach Wort für Wort den Anfang von *Zarathustra* vorweg – Wort für Wort, nur mit dem Zusatz der Überschrift »*Incipit tragoedia*«; und die tragische und katastrophale Möglichkeit der ewigen Wiederkehr zeigt sich aufs klarste in jener Stelle. »Das größte Schwergewicht« ist sie überschrieben, anklingend an die schwerste Last von Zarathustras lastentragendem Tier:

> Wie, wenn dir eines Tages oder Nachts ein Dämon in deine Einsamkeit nachschliche und dir sagte: »Dieses Leben, wie du es jetzt lebst und gelebt hast, wirst du noch einmal und noch unzählige Male leben müssen; und es wird nichts Neues daran sein, sondern jeder Schmerz und jede Lust und jeder Gedanke und Seufzer und alles unsäglich Kleine und Große deines Lebens muß dir wiederkommen, und alles in derselben Reihe und Folge – und ebenso diese Spinne und dieses Mondlicht zwischen den Bäumen, und ebenso dieser Augenblick und ich selber. Die ewige Sanduhr des Daseins wird immer wieder umgedreht – und du mit ihr, Stäubchen vom Staube!« – Würdest du dich nicht niederwerfen und mit den Zähnen knirschen und den Dämon verfluchen, der so redete? Oder hast du einmal einen ungeheuren Augenblick erlebt, wo du ihm antworten würdest: »du bist ein Gott und nie hörte ich Göttlicheres!« Wenn jener Gedanke über dich Gewalt bekäme, er würde dich, wie du bist, verwandeln und vielleicht zermalmen; die Frage bei allem und jedem »willst du dies noch einmal und noch unzählige Male?« würde als das größte Schwergewicht auf deinem Handeln liegen! Oder wie müßtest du dir selber und dem Leben gut werden, um nach nichts *mehr zu verlangen* als nach dieser letzten ewigen Bestätigung und Besiegelung?

Nichts, was Zarathustra später mit volltönender Stimme und ohne jedes »Wenn« von der ewigen Wiederkehr verkünden wird, wird so authentisch sein wie diese poetischen Konditionale, und nichts so lichtdurchlässig; und was durch dieses Prosa-Gedicht hindurchscheint, ist der Grund von tragischem Nihilismus, aus welchem die Verkündigung aufsteigt, das schreckliche »Was sonst«, das die Ekstase zur einzigen Bedingung macht, unter welcher das Dasein erträglich sein mag. Denn zwischen dem »ungeheuren Augenblick«, der sich selbst immer und immer wieder will, und der Verfluchung des Dämons erstreckt sich nichts als das öde Nichts. Weshalb denn der Dichter des »größten Schwergewichts« auch weiß, daß es allein im Vermögen des Übermenschen läge, dieses Siegel der Ewigkeit einem Dasein aufzudrücken, das von nichts andrem weiß als der Zeit: von der Zeit und also von der Vergeblichkeit und vom Tod.

Gewiß besaß Nietzsche selbst die Kraft nicht, seine Zeit so in seine Ewigkeit zu verwandeln. Er, der schrieb »Dies Leben – dein ewiges Leben!« (XI, 187), gestand: »Ich will das Leben nicht *wieder*«, und setzte hinzu: »Wie hab ich's ertragen? Schaffend. Was macht mich den Anblick aushalten? Der Blick auf den Übermenschen, der das Leben *bejaht.* Ich habe versucht, es *selber* zu bejahen – ach!« (XIV, 121). So verrät er in seinem Notizbuch und gleichsam hinter dem Rücken des Lesers von *Zarathustra*, woher er weiß, daß das dämonische Geflüster von der ewigen Wiederkehr denjenigen niederwerfen müßte, der das Geheimnis in seinem schwachen Stande erfährt. Und noch erschreckender vielleicht ist diese Eintragung: »Denken wir diesen Gedanken in seiner furchtbarsten Form: das Dasein, so wie es ist, ohne Sinn und Ziel, aber unvermeidlich wiederkehrend, ohne ein Finale ins Nichts: ›*die ewige Wiederkehr*‹« (XVIII, 45). Auch ist es sicher kein Zufall, daß in der Komposition der *Fröhlichen Wissenschaft* dem »größten Schwergewicht« der glitzernde Aphorismus über die letzten Worte des Sokrates vorangestellt wurde; und »glitzernd« ist das *mot juste*, bedenkt man die hemmungslos widersprüchlichsten Urteile, die Nietzsche im Lauf seines Lebens über Sokrates gefällt hat. Hier bewundert er »die Tapferkeit und Weisheit des Sokrates in allem, was er tat, sagte – und nicht sagte«; heiter nennt er ihn, spöttisch und verliebt und in bezug auf sein tiefstes Wissen verschwiegen. Jedoch gab er es mit seinem letzten Wort, dem »lächerlichen und furchtbaren«, preis: »Oh

Kriton, ich bin dem Asklepius einen Hahn schuldig«; und wer Ohren hat, dies recht zu hören, erfährt plötzlich, daß Sokrates, der vor aller Augen wie ein Soldat der Wahrheit gelebt hat, insgeheim ein Pessimist war, der das Leben für eine Krankheit hielt und den Tod für die Heilung. (Die Kranken von Athen, die zum göttlichen Arzt Asklepius um Gesundung beteten, pflegten ihm einen Hahn zu opfern.) Worauf dann Nietzsches Mahnruf folgt: »Ach Freunde! Wir müssen auch noch die Griechen überwinden!«

Was Nietzsche hier von Sokrates sagt, ist zugleich ein weiteres Fragment seiner Autobiographie: »Ich will das Leben nicht *wieder*.« Wenn ein solcher Mensch eine so allumfassende, extreme und fanatische Lebensbejahung verkündet, wie sie im Dogma der ewigen Wiederkehr enthalten ist, so nimmt er damit ganz gewiß Partei gegen sich selbst und für alles, was gerade *ihm* »wehe tat und hart fiel«, und »reicht dem Gespenst seine Hand, wenn es ihn fürchten machen will«. »Alles dies Schwerste nimmt der tragsame Geist auf sich; dem Kamele gleich, das beladen in die Wüste eilt, also eilt er in seine Wüste.« Dort, »in seiner einsamsten Wüste«, geschieht die zweite Verwandlung: »zum Löwen wird hier der Geist, Freiheit will er sich erbeuten und Herr sein in seiner eignen Wüste.« Die Szene – wohlgemerkt – bleibt eine Wüste und in gewissem Sinn bleibt eben auch der Löwe ein Kamel. Er trägt eine schwere Last: das Leben. In seiner Seele aber hat er dieses so von Grund aus hingenommen, daß, was Bürde und Schwerfälligkeit war, zur Katzen-Anmut wurde, das »größte Schwergewicht« zur Leichtigkeit, und die Versklavtheit des untertänigen Geschöpfs zur Freiheit des unbelasteten Löwen, der sich jetzt

> seinen letzten Herrn sucht . . .: feind will er ihm werden und seinem letzten Gotte, um Sieg will er mit dem großen Drachen ringen.
>
> Welches ist der große Drache, den der Geist nicht mehr Herr und Gott heißen mag? »Du-sollst« heißt der große Drache. Aber der Geist des Löwen sagt »ich will«.
>
> »Du-sollst« liegt ihm am Wege, goldfunkelnd, ein Schuppentier, und auf jeder Schuppe glänzt golden »Du-sollst!«
>
> Tausendjährige Werte glänzen an diesen Schuppen, und also spricht der mächtigste aller Drachen: »aller Wert der

Dinge – der glänzt an mir.«

»Aller Wert ward schon geschaffen, und aller geschaffene Wert – das bin ich. Wahrlich, es soll kein ›Ich will‹ mehr geben!« Also spricht der Drache.

Meine Brüder, wozu bedarf es des Löwen im Geiste? Was genügt nicht das lastbare Tier, das entsagt und ehrfürchtig ist? (XIII, 26)

Der Dialekt ist üppiger als sich für eine Wüste schickt, der pseudo-biblische Ton ist so schwer erträglich wie die Last des Kamels, und der Wagner-Drache wartet mit beunruhigender Offensichtlichkeit auf seines Siegfrieds Todesstreich. Der Sinn aber ist klar, so klar, daß ihm der allegorische Zierat nichts anhaben kann: Es gibt kein Sittengesetz und also auch keine Pflicht. Tot ist der alte Gott, der Urheber von Gesetz und Gebot und der Erzeuger aller »Du-sollst«-Drachenschuppen. Was not tut, das sind neue Tafeln, neue Werte. Aber »neue Werte schaffen – das vermag auch der Löwe noch nicht«, fährt Zarathustra fort; und freilich ist er kein aufbauendes Tier. Er mag sich selbst ein Lager aufschichten, aber keinen Sinai für die Menschheit. Doch kann er – so will es Nietzsches Parabel – den Raum der Freiheit erobern, den der Geist für sein neues Schöpfertum braucht; und der erste Schritt ist »ein heiliges Nein«, wo das Kamel seine heillose Zustimmung nickte: vor der Pflicht, die jetzt ja von nirgendwo kommt, und vor dem unaufhörlichen »Du-sollst«, das, des Gesetzgebers beraubt, leer in der Luft hängt. Das wenigstens vermag der Löwe.

Wieder gelingt es Zarathustras erster Rede, eine lange, verwikkelte und tragische Geschichte allegorisch so zu verkürzen, daß sie fast einfältig erscheint. Ihr Brennpunkt-Thema ist die Frage: Was ist das Wesen der Sittlichkeit? Nietzsches ganze spirituelle Existenz war von dieser Frage beherrscht. Immer von neuem nahm er es mit ihr auf – nach *Zarathustra* insbesondere in *Jenseits von Gut und Böse* und der *Genealogie der Moral* – und kam mit ihr nicht zu Rande. Das aber war ein Versagen, das sich von den meisten andern durch die intellektuelle Leidenschaft unterschied, mit dem das sich versagende Ziel verfolgt wurde, jene Art von Leidenschaft, die, so will es scheinen, nur ein anderes Wort ist für Unerfüllbarkeit. Und wurden im Zuge des Unternehmens nicht genialische Einsichten gewonnen? Und erweckt es nicht den Eindruck, als sei es von der historischen Notwendigkeit selbst in

Szene gesetzt worden? Und dennoch ...

Während Nietzsche mit seismographischer Empfindlichkeit die Dekadenz und schwindende Authentizität eines *bestimmten* sittlichen Herkommens, des christlichen, seines eigenen, registrierte und an zahllosen Symptomen dessen sinkende Vitalität, geistige Quertreiberei und kulturschwächende Wirkung erkannte; und während er, getrieben vom eigenen spirituellen Unbehagen, unerschöpflich erfindungsreich war in der Analyse des christlichen Kamel-Geistes: des Vergnügens, das es ihm macht, sein Kreuz zu tragen; der Befriedigung, die er in der asketischen Entsagung findet; der schlimmen Sinnlichkeit, die am Werk ist, wenn es gilt, Eros seines göttlichen Standes zu berauben und zum Laster zu degradieren; der Macht, die er sich erschleicht, indem er die Ohnmacht und die Demut zu Tugenden erhebt und so den ungebrochen Starken das schlechte Gewissen einflößt –; während Nietzsche sich in immer subtileren und gegen das Ende hin immer schrilleren Variationen über diese Themen gefiel, ließ er die Frage hinter den Themen unberührt und beantwortet: Was bedeutet der im Menschenwesen tief verwurzelte Zwang, sittlich zu unterscheiden, so daß es außerstande ist, das Böse hinzunehmen, weder Infamie noch Betrug, weder Unverschämtheit noch Gehässigkeit, ohne es in ein »Gutes« umzuwerten. Gibt es irgend etwas, das verdient, menschliche Natur genannt zu werden, dann ist es moralisch in dem Sinn, daß es undenkbar ist ohne die Fähigkeit, ja die eingeborene Nötigung, sittlich zu urteilen (und ästhetische Urteile sind ihrer Struktur nach den moralischen so ähnlich, daß sie manchmal eins zu sein scheinen mit diesen). Selbst das Gebot der Bergpredigt »Richtet nicht, auf daß ihr nicht gerichtet werdet« richtet moralisch, indem es die Selbstgefälligkeit verdammt und der Seele mit dem Richter droht, vor dem sie am letzten der Tage stehen wird; und Nietzsches Vision einer Sphäre »jenseits von Gut und Böse« ist erhellt von der Hoffnung auf eine radikal neue Art von Güte. Dies hat er so recht niemals erkannt oder gern verschwiegen. Meistens sprach er wie ein Arzt, der die Schäden diagnostiziert, die eine allgemein verbreitete ungesunde Diät angerichtet hat, aber nichts hören will von dem unentrinnbaren Zwang zur Ernährung.

Stimmt das auch dort noch, wo Nietzsche seinen Zarathustra von den »neuen Werten« sprechen läßt, die auch der Löwe nicht schaffen kann, Werte, die im geringsten nicht amoralisch sind (es gibt keine solchen Werte), sondern nur verschieden, *moralisch* verschieden, von denjenigen des christlichen Erbes? Und gewiß stimmt es dort nicht, wo der Prophet den Übermenschen prophezeit. Denn dieser Held einer neuen und höheren Humanität, dieses Mischprodukt von Visionärem und Konstruiertem, ist nichts anderes als die Nachricht, die Nietzsche vom Tod des Menschen gibt, eines Todes, der im Gefolge des berühmten Gottessterbens eintreten mußte; und die sonderbare Ursache dieses Ablebens ist jene Absurdität des menschlichen Wesens, die Nietzsche, obgleich er sie nicht entdeckt oder erfunden hat (innerhalb der christlichen Tradition gehen ihm Pascal und Kierkegaard darin sicherlich voraus), mit gebannter Versessenheit und erstaunlicher Ingenuität erforscht und untersucht hat. Dieser absurde Sachverhalt gründet sich auf die Unvereinbarkeit der spirituellen und sittlichen Bedürfnisse des Menschen mit dem Charakter der Welt, auf welche er gekommen ist: einer Welt ohne Gott. Unersättlich nach »Sinn« hungernd, fühlt er sich hilflos gefangen in der sinnlosen Maschinerie der Existenz; stets darauf bedacht, sein Leben zu rechtfertigen, findet er sich in einem Dasein ohne Richter und Gericht; und erpicht darauf, zu erfahren, zu welchem Ende er geboren wurde und wieder sterben muß, empfängt er auch nicht den geringsten Fingerzeig aus der Leere, die ihn umgibt.

Dieses absurde Bewußtsein, das seit dem Tod Gottes ebenso unheilbar wie unerträglich ist, ist für Nietzsche eins mit der Sensibilität des Nihilismus, jener Verfassung von Seelen, die eine Weile noch kärglich von den spirituellen Überbleibseln der Vergangenheit sich ernähren, aber im Zusammenbruch enden müssen. Denn der Lebensgrund gibt nach und »die Wüste wächst« und »wo wir noch gehen, da wird bald niemand mehr gehen *können*« (XVIII, 3, 52). Niemand, es sei denn der Übermensch, der, wird er auch kein Gott sein, doch nicht bloß menschlich sein wird. Denn er wird die große nihilistische Malaise überwunden und sich über das Verhängnis der Absurdität erhoben haben, wird, ohne sich erst auf die Suche nach dem Wasser der Wahrheit zu begeben, das Wasser des Lebens selbst aus dem trockenen Wüstensand schlagen, wird das gute Leben führen, ohne vergeblich nach dem Wissen zu trachten, was »das Gute« sei, und wird in der Herrlichkeit existieren, ohne sie von jenem Gott borgen zu müssen, der einst dem Menschen sein Licht leuchten ließ und jetzt nicht mehr ist. Dieses ungeahnte Vermögen zu erwerben, wird er freilich mehr sein müssen, unausdenkbar mehr, als der Löwe von Zarathustras erster Rede und Parabel; denn wir hörten ja bereits: »neue Werte schaffen – das vermag auch der Löwe noch nicht«. Dazu muß der Geist erst noch zum Kinde werden. »Es sei denn, daß ihr . . . werdet wie die Kinder, so werdet ihr nicht ins Himmelreich kommen.« Ist es wahr, daß Nietzsche hier wie Matthäus spricht? Ja; und hier, inmitten all des biblischen Talmi, von dem das Buch voll ist, rührt es mit einem Maß von Echtheit an den biblischen Gegenstand der Gnade:

> Aber sagt . . ., was vermag noch das Kind, das auch der Löwe nicht vermochte? Was muß der raubende Löwe auch noch zum Kinde werden?
>
> Unschuld ist das Kind und Vergessen, ein Neubeginnen, ein Spiel, ein aus sich rollendes Rad, eine erste Bewegung, ein heiliges Ja-sagen.
>
> Ja, zum Spiele des Schaffens . . . bedarf es eines heiligen Ja-sagens: *seinen* Willen will nun der Geist, *seine* Welt gewinnt sich der Weltverlorene (XIII, 27).

So spricht Zarathustra von der Verwandlung des Löwen zum Kind. Bereits zehn Jahre vorher, als Nietzsche noch Professor der klassischen Philologie in Basel war, hatte er in einer sehr unprofessoralen und poetisch eigenwilligen Interpretation des Heraklit zu seinen Studenten vom spielenden Kind gesprochen. Damals diente es als die Metapher für jene Herakliteische Kraft, die die Welt hervorgebracht hat, indem sie ihr Schöpferspiel »in ewig gleicher Unschuld« spielte, und zu keinem andern Zweck als um der Lust willen, die das reine Anschauen der spielerisch erschaffenen Dinge gewährt (IV, 103, 310 ff.). In der *Geburt der Tragödie*, die Nietzsche kurz zuvor geschrieben hatte, war es eben diese absichtslose Betrachtung des Lebens als eines »ästhetischen Phänomens«, in welcher allein »Dasein und Welt ewig *gerechtfertigt*« sind (III, 46). Jetzt aber ist es das den Löwen ablösende Kind, das die letzte Gestalt des Geistes ist und die gleichnishafte und utopische Bestimmung des Übermenschen.

Das Problem, das hier aufgegeben und, wie Nietzsche meinte, aufgelöst ist, versagt sich jeder historischen Begrenzung. Denn die mythische Vorstellungskraft läßt es tief in mythischen Zeiten beginnen: als der menschliche Geist sich vom Geist schlechthin trennte, das Land von Platos Ideen verließ und in die Dunkelheit hinabstieg, die nur trübe beleuchtet war von dem geringen Licht, das von den ewigen Formen in die Finsternis drang. Von nun an besaß der Mensch nur eine undeutliche »Idee« von sich selbst, aber nicht seine wahre Realität, und lebte daher im Zustand dauernden Mangels. Oder in einem andern Idiom, demjenigen des ersten Buches Mose: Der Fluch traf den Menschen, als er vom Baum der Erkenntnis aß, das Verhängnis, von welchem nach Matthäus und den andern Evangelisten des Heils ihn nur der Glaube des Kindes erlösen kann. Ohne diesen Glauben gibt es für ihn nur die große und schreckliche Befangenheit, des erwachsenen Menschen Scham, da er auf einmal nackt dastand in seiner verfluchten Selbstbehauptung. Jedoch gab es die Hoffnung auf Erlösung, solange es Gott gab. Erst als die Krankheit kam, die nach Nietzsches Diagnose der Tod Gottes verursachte, begannen die Menschen sich der Riesenaufgabe zu widmen, ihre *historische* Zukunft als wiedergewonnenes Paradies zu entwerfen. Dieses wird erreicht sein, glaubten sie, wenn der Mensch erst einmal seine Unschuld und naive Ursprünglichkeit wiedergewinnt oder sie sich von neuem erschafft. Als Rousseau die Rückkehr des Menschen zur Natur forderte, hatte er ein solches Eden im Sinn; und Hegel, der das »unglückliche Bewußtsein« an jeder Wegbiegung nur noch unglücklicher werden ließ, indem es entdeckte, daß die äußere Wirklichkeit überall aus unnachgiebig anderm Stoff gemacht ist als es selbst, der Geist, – Hegel lehrte, das Wirkliche werde zuletzt, zu guter Letzt, so reich vom Geist durchsetzt, ja in Geist verwandelt sein, daß das Leiden des Bewußtseins aufhören wird im schließlichen Vollzug seines Einsseins mit der Welt, ja in seinem Welt-Sein. (Dieser weltliche Messianismus Hegels war es, den Marx umwendete und vom »Kopf«, vom Geist, auf die materiellen »Füße« der klassenlosen Gesellschaft stellte, einer Gesellschaft ohne Widersprüche, die keine Beleidigung mehr wäre für den Geist der Menschheit.)

Ohne Zahl und zahllos variiert sind die Figuren des Denkens und der Phantasie, die sich im Treffpunkt von Rousseaus »Zurück zur Natur« und Hegels »Vorwärts zum Geist« bildeten; was aber alle gemeinsam haben, ist die sehnsüchtige Erwartung eines Zustands, in welchem die Befangenheit des seiner selbst sich bewußten Individuums, dieses beharrliche Hemmnis der Seele auf der Suche nach ihrer Freiheit, aufgehoben ist und aufgelöst in der endlich wiederhergestellten oder auf neue Weise erreichten »Naivität« und »Unschuld«. Dann endlich werden Sein und Schein eins sein, eins auch Sein und Tun, eine Einheit, welche der Anblick der Natur uns beständig in Erinnerung bringt so wie das Wesen des Kindes sie uns ahnen läßt. In seinem großen Essay »Über naive und sentimentalische Dichtung« sagt Schiller von allen Dingen der Natur, daß sie »*sind,* was wir *waren*« (wiederum ist es, wie bei Rousseau, das verlorene Paradies des Naturzustands); jedoch sagt er auch, daß uns »unsere Kultur« »auf dem Wege der Vernunft und der Freiheit zur Natur zurückführen« soll (wiederum wird es, wie bei Hegel, dereinst die natürliche und ungestörte Herrschaft von Freiheit und Vernunft, das wiedergewonnene Paradies, geben). Weshalb denn die Naturgegenstände die »Darstellung unserer verlorenen Kindheit« sind und uns also »mit einer gewissen Wehmut erfüllen« (denn Kindheit war das einzige Stück unverdorbener Natur, das sich in unserm zivilisierten Stand erhalten hat, ehe Freud zum Spielverderber wurde); andererseits aber sind diese »Gegenstände der Natur« auch Vorbilder »unserer höchsten Vollendung im Ideale« und vermögen uns so »in eine erhabene Rührung« zu versetzen (IV, 533).

Diese Ahnung des Erhabenen, die Philosophie des reinen, des keiner Selbsterkenntnis gestörten kindlichen Seins, den Himmel, der *»lies about as in our infancy«*, feiert Wordsworth in seiner Ode *»Intimations of Immortality«*, so wie auf andere Weise Goethe in seiner *Novelle* und vor allem Kleist in seinem philosophischen Dialog »Über das Marionettentheater« davon handelt. Hier läßt Kleist einen Tänzer, einen Ballettmeister, auf der Suche nach dem vollkommenen Modell der anmutigen Bewegung noch über das Kind, ja über den Bereich der organischen Natur zurückgehen und es in der mechanischen Konstruktion der Marionette finden; denn indem ihre Bewegungen ohne jegliche Zutat von Bewußtsein den Naturgesetzen folgen, den Gesetzen von Schwerkraft und Gegenkraft, haben sie eine Grazie, die völlig »ungeziert« und unaffektiert ist, will sagen unaffiziert von den Fälschungen des Bewußtseins –, eine Grazie, die von keinem Menschen erreichbar ist: »Nur ein Gott könnte sich auf diesem Felde mit der Materie messen.« Nur ein Gott: die gottgewordene kindliche Unbefangeheit. Dies, fügt der Tänzer hinzu, ist der Punkt, wo in unserer kreisförmigen Welt die Extreme aufeinanderstoßen: das Unbewußte und das vollkommene Bewußtsein.

Und da des Tanzmeisters Gesprächspartner mit ungläubigem Erstaunen auf diese Lektion reagiert, fragt jener ihn, ob er je die biblische Erzählung vom Sündenfall mit Aufmerksamkeit gelesen habe: nur wer die Bedeutung dieser ersten Periode der menschlichen Geschichte begriffen habe, könne »füglich ... über die letzte sprechen«: wissend, daß »wir wieder von dem Baum der Erkenntnis essen« müssen, »um in den Stand der Unschuld zurückzufallen«, den Gnadenstand, den das unendliche Bewußtsein mit der Unbewußtheit gemein hätte, oder mit den Paradieseskindern, ehe die Schlange sie in Versuchung führte und in die Gottverlegenheit ihres Wissens von sich selbst.

Kleists Dialog über die Marionetten lieferte die theatralische sowohl wie die intellektuelle Szenerie für die elegischste von Rilkes *Duineser Elegien*, die vierte, in welcher der große Abschied vor dem Hintergrund des »bekannten Gartens« über die Bühne der menschlichen Innerlichkeit geht; und dort erscheint dann jener Tänzer, den der Zuschauer-Dichter zornig zurückweist: »Nicht *der*. Genug!« Denn so sehr er auch versucht, sich mit Anmut und Leichtigkeit zu bewegen, so bleibt er doch beschwert vom Bewußtsein, nicht zu *sein*, was er *agiert*. Ein Bürger ist er, ein verkleideter, der, bald abgeschminkt, seine Wohnung »durch die Küche« betreten wird:

> Ich will nicht diese halb-gefüllten Masken,
> lieber die Puppe. Die ist voll ...,

voll und ungeteilten Bewußtseins. Das letzte und endlich wahrhaftige Schauspiel aber wird es erst geben, wenn der Engel – Rilkes Verkörperung der ungeminderten Fülle des Seins – die Drähte der Puppe in Händen halten wird:

> Engel und Puppe: dann ist endlich Schauspiel.

Dann erst werden die Jahreszeiten unseres Daseins sich zum ungebrochenen Kreis schließen, zu jener Integrität des Daseins, dessen Vorahnung die Kindheit ist. Die vierte Elegie ist Rilkes Version des letzten Akts von Kleists Marionetten-Theater und die elegische Huldigung für Nietzsches Kind-Übermenschen.

Was Kleist und Rilke mit dem schlechten Tänzer meinten, davon spricht der späte Nietzsche immer wieder als dem »Problem des *Schauspielers*«. »Die ›Unehrlichkeit‹, die typische Verwandlungskraft . . . der Mangel an Scham« – all dies sind »Charakter-Fehler«, wie es im Jahr 1888 notierte Stichwörter sagen (XVIII, 356). Jedoch war es gewiß nicht nur, ja wahrscheinlich so gut wie gar nicht der Schauspieler von Beruf, den er dabei im Sinne hatte; auch dachte er nicht allein an den Künstler, der sich an eine Idee vom Künstlertum hält und diese sein Künstlerbewußtsein beherrschen läßt – eine Eigenschaft der modernen Künstler-Sensibilität und also der modernen Kunst, welche diese für Schiller zur sentimentalischen machte und für Hegel »das Ende der Kunst« ankündigte; und Nietzsche sah in fast aller neueren Kunst und vor allem in der Kunst Richard Wagners (auf ihn hat es jene Notiz abgesehen) eine Variante der Schauspielerei (XVIII, 62 f.). Was Nietzsche in seinen späten Jahren wie ein bösartiges Gespenst verfolgte, war der alles durchwirkende Verdacht, daß die immer mehr zunehmende und um sich greifende bewußte Vorstellung, die die Intelligenz von sich selbst hat, *jeden* Glauben, sei er von welcher Art immer, seiner Echtheit berauben muß: zu glauben ist jetzt eine Form des Selbstbetrugs, und eine Überzeugung zu äußern ist undenkbar ohne eine Zutat jener rhetorischen Unredlichkeit, die Zarathustra, sie der Lüge gleichsetzend, Dichtung nennt, die Dichtung der Dichter und seine eigene (XIII, 166 f.). Als sein Wahnsinn ausbrach, schrieb Nietzsche (am 6. Januar 1889) jenen phantastischen und unheimlich aufschlußreichen Brief an Jacob Burckhardt, Professor der Geschichte in Basel, in welchem er, der ehemalige Professor der klassischen Philologie, der sich selbst in den Ruhestand versetzt hatte, ironisch und irre bekennt, daß er selbst »sehr viel lieber Basler Professor« geblieben wäre als Gott sein zu müssen, und noch dazu einer, der dazu verurteilt ist, »die nächste Ewigkeit durch schlechte Witze zu unterhalten«. Dies ist das letzte Mal, daß Nietzsche von der Narrheit und Witzelei als jener »Maske der Verzweiflung« spricht, mit der er oft und immer wieder so vieles im intellektuellen, künstlerischen und religiösen Leben der Zeit charakterisierte. Jetzt spricht er wahnsinnig so von sich selbst.

In jenen Aufzeichnungen und Anmerkungen, die als *Der Wille zur Macht* veröffentlicht wurden, fragt Nietzsche zweimal, warum in dieser Zivilisation alles auf Schauspielerei hinausläuft, und zweimal sagt er, eine Antwort auf seine Frage andeutend, daß alles, was das Ergebnis des bewußten Willens ist, der Vollkommenheit ermangeln muß (XVIII, 57, 309); denn das Vollkommene entstammt stets dem »Automatismus«, wie er es im *Antichrist* nennt, tiefer und sicherer Instinkte (XVII, 249). An solchen Instinkten fehlt es dem modernen Menschen. Darum muß es Zarathustras bewußt gewollter *leonitas* versagt bleiben, die neuen Werte einer neuen Menschheit zu erzeugen. Kann aber in einer Welt, die ihre intellektuelle Artikulierung bei Nietzsche, in den *Duineser Elegien*, im transzendentalen Idealismus, in der romantischen Erwartung fand, dem Geist je seine dritte und letzte Verwandlung gelingen, die ihn zum Kind werden läßt, das, in Selbstvergessenheit spielend, zum neuen Gesetzgeber wird? Oder muß nicht in einer solchen Welt das letzte Wort jenes schreckliche Gebet um Wahnsinn sein, damit endlich der Prophet sich selbst und seiner Prophezeiung glaubt? Wenn wir zaghaft versuchen, eine einigermaßen beruhigende Antwort zu finden, so ist sie vielleicht bei einem Bewußtsein, das, auch wenn es nicht aus sich selbst zu einer neuen Unbefangenheit gelangt, wenigstens der Güte nicht entbehrt – wie in unbefangeneren Zeiten genannt wurde, was auch jetzt noch unter dem Namen Sympathie hingenommen werden mag. Trotz der Exzesse, in denen sein Geist sich so oft gefiel, soll sie auch Nietzsche nicht versagt sein. Denn auf seine vertrackte Weise ist sein Denken noch in den Dissonanzen so sehr eins mit dem Denker, wie es seine Einsamkeit und seine Welt sind, sein Leiden und sein Genie.

II.
Als der Dichter Yeats zum ersten Mal Nietzsche las

1

William Butler Yeats, der bedeutende englisch-irische Dichter, las im Sommer des Jahres 1902 zum ersten Mal Nietzsche, zwei Jahre nur nach dem Tod des Philosophen, vierzehn jedoch nach dem Ausbruch des Wahnsinns, jener Katastrophe, die von einem seiner letzten zusammenhängenden Prosastücke ekstatisch bezeugt ist: einer Postkarte an seinen jungen Freund Peter Gast, aufgegeben am 4. Januar 1889 auf dem Bahnhof von Turin. »Meinem maestro Pietro«, begann sie, und darauf folgte: »Singe mir ein neues Lied: die Welt ist verklärt und alle Himmel freuen sich.« Unterschrieben war sie »Der Gekreuzigte«.

Die Botschaft, die dem Musiker nicht nur diesen irre-erhabenen Auftrag brachte, sondern auch die unmißverständliche Nachricht von Nietzsches geistigem Zusammenbruch, ist in all ihrer Kürze und all ihrem Wahnsinn fast ein Resümee seines frühen Meisterwerks, der *Geburt der Tragödie*, des Buchs, in welchem sich die Gelehrtheit des Philologen auf so faszinierend-beunruhigende Weise mit dem dithyrambischen Bekenntnis einer Seele vereinigt, die sich in das Geheimnis der Schönheit eingeweiht glaubt: daß diese nämlich aus Leid und Qual entspringt, so wie Apollo, Herr der über alles schönen Formen, seine Macht nicht ohne die Schmerzen hätte, die der von den Mänaden zerrissene Dionysos erlitt. Zwar spricht Nietzsche von griechischer Tragödie und Kunst; zugleich aber ist er inspiriert von Schopenhauers metaphysischem Pessimismus und ästhetischer Hochgestimmtheit, und nicht weniger von der Dreieinigkeit der Liebe, des Todes und der Musik, dem quasi-theologischen Prinzip, auf welchem Wagners *Tristan und Isolde* beruht. Es geht mit philologisch nicht ganz rechten Dingen zu, jedoch nach den Regeln der romantischen Logik, wenn Nietzsches so romantische Behandlung eines so klassischen Gegenstands im 5. Abschnitt des Buches zur hellsichtigen Verkündigung des Grunddogmas der neuen Kunstphilosophie führt: ». . . nur als *ästhetisches Phänomen* ist das Dasein und die Welt ewig gerechtfertigt . . .«. Einen »anrüchigen« Satz nennt Nietzsche diese metaphysisch-psychologische Einsicht in der »Selbstkritik« aus dem Jahr 1886, aber dennoch gilt: Wie arg müssen diese Griechen am Leben gelitten haben, um das Entsetzliche mit so viel Schönheit zu beschwichtigen und zu erlösen.

Nietzsche, dieser Christ der ästhetischen Passion, glaubte schon zur Zeit der *Geburt der Tragödie* und nicht erst, als er jene Wahnsinnsbotschaft an Peter Gast schickte, daß nur der gemarterte und gekreuzigte Geist die Kraft aufzubringen vermag, die Welt in Schönheit zu verwandeln, so daß alle Himmel sich freuen. »Singe mir ein neues Lied.«

Es gibt keinen anderen Dichter des zwanzigsten Jahrhunderts, der wie Yeats in so großem Stil auch noch von seinen Qualen sang, und diese in Gesang verwandelte:

An aged man is but a paltry thing,
A tattered coat upon a stick, unless
Soul clap its hands and sing, and louder sing
For every tatter in its mortal dress . . .

Und weiter:

Once out of nature I shall never take
My bodily form from any natural thing,
But such a form as Grecian goldsmiths make
Of hammered gold and gold enamelling
To keep a drowsy emperor awake;
Or set upon a golden bough to sing
To lords and ladies of Byzantium
Of what is past, or passing, or to come.

Weil hier alles so offen zutage liegt, wird der Versuchung leicht widerstanden, an diesem Gesang des irischen Byzanz-Fahrers zu demonstrieren, wie nah verwandt Yeats' poetische Sensibilität und Nietzsches ästhetische Philosophie sind; und verwandt nicht einfach deshalb, weil Yeats bei Nietzsche in die Schule ging, sondern weil Nietzsches Denken und Yeats' Imagination in demselben Grund verwurzelt sind. So war es denn Nietzsche vorbestimmt, der »*singing master*« von Yeats' Seele zu werden, die, sei sie auch einer todgeweihten Kreatur verhaftet (»*fastened to a dying animal*«), doch einzugehen begehrt in das Kunstgebilde der Ewigkeit (»*into the artifice of eternity*«), oder mit andern, mit Nietzsches Worten: einer Seele, die es nach jener heilenden Anschauung des Daseins und der Welt verlangte, in welcher das Dasein und die Welt ewig gerechtfertigt erscheinen: nämlich als »ästhetisches Phänomen«.

Eine solche Anschauung und ein solches Verlangen aber haben – wie einst die christliche Vision des Himmelreichs und die christliche Sehnsucht nach der Ewigkeit – ihren Grund in dem schmerzlichen Ungenüge des Geistes an der Welt, wie sie vor der Ankunft der Gnade ist, oder, auf neuzeitlich, vor dem Kunstgelingen der ästhetischen Metamorphose. Yeats' »Kunstgebilde der Ewigkeit« und Nietzsches »ästhetisches Phänomen« sind trotz ihrer scheinbaren »Künstlichkeit« Blutsverwandte der Apokalypse; denn sie haben denselben Ursprung wie der alte christliche Glaube, daß es mit allem zu Ende geht, was sich nicht dem verklärenden Wirken der Erlösung fügt. Der Sinn von Nietzsches »ästhetischem Phänomen« wie auch seines hochästhetischen Übermenschen ist kaum verständlich ohne die Geschichte, die, wie es in den Nihilismus-Prognosen des *Willens zur Macht* heißt, sein Philosophieren »erzählt«, nämlich »die Geschichte der nächsten zwei Jahrhunderte«: ». . . unsere ganze europäische Kultur bewegt sich seit langem schon mit einer Tortur der Spannung, die von Jahrzehnt zu Jahrzehnt wächst, wie auf eine Katastrophe los: unruhig, gewaltsam, überstürzt: wie ein Strom, der *ans Ende* will, der sich nicht mehr besinnt, der Furcht davor hat, sich zu besinnen . . .« »Wo wir noch gehen, da wird bald niemand mehr gehen können!« Oder: »Ich sehe etwas Furchtbares voraus. Chaos am nächsten . . . Nichts, was an sich Wert hat; nichts, was befiehlt ›du sollst!‹.« Und genauso wie Nietzsches ästhetische Philosophie sich unserem Verständnis entzieht, wenn wir sie nicht als ein Refugium des Geistes vor den apokalyptischen Nachstellungen der ›Wirklichkeit‹ sehen, so wenig erreicht uns der tiefste Impuls von Yeats' ›Byzantinismus‹, wenn wir seine Apotheose der Kunst nicht in Beziehung setzen zur Apokalypse seines Gedichts »*The Second Coming*«, die Wiederkunft. Denn genau das von Nietzsche prophezeite »Furchtbare«, das »Chaos am nächsten« ist es, was Yeats in den großartigen und berühmten Versen verkündigt:

Turning and turning in the widening gyre
The falcon cannot hear the falconer;
Things fall apart; the centre cannot hold;
Mere anarchy is loosed upon the world,
The blood-dimmed tide is loosed, and everywhere
The ceremony of innocence is drowned;

The best lack of all conviction, while the worst
Are full of passionate intensity.

Zweifelt man daran, daß die von so vielen bedeutsamen Geistern der letztvergangenen hundert Jahre zelebrierte Religion der Kunst, der Gottesdienst beim »Kunstgebilde der Ewigkeit« oder dem »ästhetischen Phänomen«, dem Glauben entsprang, daß es um den geistig-geistlichen Gehalt der »wirklichen Welt« geschehen ist. Am Ursprung des Christentums war es ja nicht anders, und gewiß war es so bei Baudelaire, Rimbaud und Mallarmé; bei Nietzsche, Rilke und George; und so ist es auch bei Yeats, der das Gedicht »*The Second Coming*«:

The darkness drops again; but now I know
That twenty centuries of stony sleep
Are vexed to nightmare by a rocking cradle,
And what rough beast, its hour come round at last,
Slouches towards Bethlehem to be born?

Bedürfen auch solche rhetorischen Fragen keiner Antwort, so war doch diese von Nietzsche beantwortet, lange ehe Yeats sie stellte: das zottige Tier, das jetzt in Bethlehem geboren sein wollte, war der Anti-Christ; und der Anti-Christ zu sein, nahm Nietzsche für sich in Anspruch, als er am Rande des Wahnsinns angelangt war. Das war ungefähr die Zeit, als er im 822. Aphorismus des *Willens zur Macht* schrieb: »Wir haben die Kunst, damit wir nicht an der Wahrheit zugrunde gehen.«

2

Yeats also entdeckte Nietzsche im Sommer 1902 und zwar wahrscheinlich in einem englischen Bändchen, das den zuviel versprechenden Titel hatte: ›Nietzsche als Kritiker, Philosoph, Dichter und Prophet‹, im bescheideneren Untertitel sich als eine Anthologie aus seinen Werken vorstellte, und von einem Mann veranstaltet war, der aufs allerbescheidenste und – in Anbetracht der aristokratischen Lehren, die das Buch enthält – aufs unpassendste Thomas Common hieß. Das kleine Übersetzungswerk war im Jahr 1901 in London erschienen, und das Exemplar, das Yeats besaß, befindet sich jetzt – so unberechenbar sind die Launen unserer wanderlustigen Wissenschaft – in der Bibliothek der Northwestern University. Der Poet hielt, als er es las, einen schreibfreudigen und kapriziösen Bleistift in der Hand, versah manchen Satz mit massiven Unterstreichungen, kritzelte Fragen, Argumente, Gegenargumente, ja sogar ganze kleine Diskurse an den Rand und bewirkte so das Gegenteil dessen, was nach der Meinung unserer Bibliothekare die Randglossen geringerer Leser einem Buch antun: er erhöhte dessen Preis beträchtlich und machte es zu einem »*Rare Book*«, einer Kostbarkeit von großem Sammlerwert.

Ein Vergleich zwischen Nietzsches Text und Yeats' Randbemerkungen gewährt überraschende Einsichten in die dunklen Verhältnisse, von denen wir als ›Einflüssen‹ sprechen. Wie geht es zu, wenn ein Geist auf einen andern wirkt? In dem klassisch gewordenen Essay über die »Tradition und das individuelle Talent« sagt T. S. Eliot vom Dichter, er verhalte sich wie ein Katalysator, ein »unpersönliches« chemisches Agens, das – vielleicht nach der Art des Philosophen Don Alfonso in Mozarts *Così fan tutte* – die Verbindung von vorher anders engagierten Elementen in die Wege leitet und sich dann diskret vom unruhigen Schauplatz der neuen Synthesen entfernt (und die Musik, die mit sublimem Witz die frische und treulose Verzauberung der vertauschten Liebhaber feiert, verrät ja gewiß in nichts die Mittlerrolle Don Alfonsos). Freilich, man mag zweifeln, ob der Dichter sich zu allen Zeiten wie Don Alfonso, der philosophische Katalysator, verhält. In unserem Fall etwa ist es nicht der Geist des Dichters, sondern vielmehr derjenige des Denkers, der bei der ›chemischen‹ Berührung oft zum Opfer solcher ›Entpersönlichung‹ wird. Da gibt es zum Beispiel in Thomas Commons Nietzsche-Anthologie eine Reihe von Stellen aus der *Genealogie der Moral*, die alle die christliche »Winkel-Falschmünzerei« und »Schwarzkunst« denunzieren, mit welcher den hier auf Erden Armen und Schwachen und tugendhaft Demütigen zur Belohnung ein ewiges Leben versprochen wird, dessen Würze der Anblick der Höllenqualen ist, erlitten von den einst irdisch Starken, Stolzen und Sündigen. Dante – so las es Yeats bei Nietzsche – habe sich gröblich vergriffen, als er über das Tor seiner Hölle die Inschrift setzte: »Auch mich schuf die ewige Liebe.« Liebe?, fragte Nietzsche. Hat nicht Dantes theologischer Lehrmeister, Thomas von Aquino, selbst geglaubt, daß die ewige Liebe, die die Hölle anheizte, perverserweise damit ihre seligen Lieblinge belohnen wollte? Denn er, Thomas, der »große Lehrer und Heilige«, habe »sanft wie ein Lamm« doziert, daß die Seligen im Himmelreich mit eigenen Augen die Qualen der Verdammten sehen werden, damit sie sich in ihrer eigenen Seligkeit um so behaglicher fühlten. Was immer sich als Aufschrift über dem Höllentor empfehlen mag, über dem Eingang zu einem solchen christlichen Paradies, meinte Nietzsche, müßte rechtens stehen: »Auch mich schuf der ewige *Haß.*« So im 15. Aphorismus der ersten Abhandlung der *Genealogie der Moral.*

Dies, so denkt man wohl, sollte für den irischen Protestanten, der vom Glauben abgefallen war und nun, wie er sagte, sich eine eigene »böse Theologie« zurechtgemacht hatte, von einigem Interesse gewesen sein. Gerade damals war er zum erstenmal einem jungen Mann von sehr schlechten Manieren begegnet und schrieb den intellektuellen Hochmut dieses James Joyce dessen thomistischer Erziehung zu. Joyce glaubt eben, notierte Yeats, daß man sich intellektuell nicht weiter anstrengen müsse, da ja doch alles längst schon vom Aquinaten entschieden ist. Alles aber, was Yeats an den Rand von Nietzsches antichristlicher und antithomistischer Invektive schreibt, ist: »Fördert das Christentum den Handel, indem es die Menschen lehrt, nicht in der immerwährenden Gegenwart der Selbst-Offenbarung zu leben, sondern das Selbst sowohl wie die Gegenwart leugnet, und zwar eines künftigen Gewinnes wegen; diese war zuerst das Himmelreich, und später dann der Wohlstand.« Es klingt fast, als käme es von dem englischen »Fabian« Professor Tawney zur Zeit seiner ersten Lektüre Max Webers und der Vorbereitungen zu seinem eigenen Buch über den Protestantismus und den Aufstieg des Kapitalismus. Sonderbar, sehr sonderbar. Noch sonderbarer aber ist die Frage, die Yeats sogleich darauf am Rande einträgt: »Aber weshalb meint denn Nietzsche, daß die Nacht keine Sterne habe, sondern nur Fledermäuse und Eulen und den irren Mond?« Nein, Nietzsche meint ja nichts dergleichen, und vergeblich forscht man in der Textumgebung dieser Yeatsschen Randglosse nach der leisesten Anspielung auf solche Nachtphänomene. Während diese aber dem kommentierten Text völlig fremd sind, hat der kommentierende Dichter verwandte Geschöpfe in den Gedichten angesiedelt, die er damals schrieb; zum Beispiel in diesem:

Because of something told under the famished horn
Of the hunter's moon, that hung between the night
and the day . . .

Oder noch auffallender hier:

I cried when the moon was murmuring to the birds:
»Let peewit call and curlew cry where they will,
I long for your merry and tender and pityful words,
For the roads are unending, and there is no place to my
mind.«

Was immer die übersetzbar vernünftige Bedeutung jenes irren Mondes am Rande des Nietzscheschen Texts sein mag (vielleicht weist er wirklich auf das überschlanke Horn des Jägermondes in dem einen Gedicht Yeats') oder jener Randfledermäuse und Randeulen (mag sein, daß sie die geflügelten Gefährten der Kibitze und Brachvögel sind, die aus dem andern Gedicht rufen) – eines ist offensichtlich: Nur ein Geist, der aufs eifrigste auf seine eigenen dichterischen Geschäfte bedacht ist, vermag mit so phantasievoller Ungeduld zu lesen, was ein anderer schrieb oder auch gar nicht schrieb.

Es ist also die größte Vorsicht geboten, wenn von dem »Einfluß« die Rede ist, den Nietzsche auf Yeats hatte, ja überhaupt von der Aufnahme, die ein tätiger Geist einem anderen zu bereiten vermag. Freilich zeigen unsere Beispiele ein extremes Maß von ›katalysatorischer‹ Einmischung und Verflüchtigung; auf anderen Seiten unserer Anthologie ging Yeats weniger eigenmächtig mit Nietzsches geistigem Besitz um. Jedoch stimmt es wohl immer, daß, wenn ein Geist zum andern kommt, es nicht so zugeht wie beim Aufdruck von Worten auf ein leeres Blatt. Da ist es schon eher (um ein von Yeats poetisch gefeiertes Ereignis zu zitieren) wie damals, als Jupiter Leda besuchte; und da wurde die Dame nicht ›jovialer‹, und empfing auch nicht, wie es im Gedicht heißt, des Gottes Wissen mit seiner Kraft. Nein, schwanger wurde sie mit ihrer eigenen Mythologie.

Als Yeats zum erstenmal Nietzsche las, sagte er von dem »*strong enchanter*«, dem mächtigen Bezauberer – so nannte er den Philosophen in einem Brief, den er im August 1902 an Lady Gregory schrieb –, er sei die Ursache, daß er, Yeats, seine Freunde vernachlässige und sich die Augen verderbe durch exzessive Lektüre; und beim Lesen empfinde er immer wieder, was er mit vier Worten beschreibt, die sich leicht aus dem Brief loslösen und in eine Zeile exquisiter Yeatsscher Lyrik versetzen ließen: »*a curious astringent joy*«, eine wunderliche herbe Freude. Zwanzig Jahre später veröffentlichte Yeats das absonderliche Buch *A Vision*, seine ins Astrologisch-Spiritualistische verschwimmende Geschichtsvision á la Spengler, ein Werk, das nicht nur das eine oder andere der Ewigen Wiederkehr und dem Übermenschen Nietzsches verdankt, sondern diese Schuld auch abträgt, indem es in einer gereimten Ouvertüre Nietzsche die höchste Stelle zuweist, die ihm in der turbulenten Geschichte seiner wechselvollen Reputation je angeboten wurde:

> . . . *Eleven pass, and then*
> *Athena takes Achilles by the hair,*
> *Hector is in the dust, Nietzsche is born,*
> *Because the hero's crescent is the twelfth* . . .

Nicht einmal in seinen euphorischsten Augenblicken hätte Nietzsche selbst sich eine solche Karriere träumen lassen! Von Thomas Commons Anthologie zu dieser ganz ungemeinen Erbfolge: Athene, Achilles, Hektor, Nietzsche. Es bedurfte Irlands, es bedurfte Yeats', des letzten bedeutenden Dichters, der nach Blake und Hölderlin eine systematische Mythologie anstrebte (und dieser mythologische Ehrgeiz hängt mit der ihm eigenen Spielart von poetischer Größe zusammen) –, nun, es bedurfte des Dichters Yeats, Nietzsche auf so mythologisch-heroische Art dafür zu entschädigen, daß man zu seinen Lebzeiten im Englischen – und nicht nur im Englischen – so wenig von ihm wußte und wissen wollte.

3

Wie so manches in Nietzsches Schriften, so sollte auch Yeats' Buch *A Vision* die ästhetischen Erzieher – und das sind ja doch wohl die Professoren der Literatur – in beträchtliche Verlegenheit bringen und sie veranlassen, ernsthafter als bisher die Fragen zu erwägen, die sich aus diesem Werk ergeben – nein, nicht aus dieser oder jener Meinung, die es äußert, sondern aus dem, was es im ganzen ist: eine beunruhigende Mischung von zwanghafter Mythologisiererei, pseudo-kosmologischer Pedanterie, klugen kulturkritischen Beobachtungen und quasi-religiösen Exzentrizitäten. Eine der Fragen, die das kuriose Werk provoziert, ist von großer Dringlichkeit – und es ist eine Frage, die auch dem Leser Nietzsches nicht unvertraut ist. Sie betrifft die Ausschweifungen des Denkens, die Überspanntheit der Phantasie, die histrionische Mystik, und schließlich auch die Ungeheuerlichkeit der politischen Ideen, die sich so oft dort einstellten, wo immer die Bewohner der Elfenbeintürme der Kunst sich in plötzlichen Ausfällen der Lebensgier aufs liebe und unliebe Leben stürzten. Häßliche Gespenster lauerten dort, wo die hochästhetische Philosophie des französischen Symbolismus – und sie war ein wesentlicher Teil von Yeats' Erbe – sich mit der deutschen oder auch italienischen Leidenschaft für politische Wirklichkeiten verband, die, so schien es, auf einmal nach derselben wilden, bebenden, erbarmungslosen, schrecklichen Schönheit verlangten, wie sie einem symbolistischen Gedicht zu eigen ist; wo die entschlossene Flucht aus dem ›Leben‹ am Ende ihrer Straße von hinten wieder die Grenze der ›wirklichen‹ Welt erreichte, von der sie nun Besitz ergreifen wollte mit barbarischen Ekstasen, mit Helden in strahlender Rüstung und mit Fahnen, die im Winde flogen wie Schwärme von Paradiesvögeln; und wo sogar Yeats mit dem dionysisch-apollinischen Vokabular Nietzsches (in einem Brief vom 14. Mai 1903) verkündete, daß die Zeit, in welcher die Poesie sich so gern auf die Suche nach einer Art von körperloser Schönheit machte, vorüber sei: »Ich fühle um mich und in mir«, so schrieb er, »den Drang, in der Verwirklichung der Schönheit so weit wie nur möglich zu gehen.« Damit meinte er in jenen jungen Jahren wohl nur seinen Wunsch, dichtend Formen zu erschaffen, die apollinisch vollkommener wären als alles, was ihm bisher gelungen war; aber der Gegensatz zwischen dem bloß ästhetischen Zauber der Poesie und der wahrhaftig ›verwirklichten‹ Schönheit läßt an den Schönheitswünschler D'Annunzio denken, wie er mit seiner kriegerischen Schar Fiume eroberte; oder an das zwischen Nationalpolitik und ästhetischer Exaltiertheit beängstigend oszillierende Gedicht Stefan Georges vom ›Brand des Tempels‹; ganz zu schweigen von dem Techtelmechtel, das Yeats selbst später mit den nach berüchtigten Modellen eingekleideten Blauhemdlern von Dublin unterhielt.

Die Welt nahm es hin, als jener Gründer-Dandy des Symbolismus und des hemmungslosen Ästhetizismus, Villiers de l'Isle-Adam, dessen Drama ›Axël‹ Yeats einmal sein »heiliges Buch« nannte, verlauten ließ, es zähle im Dasein nichts als die Hingabe an die Schönheit. »Was sonst noch ›leben‹ heißt, nun, unsere Dienerschaft wird das für uns tun.« Yeats liebte es, diesen Ausspruch zu zitieren, und zitierte ihn sogar in einer jener absonderlichen Anekdoten, die absonderlicherweise sein Prophetenbuch *A Vision* einleiten. Erkannte Yeats, daß der Axël-Witz nur eine frivole Fassung des Dogmas war, das Nietzsche in der *Geburt der Tragödie* (wohlgemerkt der Tragödie) verkündete: ». . . nur als ästhetisches Phänomen ist das Dasein und die Welt ewig gerechtfertigt . . .«? – »Was sonst noch ›leben‹ heißt, nun, unsere Dienerschaft wird das für uns tun.« Es kam aber eine Zeit – der Erste Weltkrieg war ihr Anfang –, da die Dienerschaft das Geschäft des Lebens und auch des Tötens und Sterbens mit so gewalttätiger Intensität betrieb, daß es in den Augen manches reinen ästhetischen Betrachters eine Schönheit eigener Art anzunehmen schien, und zwar mit solcher Überzeugungskraft, daß Schwan und Pfau und Reiher und Albatros und Flamingo und all das andere aristokratisch-symbolische Geflügel sich verflog und Platz machte dem »wirklicheren« Rohstoff der schöpferischen Phantasie: den Städten der Menschen, die zerstört werden mußten, damit sie wiedererstünden nach den Vorbildern des reinen ästhetischen Entzükkens. – Eines Tages muß wohl auch *diese* Geschichte des Ästhetizismus geschrieben werden. Ihr Stichwort könnte Thomas Manns *Doktor Faustus* sein, die Geschichte des allein der Kunst verschriebenen Künstlers, der, wie sein Vorgänger Gustav Aschenbach im *Tod in Venedig*, die schwüle Sumpflandschaft kennenlernte, in welcher die kühlen, klaren, perlenden Ströme aus dem Hochland der puren Schönheit ins Unterste einmünden; oder sie mag von Yeats selbst ausgehen, der in seiner Autobiographie das Kapitel ›Die tragische Generation‹ mit Sätzen beendete, die ihm Nietzsche einzusagen schien: »Nach Stephane Mallarmé, nach Paul Verlaine, nach Gustave Moreau, nach Puvis de Chavannes, nach unsern eigenen Versen, nach all unsern subtilen Farben und nervösen Rhythmen, nach den verschwebenden Nuancen von Conder, welche Möglichkeiten gibt es noch? Nach uns der wilde Gott.«

And what rough beast, its hour come round at last,
Slouches towards Bethlehem to be born?
Welch zottig Tier, da seine Stunde endlich da,
Schleicht sich nach Bethlehem, um dort zur Welt zu kommen?

Nietzsche hatte solche Schwangerschaft dem ästhetischen Absolutismus früherer Künstler angemerkt: Baudelaire und Flaubert. Er war wohlvertraut mit den Furien der Zerstörung, in welche, wie er glaubte, die Musen des Ästhetizismus sich eines Tages verwandeln würden. »*Beauty into beast*« – das könnte wohl die letzte Szene im Drama des Ästhetizismus sein, eine Szene, die wieder Yeats beschworen hat, und zwar in seinem späten Gedicht ›Meru‹, das sich anhört wie die zu Versen gewordene Vision Nietzsches vom heraufkommenden Nihilismus:

Civilization is hooped together, brought
Under a rule, under the semblance of peace
By manifold illusion; but man's life is thought
And he, despite his terror, cannot cease
Ravening, ragig, and uprooting that he may come
Into the desolation of reality:
Egypt and Greece, good-bye, and good-bye, Rome!

Was wir Zivilisation nennen, wird unterm Gesetz und in scheinbarem Frieden von nichts als mannigfacher Illusion zusammengehalten. Der Mensch aber denkt, solange er lebt, und erschrickt er auch darüber, so kann er doch nicht von seinen wütenden Raubzügen lassen; und nicht davon, den Schein mit den Wurzeln auszureißen, um in der trostlosen Verwüstung endlich des Wirklichen habhaft zu werden. Ägypten und Griechenland adieu, und adieu auch Rom.

4

Das Gedicht ›Meru‹ entstand erst im Jahr 1935, und doch geht es gewiß auf das Jahr 1902 zurück, als Yeats zum erstenmal Nietzsche las. »*But man's life is thought*« – im Denken liegt das Leben des Menschen, also in jener auszeichnend menschlichen Fähigkeit, die in Yeats viel früherem Gedicht ›*Michael Robarts and the Dancer*‹ die komische Gestalt eines halbtoten Drachens angenommen hatte, zumindest insofern, als es eine schöne Dame war, die sich dem Denken hingab und puritanischerweise nicht dem auf Hingabe drängenden Ritter. In der Nationalgalerie von London hängt ein reizendes Bild von Ucello, das den heiligen Georg zu Pferde, das verängstigte Fräulein und den grotesken Drachen darstellt; und ein Gemälde dieser Art hat Yeats wohl zu seinem Gedicht inspiriert. Hier ist die erste Strophe:

Opinion is not worth a rush;
In this altar-piece the knight,
Who grips his long spear so to push
That dragon through the fading light,
Loved the lady; and it's plain
The half dead dragon was her thought
That every morning rose again
And dug its claws and shrieked and fought;
Could the impossible come to pass
She would have time to turn her eyes,
Her lover thought, upon the glass
And on the instant would grow wise.

Weisheit ist also in der Absage ans Denken. Denn das Fräulein doch nur ihren Gedankendrachen preisgeben und statt seiner sich eines Spiegels bedienen wollte (»von der heroischen Disziplin des Spiegels« spricht Yeats einmal in einem anderen Gedicht), sie würde augenblicklich wissen, daß aus diesem und nicht aus ihrem Kopf die wahre Reflexion kommt und so erkennen, daß ihr die Liebe und nicht das Denken aufgetragen ist. Kritiker sagen diesem Gedicht nach, es sei ›witzig und charmant‹. Es mag sein, daß es witzig ist; charmant ist es nicht. In seinem weiteren Ablauf wird es blasphemisch und ungeheuerlich. Vielleicht ist gegen Blasphemie und Ungeheuer nichts einzuwenden, aber wenn Blasphemien und Ungeheuer schon Adjektive haben müssen, so ist ›charmant‹ gewiß ein falsches. – Vergleichen wir die Rolle des Denkens in diesem witzigen Gedicht mit derjenigen, die es später in ›Meru‹ spielt. In grotesker Verkleidung, als halbtotes Drachentier, tritt es bei ›Michael Robarts‹ auf, in ›Meru‹ aber ist das Monstrum aufs Kräftigste am Leben und wahrhaft formidabel. Im witzigen Lied ist das Denken gerade mächtig genug, den Frauen die Einsicht des Spiegels zu verstellen, der natürlichen Intelligenz und dem ›einfachen Segen‹ ihrer schönen Leiber in die Quere zu kommen und die Absichten ihrer Liebhaber zu vereiteln; auch zuckt der witzige Sänger kaum mit der Wimper angesichts der amourösen und blasphemisch theologischen Frage, ob denn Gott mit dem Wein und dem Brot den Menschen sein Denken gab oder ›nur‹ seinen Leib:

Did God in portioning wine and bread
Give man His thought or His mere body? –

In ›Meru‹ aber hat das Denken Folgen, die viel gewichtiger sind als die erotische Enttäuschung des begehrenden Ritters. Er verführt den Menschen dazu, zu wüten, wild um sich zu schlagen, und seine Wirklichkeit zu verwüsten. Warum? Es ist ein bedeutsames Warum. Die Antwort, die das Gedicht ›Meru‹ gibt, ist: weil das Denken zur Erkenntnis führt, daß die Kultur auf nichts als Illusionen beruht. Läßt sich aber, so fragt man wohl, viel einwenden gegen ein Denken, das Täuschungen enttäuscht, indem es sie als unwahr durchschaut? Bei ›Michael Robarts‹ hingegen ist das Denken falsch und im Irrtum begriffen. Es verhindert die Dame zu sehen, was wahrhaft ist: die Freuden des Liebens, die über alle ›Bedenklichkeiten‹ hinaus sind. Für ›Meru‹ aber gilt das Gegenteil; hier ist das Denken im Recht: es läßt den Menschen die essentielle Falschheit seiner zivilisatorischen Einrichtungen erkennen. Denn diese sind, so wird uns im Gedicht bedeutet, das Ergebnis mannigfacher Illusion. In beiden Fällen aber, ob es nun wahr oder falsch sei, ist das Denken von Unheil; und in beiden Fällen (wieder einmal das alte Paradox!) ist es das Denken, nämlich Yeats' Denken, das diese katastrophale Entdeckung macht.

Die traurige Geschichte ist uralt: unterm Baum der Erkenntnis ist nicht gut leben. Immer wieder war Yeats von dem großen Thema angezogen, und um so unwiderstehlicher, je älter er wurde. Die Frage, gestellt, variiert und in vielen Variationen von seiner Dichtung beantwortet, ist: Wie kommt es, daß der Mensch offenbar wählen muß zwischen dem vollkommenen Leben und jener Vollkommenheit, welche die Werke des Geistes versprechen, eines Geistes, geplagt, wie es in einem Gedicht von Yeats heißt, »*in a learned school*«, in einer Schule des Lernens, und zwar mit so martervoller Intensität, daß Blut und Nerven verdammt sind zu »*slow decay*« und »*dull decrepitude*«, zu langsamem Verfall und ödem Siechtum? Oder wird es je, kann es je einen »spirituellen Intellekt« – so heißt es einmal bei Yeats – geben, dessen Tugend die profunde Heiterkeit und tänzerische Grazie des Denkens ist? Werden ›Leben‹ und ›Geist‹ eines Tages, eines schönen Tages, versöhnt sein in jenem »*lasting song*«, dem immerwährenden Lied, das keiner zu singen vermag, der ›allein mit dem Gehirn‹ denkt, sondern nur demjenigen gelingt, der sich darauf versteht, mit dem »*marrow-bone*«, dem Knochenmark zu denken? Weiß Gott, dieses Thema wurde nicht von Yeats erfunden, und auch nicht von Nietzsche, obgleich unter allen Propheten Zarathustra am eifrigsten die Heirat zwischen dem Denken und dem Tanz betreibt; Zarathustra es auch am eifrigsten auf jenes utopische Reich des Geistes abgesehen hat, wo, wie Yeats einmal dichtete, der Leib sich nicht wund stoßen muß, um der Seele zu gefallen; wo nicht allein die Verzweiflung die Schönheit hervorzubringen vermag, und wo die Weisheit sich die Augen nicht rot reibt beim herabgebrannten Öllicht der Mitternacht; wo

The body is not bruised to pleasure soul,
Nor beauty born out of its own despair,
Nor blear-eyed wisdom out of midnight oil . . .

sondern wo der Leib das Entzücken der Seele ist, der Advent der Schönheit alle Neinsagerei Lügen straft, und der fröhliche Weise seine Weisheit im Licht des Mittags austeilt. Solche Seligkeit aber mag es wohl nur *vor* der Geburt der Tragödie gegeben haben, vor jenem »strengen Tadel«, wie es bei Yeats heißt, der »trivialen Begebenheit«, die den kindlichen Unschuldstag im Paradies ins Tragische verfinsterte; oder auch *nach* der Erfüllung der eigensinnigen romantischen Hoffnung, die meint, daß ein irdisches Kraut gewachsen sei gegen die Wunde, die der Mensch erlitt, als er in die Sünde fiel. Unzählige Stimmen sangen von dieser Hoffnung und taten es mit besonderer poetischer Emphase in der Zeit der Romantik. Es gab aber, wie ich glaube, keinen Dichter, der das alte Lied schöner sang als Yeats in der achten Strophe seines Gedichts ›Unter Schulkindern‹, welchem selbst das Übermaß von Zitierfreudigkeit, unter dem es leidet, nichts von seiner Schönheit zu nehmen vermag. Denn dieser gedichtete Kastanienbaum und weithin wurzelnde Blüher wuchs aus der reichsten Erde der romantischen Dichtung. Er ist die Verkörperung der romantischen Vision vom Baum des Lebens, der die Krankheit heilt, mit welcher der Mensch geschlagen wurde, als er so gierig nach dem Baum der Erkenntnis griff:

O chestnut-tree, great-rooted blossomer,
Are you the leaf, the blossom or the bole?
O body swayed to music, o brightning glance,
How can we know the dancer from the dance?

Worin gründet das Sein dieser Roßkastanie? Im Laub? In den Blüten? Im Stamm? Und welcher Blick, versenkt in die musikalische Einheit dieses windbewegten Gebildes, vermag zu sagen, was Tanz ist und was Tänzer? Ob es der Tänzer ist, der den Tanz tanzt, oder der Tanz, der den Tänzer macht?

Sind wir aber erst einmal aus dem grünen Schatten des großen Baumes heraus, so erkennen wir, Gott sei's geklagt, auch schon den Unterschied zwischen Tanz und Tänzer. Nietzsche weiß viel zu sagen von Tänzern, die ihren Tanz wie eine Maske der Unschuld tragen; und Rilke (ein anderer Dichter, der Nietzsche gelesen hatte, manchmal wie Yeats einen Turm bewohnte, in welchem er Gedichte schrieb, mit einer sogar noch aristokratischeren Lady Gegory befreundet war, die ihm ermutigend beistand, und der zuletzt auch eine Mythologie sich erdichtete, welche, ist sie gleich weniger astrologisch und dafür poetischer als diejenige von Yeats, sich doch hier und dort mit dieser berührt) – Rilke entläßt in der Vierten der Duineser Elegien *seinen* Tänzer, der vor der schwankenden Kulisse des ›bekannten Gartens‹, des Gartens der Unschuld, tanzt; und entläßt ihn zornig, weil er nicht *ist*, was er da *tut*, sondern nur als verkleideter Bürger daherkommt, eine »halbgefüllte Maske«; und durch die Küche in seine Wohnung gehen wird, sobald die Vorstellung zu Ende ist und abgeschminkt das Gesicht.

Die Figur dieses Tänzers wurde Rilke von Kleists Essay-Erzählung ›Über das Marionettentheater‹ eingegeben, einer Geschichte, in welcher dieses romantischste aller Themen mit genialer Luzidität behandelt wird. Das Thema ist der Sündenfall und die Geschichte diejenige des Menschen der neuen Zeit: wie er mit immer scherzlicherer Deutlichkeit gewahr wird, daß es mit der Einheit von Tanz und Tänzer dahin ist. Der Verlust der Ursprünglichkeit durch das Bewußtsein, und die Befangenheit, die das Denken erzeugt – das Denken von Yeats' ›Michael Robarts and the Dancer‹ und ›Meru‹ – das ist es, was die Sehnsucht nach dem Unschuldsstand des Lebens vergeblich macht, ja die Echtbürtigkeit des menschlichen Daseins stets zu vereiteln droht. Schiller, Kleist und vor allem Hegel glaubten, daß das durch die Erkenntnis verlorengegangene Paradies nur durch die Erkenntnis selbst wiedergewonnen werden kann: Nur, wie es bei Kleist heißt, wenn »die Erkenntnis gleichsam durch ein Unendliches gegangen ist«, stellt sich die Grazie der Unschuld wieder ein; nur wenn wir die reifste und süßeste Frucht vom Baum der Erkenntnis essen, fallen wir wieder in den Stand der Unschuld zurück. Manch späterer Leidtragende des metaphysischen Verlusts und Übelstands war ungeduldiger: Nietzsche zum Beispiel, D.H. Lawrence oder Yeats. Lange ehe D. H. Lawrence sich so viel von der befreienden Macht des Priapus zu versprechen begann, hatte Nietzsche Dionysos gefeiert, den Gott des Rausches und der Ekstase, in welcher das im Bewußtsein seiner selbst befangene Ich sich völlig vergißt und mit dem Tanz verschmilzt, der nicht so sehr von den Tänzern getanzt wird, als er die Tänzer in den Tanz verwandelt. Nietzsche, Lawrence, Yeats – wie tröstlich wäre es, wenn die Welt, für welche sie schrieben, nachher eine andere Geschichte gehabt hätte; denn dann wäre es leichter, sicher zu sein, daß die Schrecken dieser Historie nichts zu tun haben mit der Faszination, welche diese Geister zu den dunklen Flußgöttern des Bluts und der Erde, Dionysos, Priapus oder Pan hinzog.

5

Als Yeats im Jahre 1902 Thomas Commons Nietzsche-Anthologie las, stieß er auf einige Stellen aus dem *Antichrist* die Nietzsche während der letzten Monate vor seinem geistigen Zusammenbruch geschrieben hatte. Wahrscheinlich erkannte weder der englische Kompilator noch der irische Leser ihre schwindlige Ambivalenz, die Ambivalenz des romantischen Geistes, wie sie mit aller Deutlichkeit auf jenem Höhepunkt sichtbar wird, den die ›Modernität‹ mit Nietzsche erreicht hat. Da ist mit der gewaltsamen Brillanz, die Nietzsches Stil zu jener Zeit annahm, zum Beispiel im 57. Abschnitt von dem »Automatismus des Instinkts« die Rede, der sich einstellen muß, damit die von Religionsstiftern und Propheten *bewußt* erlassenen Gesetze verläßlich und dauerhaft in der Gemeinde Wurzeln fassen. Daß man diese *befolgt*, ist nicht genug; sie müssen aus einem Trieb der Seele heraus *geglaubt* werden. Eine solche Glaubensfähigkeit zu erzeugen, müßte auch der von Nietzsche aufgerufenen Elite gelingen, damit die neuen aristokratischen Werte wahrhaft *gelebt* werden, instinktiv und bedenkenlos, so wie der Tänzer tanzt, der eins geworden ist mit seinem Tanzen. Nun, an dieser Stelle der Anthologie schrieb Yeats an den Rand: »Gingen körperliche Funktionen, wie etwa die des Pulses, früher einmal bewußt vonstatten?« Dies ist eine Randglosse, die man sich gefallen läßt. Sie setzt sich nicht eigensinnig über das hinweg, was Nietzsche meinte, wie es so viele andere Marginalien des Dichters taten. Nein, diese hat Nietzsche zu verantworten. Die scheinbar dumme Frage, sei sie nun rhetorisch oder wirklich gemeint, ist mit allen romantischen Salben geschmiert. Die Geschichte der Welt, so argwöhnt sie, ist vielleicht nicht im geringsten so, wie unter anderm Hegel sie sich vorstellte, ganz zu schweigen von Sigmund Freud: ein unaufhaltsames Fortschreiten von unfrei-natürlichen Funktionen zur Freiheit des höchsten Bewußtseins. Das Gegenteil mag stimmen: am primitiven Anfang mag das Gängelband des Bewußtseins gewesen sein, und am Ende wird die Spontaneität des Unbewußten walten, Glaubte daher Hegel, daß die Kunst, die er, Romantiker, der er war, für ein Erzeugnis der sich selbst überlassenen *Imagination* hielt, in der Domäne des absoluten *Bewußtseins* keinen Platz haben würde, so liest sich Yeats' Frage wie ein sich vorbereitendes Versprechen, das im Namen der Weltgeschichte dem Künstler gegeben wird: seine spontane Schöpferkraft wird das Erbe des Bewußtseins antreten. So erst werden Tanz und Tänzer eins sein. Was Yeats' Frage zaghaft andeutet, ist eine Eschatologie der Kunst. Der Tag des Gerichts wird der Tag der Kunst sein.

Mag sein, daß dieser – wenn auch vielleicht nur am Rand geglaubte – Anachronismus Yeats' Dichtung den Glanz und die ungehemmte Großartigkeit der poetischen Geste verlieh, deren wohl keiner mehr fähig sein wird, was immer die Zukunft für die

Kunst der Sprache bereit hält. Wenn in Nietzsches letzter Botschaft an seinen Musiker-Freund die Erde verklärt war und alle Himmel sich freuten, so wollte Yeats, wie es manchmal scheint, die Erde, die sich so recht nicht mehr von himmlischen Mächten verklären lassen wollte, wenigstens zu einem Himmel der Dichtkunst machen. Wir sind gewiß ärmer, indem wir weniger anachronistisch sind und an ein so glückliches Ende nicht zu glauben vermögen. Auch Nietzsches Denken versuchte sich von Zeit zu Zeit an einer ähnlichen Planung des Heils. Es half nichts. An seinem Anfang sowohl wie an seinem Ende wußte er, daß, wer je einen »neuen Himmel« baute, die Kraft dazu nur in der eigenen Hölle fand; und war er auch weit davon entfernt, ein Hegelianer zu sein, so hat diese Hölle doch wohl einiges von dem an sich, was Hegel unter dem »unglücklichen Bewußtsein« verstand. Sollte es je wieder einen Himmel geben, so wird er am Ende der Reise des Bewußtseins sein, nicht irgendwo auf halber Strecke, wo dieses sich müde hinlegt, den schönen Traum der Imagination zu träumen. Vielleicht hatte T. S. Eliot dies im Sinn, als er – paradoxerweise in einem Gedicht – schrieb: »*The poetry does not matter*«, auf die Poesie kommt es nicht an.

Doch, auch auf sie kommt es an. Aber das Heil liegt gewiß nicht in bewußt hervorgebrachten Ursprünglichkeiten, und es gibt keine Erlösung durch die Kunst.

III.
Modernität und Tradition: T. S. Eliot

Eine Münchener Vorlesung

Beginnen wir am Anfang seines Ruhmes, der nicht allein ihn selbst berühmt machte, sondern schlechthin »das Moderne« in der englischen Dichtung, wobei das Wort »Dichtung« hier so verstanden sei, wie die Engländer »poetry« verstehen: als eine Gattung von welcher – zu Recht oder Unrecht – die Prosa ausgeschlossen ist; beginnen wir also mit dem *Waste Land*, dem wüsten Land von Thomas Stearns Eliot, wohl wissend, daß über einen solchen Anfang so leicht nicht hinauszukommen ist. Den »modernen« Stimmklang dieses Gedichts (und der wenigen Eliotschen Gedichte, die diesem vorangingen), habe man, so meinte er rückblickend, in der englischen Dichtung vorher nicht gekannt. Als er im Jahr 1940 in Dublin eine Rede zu Ehren Yeats' hielt, sagte er: »Die Art von Poesie, deren ich bedurfte, damit sie mich den Gebrauch meiner eigenen Stimme lehre, gab es im Englischen nicht; man konnte sie nur im Französischen finden. Deshalb existierte die Dichtung des jungen Yeats für mich kaum; und als die Gedichte des reifen Yeats meine Begeisterung erweckten, war mein eigener Weg bereits vorgezeichnet.« Und so sehr ist er – und gewiß nicht Yeats, und auch nicht Ezra Pound – zum Klassiker des »Modernen« geworden, daß, fragt man heute (oder auch noch morgen und übermorgen) irgendwo im weiten englischen Sprachgebiet diesseits oder jenseits des Atlantischen Ozeans einen Studenten der englischen Literatur, welches das bedeutendste »moderne« Gedicht sei, man unfehlbar die Antwort erhält: *The Waste Land*.

Es erschien 1922 im ersten Heft seiner Zeitschrift *Criterion* und ist also schon etliche Dekaden modern. 1923 wurde es von Leonard und Virginia Woolf in ihrem Verlag Hogarth Press als kleines Buch gedruckt, diesmal mit des Dichters gelehrten Erklärungen im Anhang, bei welchen es dann von Neudruck zu Neudruck blieb – leider, denn sie müßten entweder ausgelassen werden oder viel ausführlicher und zahlreicher sein. Er habe sie ja nur deshalb angefertigt, äußerte der Autor später einmal (sicherlich mit jenem Gesichtsausdruck von melancholischer Ironie und schelmenhafter Amüsiertheit, den nie vergessen wird, wem Eliot je begegnet ist), weil die Woolfs fanden, der Text allein sei für ein selbständiges Bändchen nicht lang genug. Der so ergänzungsbedürftige Text wäre auch beträchtlich länger gewesen – und zwar fast doppelt so lang –, hätte Eliot es nicht seinem Freund und Gönner Ezra Pound überlassen, das Gedicht zu redigieren, eine

Prozedur, bei welcher es auf diese radikale Kürzung hinauslief. Eliot billigte sie, und zwar so sehr, daß nicht einmal den Literaturgelehrten je das ganze Manuskript bekannt wurde.[1] Es hätte der literarischen Welt vermutlich viele Kümmernisse des Interpretierens erspart und viele Freuden des Rätselratens verdorben; hat es doch den Anschein, als wären von dieser Wortlandschaft nur die Gipfel stehengeblieben, während die Talwege, Übergänge und Anstiege wegeskamotiert wurden. Daher gilt hier wie so oft in der modernen Kunst die Warnung: *Pedestrians not admitted,* mangelhaft ausgerüsteten Fußgängern ist der Zutritt verboten; und also gibt es um diese Gipfel herum soviel Gebrumm und Gesumm: die unaufhörliche Hubschrauberei der Kommentare. Freilich, auch die Kunst der Vergangenheit macht es uns keineswegs immer leicht; aber die moderne Kunst ist schwer in einem andern, radikaleren und vielleicht tragischeren Sinn als je eine »schwere« Kunst schwer war. Eliot selbst wußte dies, als er *The Waste Land* schrieb. In seinem 1921 verfaßten Essay über die metaphysischen Dichter im England des 17. Jahrhunderts, »*The Metaphysical Poets*«, heißt es, daß die Dichter unserer Gegenwart wahrscheinlich *schwierig sein müssen.* Nur verschwieg er dem Leser – und wohl auch sich selbst – die Gründe dieses mühseligen Zwanges. Er sagte damals bloß, daß die verfeinerte Sensibilität, die dem Künstler eignet, auf die vielschichtige und komplizierte Mannigfaltigkeit unserer Zivilisation gar nicht anders als mit vielschichtiger und mannigfaltiger Kompliziertheit reagieren könne. Dann aber fügte er hinzu: »Der Dichter muß immer umfassender werden, immer anspielerischer, immer indirekter, um die Sprache, und sei es auch, indem er sie aus den Fugen gehen läßt, dazu zu zwingen, das auszudrücken, was er meint.« So Eliot im Jahre 1921, einige Monate vor dem Erscheinen des *Waste Land.* Und was ist »modern«, wenn nicht dieser scheinbar gewalttätige Umgang mit den Medien der Kunst, denen abgerungen werden muß, was sie von Natur aus zu verweigern scheinen? Damit die Musik spiele, was diese moderne Seele meint, muß der Künstler das Instrument verstimmen. Klingt es auf gewohnte Weise, verstimmt es die Seele, die sich nicht wiedererkennt in solchem Gesang. Soll der Dichter sagen, was zu sagen ihm sinnvoll

1 Es wurde erst 1971 in einer Faksimile-Ausgabe von Harcourt Brace Jovanovich in New York veröffentlicht. Die folgenden Vermutungen wurden dadurch weitgehend bestätigt.

scheint, muß er die Sprache so behandeln, daß sie den Verstand verliert; denn der Verstand, bei dem sie war, lebte im allzu intimen Einverständnis mit längst verbrauchtem Sinn. Etwa zwanzig Jahre nach dem *Waste Land* und dem Essay über die metaphysischen Dichter dichtete Eliot im »*East Coker*«-Teil seiner *Four Quartets* diese Einsicht, die zu dichten kaum noch möglich ist:

> Denn man hat nur gelernt, die Worte zu meistern
> Für das, was nichts mehr zu sagen hat, oder für die Art, wie
> Es zu sagen man nicht mehr geneigt ist. Und so ist jeder
>   Versuch
> Ein neuer Anfang, ein Angriff auf das Sprachlose,
> Mit schäbiger Ausrüstung, die immer schlechter wird
> In der allgemeinen Schlamperei ungenauen Empfindens,
> Unter den disziplinlosen Truppen der Gefühle.

Wir sind aber erst beim *Waste Land* und dem Essay, der dieser Dichtung vorausging. Der Essay war einer von jenen, die kritische Schule machten, und zwar auf eine den Dichter so beunruhigende Weise, daß er im letzten Jahrzehnt seines Lebens die Schule sozusagen sperrte und die vielen Kinder, die ihn ungehörigerweise Herr Lehrer, wenn nicht gar Vater nannten, vom Schultor wies. Es sei nie seine Absicht gewesen, schrieb er im Jahre 1956 im Essay »*The Frontiers of Criticism*«, eine Schule der Literaturkritik zu begründen. Wie denn auch: er hatte ja einmal geleugnet, daß es in der Literaturkritik überhaupt System und Methode geben könne; intelligent müsse man sein, das sei alles. Seine eigenen literaturkritischen Erzeugnisse seien dann am besten, wenn sie von Dichtern handeln, an denen er sich selbst geschult hat. So sei diese Kritik denn »ein Nebenprodukt meiner privaten Dichterwerkstatt oder eine Weiterführung der Gedanken, die ich auf die Formung meiner eigenen Verse verwendet habe . . . Meine literaturkritischen Arbeiten haben dies mit denjenigen Ezra Pounds gemein, daß ihre Verdienste und ihre Grenzen nur dann richtig eingeschätzt werden können, wenn man sie in ihrem Verhältnis zu den Dichtungen erwägt, die ich gemacht habe.« Stimmt, stimmt; so wie es von Goethe stimmt, von Schiller und noch mehr von Thomas Mann und Robert Musil und unvermeidlicherweise – wenn auch jeweils in höherem oder geringerem Grad – von allen Dichtern, die sich kritisch über das Dichten anderer Dichter äußern. Was Eliot von sich selbst und Ezra Pound sagt, gilt von fast allen Dichtern: daß sie in ihren kritischen Äußerungen stets versuchen, entweder die Art von Poesie zu verteidigen, die sie selber schreiben, oder diejenige zu definieren, die sie zu schreiben wünschen. Und gerade darin liegt das besondere Interesse ihrer Kritik. Daher interessierten Eliot die kritischen Unternehmungen der Nicht-Dichter im allgemeinen nicht sonderlich, es sei denn, sie waren *homines religiosi* wie Theodor Haecker; und war er auch zu sanftmütig, um zu geißeln: der Anblick der akademischen Wechsler im Tempel der Musen bereitete ihm meistens Unbehagen. Wie immer dem sei, wir gehen gewiß nicht fehl, wenn wir den Essay »*The Metaphysical Poets*« auf das Eliotsche Gedicht beziehen, das ihm auf dem Fuß folgte, *The Waste Land.*

Das Gedicht hat ein Titelblatt, auf welchem *The Waste Land* steht, dann das Jahr des Erscheinens, 1922, hierauf ein Motto von drei Zeilen und schließlich die Widmung für Ezra Pound, den Freund, der die besagte kunstreiche Amputation ausgeführt hatte. Ein Titel, ein Motto, eine Widmung: man sollte meinen, es sei wie andere Titelblätter auch. Keineswegs. Auf sehr esoterische Art deklariert es das Hauptthema des Gedichts, ist voll von der List, ja vielleicht sogar der intellektuellen Hinterlist des Geistes, der das Werk geschaffen hat, ist ernst und lächelt auch wieder auf Augurenweise; und obgleich es nicht gerade wortreich ist, spricht es doch vier Sprachen: Englisch, Lateinisch, Griechisch und Italienisch, wozu sich dann noch in der zwölften Verszeile der Dichtung selbst unser geliebtes Deutsch gesellt – eine kleine Liebelei mit eben jenem Polyglotten, dem zur selben Zeit James Joyce im *Ulysses* – und wie erst später in *Finnegans Wake!* – seine linguistischen *Dolce-vita*-Orgien veranstaltete. (Die Metapher, scheint mir, ist am rechten Ort. Wo die Liebe versagt, wird die Ausschweifung zur Norm; und wo das Verhältnis, welches das menschliche Leben zur und mit der Sprache hat, erschüttert ist, versucht man es mit der sprachlichen Promiskuität.) – Nun, das viersprachige Titelblatt des *Waste Land* hat es, wie Thomas Mann hätte sagen mögen, faustdick hinter den Ohren, noch dicker als jenes Mannsche, das die von einem Freunde erzählte Geschichte des Tonsetzers Adrian Leverkühn ankündigt und sie auf diese archaisierende Weise bereits einer bestimmten Deutung empfiehlt.

Da ist also einmal die Widmung: *For Ezra Pound,* und Ezra Pound erhält ein Lob: *il miglior fabbro* wird er genannt, der bessere Werkmann. Warum aber auf italienisch? Der Eingeweihte mag wissen, daß so ein Kapitel in Ezra Pounds Buch *The Spirit of Romance* überschrieben ist, und der noch Eingeweihtere, daß die Worte bei Dante zu finden sind: *Purgatorio,* sechsundzwanzigstes Canto, Verszeile 117: »*fu miglior fabbro del parlar materno*«, »er war ein besserer Werkmann der Muttersprache.« Wen nennt Dante einen besseren Werkann der Muttersprache? Den im Jahr 1200 verstorbenen provençalischen Dichter Arnaut Daniel, der als Meister des *trobar clus* galt, einen dunklen, undurchsichtigen poetischen Stils. Dieser also ist bei Dante der bessere Werkmann, *il miglior fabbro.* Besser als welcher andere? Besser zum Beispiel als »der aus Lemosi«, Guiraut de Bornelh, den aber das dumme Volk viel höher schätzte, wie es in den Verszeilen 117 und 118 dieses Cantos heißt. Wußte Eliot, als er Pound mit der Erinnerung an Arnaut Daniel ehrte, daß die Geschichte das Urteil Dantes längst aufgehoben hatte? Daß der andere, der von den Narren so hoch geschätzte, inzwischen auch von den Wissenden in den Rang des größten Troubadours erhoben worden ist? Daß *il miglior fabbro* in Wahrheit gar nicht der bessere war? Wollte er, der so oft zu allerlei Verschlagenheiten aufgelegt war, nicht nur Ezra Pound eine Freude machen, sondern sich selbst ein wenig daran ergötzen, daß das ehrende Urteil, das er zitierte, auf so festen Füßen nicht stand und zuletzt »dem andern« gelten sollte? Wir lassen diesen Verdacht einer so virtuos und leise boshaft mit der Tradition spielenden Tücke fallen, aber nicht, ohne ihm eine gewisse Rolle in der Eliotschen Inspiration zuzuerkennen; wir verfolgen diesen Argwohn also nicht weiter (denn provoziert die Kunst der Interpretation auch oft ihre eigenen Parodien, so hat sie doch ihre Grenzen) und wenden uns dafür dem lateinischen Motto des *Waste Land* zu. Es ist dem »Gastmahl des Trimalchio« entnommen, dem achtundvierzigsten Kapitel des *Satyricon* von Petronius, und erzählt mit den Worten des Helden, wie dieser die berühmte Wahrsagerin, die Sibylle von Cumae, in einer Glasampulle schweben sah, und auf die griechische Frage der Knaben, was sie denn da wolle, antworten hörte: »*ἀποϑανεῖν ϑέλω*« – »Ich sehne den Tod herbei.«

Ich glaube, daß niemand weiß, wie Eliot auf dieses Motto verfiel. Jedoch ergibt es guten Sinn – den Sinn des Verfalls, der Öde, des

Waste Land. Das griechische Orakel von Cumae mit seiner Sibylle war einst eine bedeutsame geistliche Einrichtung gewesen – so wie die Symbolgestalten, die auf den Tarockkarten zu sehen sind, aus welchen im ersten Teil des *Waste Land* Madame Sosostris, die berühmte Kartenschlägerin, Schicksale voraussagt, obwohl sie zur Zeit arg erkältet ist. Zur grotesken Figur hatte sich auch die Prophetin von Cumae gewandelt, als Petronius seinen Trimalchio, den freigelassenen Sklaven und Ritter von der vulgären Gestalt, die erste dickensische Figur des europäischen Romans, von dem Sibyllen-Abenteuer berichten ließ; damals war ihr Heiligtum längst verfallen und ihre Götter tot. Was immer es mit der Ampulle auf sich hat, in der die nach dem Tod sich sehnende Prophetin schwebt, Eliot war vielleicht von diesem Homunkulus-Dasein der einst so lebendigen und heilig bewegten Frau beeindruckt, wie sie da in der gläsernen Künstlichkeit der dürftigen Zeit zwischen Himmel und Erde hängt, wahrsagend nur das eine Wahre: daß sie sterben möchte, vermutlich um des Wirklichen, dessen sie im Dasein verlustig gegangen, wenigstens im Tode habhaft zu werden.

Dante hatte die heidnisch-orakelnden Auguren und Sibyllen, die sündhafterweise das göttliche Privileg usurpierten, die Zukunft zu sehen, in den vierten Höllenzirkel verwiesen; aber nach dem Eliotschen Motto zu schließen, ist die auf die Flasche gezogene Sibylle von Cumae dort angesiedelt, wo gemäß dem dritten Canto des *Inferno* die Hoffnungslosigkeit gerade erst beginnt: unter denen, die *»senza infamía e senza lodo«* sind, nicht mit Schande überhäuft, aber auch nicht mit Ruhm bedeckt, und sich im Leben weder auflehnten gegen Gott noch ihm im treuen Glauben dienten. Dort also, im Glashaus-Limbo der Schicksalslosen, scheint die Sibylle von Cumae zu weilen, zusammen wohl mit all den Gleichgültigen und Unentschiedenen, den Bruchstükken von menschlichen Wesen, die Eliots »Wüstes Land« bewohnen, *»la perduta gente«*, die Schar der Verlorenen im Vorhof der Hölle. Dante war vierunddreißig Jahre alt, als er das *Inferno* zu schreiben begann; genauso alt war Eliot, als er anfing, sein *Waste Land* zu dichten. Die lebhaften Beziehungen, die das »Ödland« Eliots zur Hölle Dantes unterhält, wären aber auch dann offenbar, wenn Dante nicht bei Vergil – und durch ihn von Homer – gelernt hätte, daß die Unterwelt Dichtern und Helden zugänglich ist: im sechsten Buch der *Aeneade* begibt sich Aeneas dort hinunter mit Hilfe eines goldenen Zweiges und – der Sibylle von Cumae, womit wir wieder beim Motto des *Waste Land* angelangt sind. So fein auch die Beziehungen zwischen den zwei Höllen, der von Eliot und der von Dante, gesponnen sind, sie kommen immer wieder ans Licht, manchmal sogar, indem Eliot den Dichter der *Commedia* wörtlich zitiert, wie zum Beispiel dort, wo er die »unwirkliche Stadt« besingt, jene »*unreal city*«, die London heißt, aber in der unmittelbaren Nachbarschaft von Baudelaires oder Rilkes Paris liegt und eins ist mit jeder Großstadt; die Stadt wo

Under the brown fog of a winter dawn,
A crowd flowed over London Bridge, so many . . .

Und diese Menge strömt über dieselbe Brücke, die am Ende mit den auf diese Weise ins Schauerliche abgewandelten Worten eines Kinderliedes einstürzen wird:

London Bridge is falling down falling down falling down.

Und da er die Menge im braunen Nebel über die Brücke strömen sieht, ruft Eliot–Dante aus:

I had not thought death had undone so many.

Ich hätte nicht geglaubt, daß der Tod so viele getötet hat, was eine wörtliche Übersetzung der Zeilen 56 und 57 aus dem dritten Canto des *Inferno* ist.

Zu solch verwirrend weitläufigen Erkundungen und Erörterungen haben uns die wenigen Worte des Titelblattes verführt. Verführt? Nein, legitimerweise veranlaßt. Dabei haben wir dem Titel selbst noch keine Beachtung geschenkt: *The Waste Land.* Eliot sagte, daß er den Titel sowohl wie viele Symbole des Gedichts – die Fruchtbarkeits- und Todessymbole der Tarockkarten vor allem – einem anthropologischen Werk verdanke, das im Jahr 1920 erschienen war: Jessie L. Westons *From Ritual to Romance.* Dieses Werk wäre wieder seinerseits undenkbar gewesen ohne die (von einer inzwischen weiter fortgeschrittenen Anthropologie längst in Frage gestellten) anthropologischen Darlegungen Sir James George Frazers, dessen Buch *The Golden Bough* im Zeitraum zwischen 1890 und 1922 in verschiedenen Fassungen und revidierten Neuauflagen erschien. Man sieht, wir kommen vom Hundertsten ins Tausendste, aber vom Tausendsten in die eine Nacht, in welche das »Ödland« getaucht ist. Denn diese Dichtung geht in den Spuren der tief in den Zeiten entsprungenen Gralslegende, die erst später christlich getauft wurde, zuerst aber ein uralter heidnischer Naturmythos war, in welchem der Fischerkönig – der Fisch, das Symbol für das Leben zeugende lebendige Element – sein ganzes Reich verdorren sieht, als wäre es befallen von seiner eigenen Krankheit: dem Unvermögen des Geschlechts. Die Früchte des Feldes gedeihen nicht und es verjüngen sich nicht die Herden. Die Quellen des Lebens versiegen, Speer und Kelch wissen nichts voneinander, und kein Gral erscheint, den Leib und die Seele der Ritter zu nähren. Wann kommt der junge Held, dem es bestimmt ist, den Fluch zu lösen? Nach den ältesten Gralssagen schon, so lernte es Eliot bei Miss Weston, soll der Herrscher geheilt und das verödete Land wieder grün werden, sobald der Erlöserjüngling fragt, *was die Dinge bedeuten*, die »Symbole«, die er im Schloß des Fischerkönigs erblickt.

Eine erstaunliche Sage, die da unter Eliots Händen fast zur Legende der modernen Dichtung selbst wird. Denn die Unfruchtbarkeit, mit der das Reich des Fischerkönigs geschlagen ist, wird hier verquickt mit der müden Resignation, die nicht einmal mehr zu fragen versteht, ob dieses Dasein einen Sinn hat. Daher kommt das Heil von der unschuldigen Ahnung, dem hoffnungsvollen Verdacht und der frommen Vermutung, daß den Bilderrätseln der Welt eine Lösung zugedacht ist. Findet sich diese fragende Frömmigkeit und dieser gläubige Fragegeist im Palast des Fischerkönigs ein, so fließt auch das Wasser des Lebens wieder in seinem Land, das jetzt eine Wüste ist. Das Menschenkind aber, der *»son of man«*, der im *Waste Land* angesprochen ist oder sich selbst anspricht – und zwar mit Worten, die der Unheilsprophetie des poetischsten aller biblischen Propheten, des Hesekiel, nachgesprochen sind – ist nicht der Glücksbringer; um ihn ist das steinerne Geröll des Unsinns und sind die trockenen Knochen des Todes, und

You cannot say, or guess, for you know only
A heap of broken images . . .

Du sagst es nicht und errätst es nicht, denn du kennst nur
Einen Haufen zerbrochener Bilder . . .

Und am Ende des Gedichts, in dessen viertletzter Zeile, wird noch immer gelten:

These fragments I have shored against my ruins

Mit diesen Scherben hab ich meine Trümmer gestützt.

These fragments – diese Scherben. Es sind, wie wohl nicht zu verkennen ist, die Fragmente der zerbrochenen europäischen Tradition, von denen im *Waste Land* die Rede ist; nein, *mit* denen T. S. Eliot im *Waste Land* seine dichterische Rede bestreitet: mit diesen komponiert er das erstaunliche Mosaik seines so modernen Gedichts. Einmal heißen diese Splitter bei ihm auch die »*withered stumps of time*«, die verdorrten Stummel der Zeit, und zwar im zweiten Teil des Gedichts, der »Eine Schachpartie« heißt, und sind an eine Stelle gesetzt, die offenbar macht, daß diese Scherben der Überlieferung nichts sind als das »*objective correlative*«, die äußere Entsprechung der Bruchstücke von Geist und Gefühl, mit welchen die menschlichen Wesen des Ödlands ihr innerliches Dasein fristen; und wie auch sonst so oft in der modernen Literatur, ist das Erotische der Brennpunkt auch dieses *Inferno Nuovo*. Wie denn auch nicht; es ist ja gerade des Fischerkönigs Unfruchtbarkeit, die sein Reich verwüstet und diesem Gedicht den Namen gibt, eine Unfruchtbarkeit, die T. S. Eliot ganz in die Seele verlegt: denn an geschlechtlicher Begierde und Betätigung fehlt es nicht im *Waste Land*. Im Gegenteil, dieses Dichters bedeutendste Leistung ist es, daß er die Danteschen Höllenbewohner, die so sehr in der Lüsternheit leben, weil es die Hoffnung für sie nicht gibt, und die um so mehr begehren, je weniger sie hoffen dürfen – »*che senza speme vivemo in disio*«, wie es im vierten Canto des *Inferno* heißt (Zeilen 40–42) –, daß Eliot inmitten der Anthropologie, der Psychoanalyse und des Naturalismus seiner Zeit die Verdammten Dantes in lüsterne und immer wieder enttäuschte Großstädter verwandelt, die wie Großstädter sprechen und sich gebärden, sachlich und aufgeklärt und schnodderig, und doch das Pathos der Verdammnis haben. Wie die Frauen da an der Bar einer Londoner Bierstätte sitzen und das Lob von neuen falschen

Zähnen singen, die wieder gutmachen sollen, was die vielen Abtreibungspillen dem Aussehen geschadet haben, und wie, da die Londoner Sperrstunde naht, des Barmannes mahnender Refrain

HURRY UP PLEASE ITS TIME

immer mehr zur Ankündigung des Jüngsten Gerichts wird, und wie die mechanisch-banale Gute-Nacht-Verabschiedung von Bill und Lou und May plötzlich überspringt in den Abschiedsgruß, den die wahnsinnige Ophelia den im Bösen, im »rotten state of Denmark«, Überlebenden entbietet, ehe sie im Wasser stirbt:

Goonight Bill. Goonight Lou. Goonight May. Goonight
Ta ta. Goonight. Goonight.
Good night, ladies, good night, sweet ladies, good night,
good night.

Und wie das Shakespearesche Ende dieses zweiten Teils des Gedichts sein Gegenstück hat im Shakespeareschen Anfang, der Parodie jener kostbaren Verse, mit welchen Shakespeare schildert, wie die unheilvoll schöne Cleopatra in ihrer üppigen Barke den Fluß hinabgerudert wird; und wie da die Erinnerung an den ein Weltreich vernichtenden Eros übergeht in die Inszenierung jenes billig parfümierten Sexualgeschöpfs inmitten des leeren Prunks eines viktorianischen Salons; und wie dann die an Keats gemahnende Nachtigall singt, aber anders als bei Keats singt, nämlich Schmutziges singt in schmutzige Ohren:

And still she cried, and still the world pursues,
›Jug, jug‹ to dirty ears . . .

nun, das erreicht in der englischen Dichtung, was, nachdem es Baudelaire im Französischen getan hatte, dichterisch kaum noch möglich schien: die Wiedereinsetzung des Bösen in eine menschliche Erlebnissphäre, die durch spätromantisches Süßholzgeraspel und psychologisch-naturalistische Sachlichkeit heillos trivialisiert worden war; und erreicht dies immer wieder durch das ernste Spiel mit den Scherben der Tradition, ob diese nun Stücke sind aus der Bibel, Vergil, Petronius, Dante oder Shakespeare; oder auch aus Baudelaires *Fleurs du mal*, wie etwa am Ende des ersten Teils des *Waste Land*:

›*You! hypocrite lecteur! – mon semblable, – mon frère!*‹

Ich habe versucht, Ihnen einige dieser alten Scherben zu zeigen, und auch, Ihnen vorzuführen, welche Assoziationen sich bei deren Betrachtung einstellen.

Noch ehe wir über das Titelblatt hinausgekommen waren, waren wir schon tief im Vergangenen: bei Urmythen von Fruchtbarkeit und winterlichem Verdorren, bei den heidnischen Ursprüngen der Legende vom heiligen Gral, bei alttestamentarischem Prophetentum und christlich-geistlicher Kosmologie, bei Vergil, Dante, Petronius, bei der spätlateinischen Karikatur eines griechischen Orakels, und kommen, wenn wir umblättern und den Anfang der Dichtung selbst betrachten, sehr bald zu Shakespeare und seinen düster-tragischen Zeitgenossen; zuerst aber zur großen Parodie – und ich gebrauche das Wort Parodie in dem ernsten Sinn, welchen Thomas Mann ihm gab – des romantischen Umgangs mit der Natur und der Liebe, und daher auch zum »romantischen« Dichter-Komponisten nicht nur der Gralssage, sondern auch von *Tristan und Isolde.* Und sonderbarerweise kommen wir auch hierher nach München; oder doch auch wieder nicht so sonderbarerweise: denn es war hier, wo im Jahr 1865 *Tristan und Isolde* uraufgeführt wurde, wo ganz in der Nähe Ludwig II. seine romantischen Schlösser baute und seinen Tod im Wasser starb – »Death by Water« heißt der vierte Teil des *Waste Land* – und wo die Kaiserin Elisabeth von Österreich ihre Wittelsbacher Heimat hatte, jene Kaiserin, die in Genf ermordet wurde: *By the waters of Leman I sat down and wept* . . . heißt es im dritten Teil der Dichtung, der »Feuerpredigt«, mit so deutlichem Anklang an den 137. Psalm, daß die Frage, warum »Leman« die Stelle von Babylon einnimmt, unvermeidlich ist. Nun, Leman heißt auf altenglisch der Liebende, der Liebhaber, auf französisch aber ist es der Name des Genfer Sees, wo mit dem Tode der Wittelsbach-Habsburgerin ein langer europäischer Geschichtstag seinem Ende entgegenging, zumal ihr einziger Sohn, Erzherzog Rudolf, der Kronprinz, einige Jahre vorher sich getötet hatte – Ereignisse, von welchen ein leises Echo in *Waste Land* zu vernehmen ist. Verführt von diesem Gedicht sind wir schon wieder beim Assoziieren und wollten doch zuerst die ersten 41 Zeilen in der ein wenig modifizierten Übersetzung von E. R. Curtius zitieren[2] und vorher noch die ersten vier Zeilen im Original, denn von diesen gilt, daß im englischen Sprachbereich jeder, der unter fünfzig ist und zehn Verse von Shakespeare auswendig kennt, mit größter Wahrscheinlichkeit auch diese Zeilen herzusagen weiß:

April is the cruellest month, breeding
Lilacs out of the dead land, mixing
Memory and desire, stiring
Dull roots with spring rain.

Auch sci darauf aufmerksam gemacht, daß die Zeile 12 des Gedichts »Bin gar keine Russin, stamm' aus Litauen, echt deutsch«, sowohl wie die späteren Zitate aus *Tristan und Isolde* (»Frisch weht der Wind« und »Öd' und leer das Meer«) auch im Original deutsch erscheinen, so daß es z. B. heißt:

Summer surprised us, coming over the Starnbergersee
With a shower of rain; we stopped in the colonnade,
And went on in sunlight, into the Hofgarten,
And drank coffee, and talked for an hour.
Bin gar keine Russin, stamm' aus Litauen, echt deutsch.

Nun, hier sind die ersten 41 Zeilen auf deutsch:

April ist der grausamste Monat, brütet
Flieder aus im toten Land, mischt
Erinnerung und Begier, weckt
Dumpfe Wurzeln mit Frühlingsregen.
Winter hielt uns warm, hüllte
Die Erde in Schnee des Vergessens, nährte
Karges Leben mit trockenen Knollen.
Sommer überfiel uns, kam über den Starnbergersee
Mit Regenschauer; wir stellten uns unter in den Arkaden,
Und als die Sonne wieder schien, gingen wir in den Hofgarten,

2 Wiedererschienen 1975 in der Bibliothek Suhrkamp: *Das wüste Land*, englisch und deutsch mit einem Vorwort von H. E. Holthusen.

Tranken Kaffee und plauderten eine Stunde.
Bin gar keine Russin, stamm' aus Litauen, echt deutsch.
Und als wir Kinder waren, beim Erzherzog wohnten,
Meinem Vetter, fuhr er mit mir Schlitten,
Und ich fürchtete mich. Er sagte, Marie,
Marie, halt dich fest. Und hinunter gings.
In den Bergen, da fühlst du dich frei.
Ich lese, tief in die Nacht, und im Winter geh ich in den Süden.
Was ist das Wurzelwerk, das greift, der Ast, der sproßt
Aus diesem Steingeröll? Menschensohn,
Du sagst es nicht und errätst es nicht, denn du kennst nur
Einen Haufen zerbrochener Bilder unter Sonnenbrand,
Und der tote Baum gibt keinen Schutz und die Grille keinen Trost,
Und der trockene Stein kein Geräusch von Wasser. Nur
Dort ist Schatten, unter dem roten Felsen
(Komm, folge mir in den Schatten des roten Felsen),
Und ich zeige Dir etwas, was anders ist als
Dein Schatten am Morgen, der hinter dir her schreitet
Oder dein Schatten am Abend, der aufsteht und dir entgegengeht;
Ich zeige dir die Angst in einer Handvoll Staub.

Frisch weht der Wind
Der Heimat zu:
Mein irisch Kind
Wo weilest du?

»Du gabst mir die ersten Hyazinthen vor einem Jahr;
Man nannte mich das Hyazinthen-Mädchen.«
– Aber als wir spät aus dem Hyazinthengarten zurückkamen,
Deine Arme voll, und dein Haar feucht, da konnt ich
nicht sprechen, die Augen versagten, und ich war weder
Lebendig noch tot, und ich wußte nichts,
Da ich dem Licht ins Herz sah, ins Schweigen.
Öd' und leer das Meer

Tun wir, wozu Eliot uns ermutigte und was zu tun wir versprachen: Versuchen wir nach all den scheinbar wirren Bildungsassoziationen, zu denen wir uns schon durch das Titelblatt dieser alexandrinischsten aller Dichtungen vorsätzlich verleiten ließen, aus Splittern, Scherben und zerbröckelnden Bildern zur Klarheit zu kommen über dieses dichterische Unternehmen, indem wir den Essay zu Rate ziehen, den Eliot schrieb, als er *Das wüste Land* dichtete: den Essay über die metaphysischen Dichter. Es ist unwahrscheinlich, daß je eine Buchbesprechung (und was hier Essay genannt wird, ist eigentlich die Besprechung einer damals neuen Anthologie von englischen Gedichten aus dem siebzehnten Jahrhundert) so sehr Literaturgeschichte gemacht hat wie diese: sie vollendete die Umwertung der poetischen Werte, welche Eliot im Jahre 1917 mit dem Aufsatz »Die Tradition und das individuelle Talent« für England begonnen hatte. In diesem Aufsatz hatte Eliot demoliert, was er und seine Zeitgenossen für die romantische Idee von Kunst und Künstler hielten: die Idee, daß der Künstler Kunst erzeugt, indem er auf »künstlerisch« wirkungsvolle Weise »ausdrückt«, was sein vom Weltgeist privilegiertes Selbst erlebt, genießt oder erleidet. Nein, sagte Eliot, das Dichten ist ein »unpersönliches« Geschäft, so unpersönlich, daß der Fortschritt des Künstlers keineswegs durch die immer angelegentlichere Pflege seiner Persönlichkeit gewährleistet ist, sondern im Gegenteil allein durch dessen zunehmende »Selbstaufopferung« und »Auslöschung«.

War dies für ein England, dessen letzter berühmter Dichter Tennyson war, ein ungewohnter Gedanke, so war es doch zu anderer Zeit und anderem Ort oft und immer wieder geäußert worden – und zwar sowohl in Lobpreisung solchen Poetenschicksals wie im Ingrimm darüber, in Traurigkeit und mit Ironie. Daß Homer sich selbst vergaß und sein ganzes Leben an die Betrachtung zweier Helden hingab, verkündete Goethes Tasso, eben jener, den sein Autor zum Dichter verdammte, damit er wie der Seidenwurm aus seinem Innern »das köstliche Geweb« entwickle, »bis er in seinen Sarg sich eingeschlossen«. Auch Schopenhauer gönnte dem Künstler kein anderes Glück als dasjenige der völligen Selbstentäußerung, damit er nur als »rein erkennendes Subjekt« übrigbliebe und als »klares Weltauge«. Keats klagte im Brief an Richard Woodhouse vom 28. Oktober 1818 über das »erbärmliche« Los, das den Dichter dazu verdammte, keine Identität zu haben, und Grillparzer verhängte über seine Sappho das Liebesverbot, damit sie auf ewig von der Liebe nur singe. Nietzsche meinte im 4. Aphorismus der 3. Abhandlung seiner *Genealogie der Moral*, die Person des Dichters sei nichts als die »Vorausbedingung seines Werks, der Mutterschoß, der Boden, unter Umständen der Dünger und Mist, auf dem, aus dem es wächst«, weshalb denn ein »vollkommener und ganzer Künstler . . . in alle Ewigkeit von dem Realen, dem Wirklichen, abgetrennt« ist. Thomas Mann untersagte früh schon seinem Tonio Kröger und spät noch seinem Adrian Leverkühn (und diesem auf sehr dämonische Art) die »Kuhwärme« des Gefühls und die Wonnen des gewöhnlichen Selbstseins, denn mit seinem Leben, dem lebendigen Dasein der Person, muß bezahlen, wer auch nur ein Blättchen pflücken will vom Lorbeerbaum der Kunst; und Rilke tadelte im Requiem für Wolf Graf von Kalckreuth einen freiwillig aus dem Leben geschiedenen jungen Dichter dafür, daß er seinen persönlichen Kummer nicht überwunden habe in der Arbeit, durch welche der Künstler in vollkommener Selbstverneinung »hart sich in die Worte« verwandelt,

> wie sich der Steinmetz einer Kathedrale
> verbissen umsetzt in des Steines Gleichmut.

Als wollte er dem Rat folgen, welchen Rilke im Jahr 1908 dem jungen Grafen Kalckreuth ins Grab nachgerufen hatte, schrieb Eliot in jenem Traditions-Essay aus dem Jahr 1917 (nicht unter der Einwirkung Rilkes, sondern derjenigen Jules Laforgues und der französischen Symbolisten – aber in diesem Bezug läuft alles auf dasselbe hinaus): »Dichten bedeutet nicht, der Emotion freien Lauf zu lassen, sondern ihr zu entrinnen; nicht, Persönlichkeit auszudrücken, sondern Persönlichkeit zu fliehen.« Und fügte hinzu: »Aber freilich wissen nur diejenigen, welche Persönlichkeit und Emotionen haben, was es heißt, davor fliehen zu wollen.«

Wenn aber die Dichtung nicht das Selbst des Dichters ausdrückt, was ist es, dem sie zur Sprache verhilft? Schopenhauer, der Deutsche, glaubte es zu wissen: das wahre Objekt der Kunst war für ihn das Reich der Platonischen Idee; und der junge Nietzsche machte sich die Lehre seines »Erziehers« Schopenhauer zu eigen, als er in der *Geburt der Tragödie* meinte, daß, wenn der Dichter »Ich« sagt, die Rede nicht ist vom empirischen Ich gerade dieser Person, sondern von der Idee »Ich« schlechthin. Eliot aber, der Angelsachse, kündigte in jenem Essay an, daß er »an der Grenze der Metaphysik oder Mystik haltzumachen gedenke«; und so ließ er sich nicht wie Schopenhauer mit Platon ein, sondern nur – mit der Tradition. Diese war für ihn – man bedenke: für den Dichter, der gerade dabei war, als der »modernste« Dichter der englischen Sprache berühmt oder auch berüchtigt zu werden – der »höhere Wert«, dem das Selbst sich zu unterwerfen hatte. Jedoch wollte es mit dem Definieren dieser Tradition so recht nicht gelingen. Gewiß, sie ist ein »Wert« und kritischer Maßstab, und ist daher zu unterscheiden von den weitläufigen Begriffen der Vergangenheit und der Geschichte, diesen unerschöpflichen Reservoirs des Guten sowohl wie des Schlechten. Tradition ist also das bedeutsam Gute, das die Vergangenheit der Gegenwart überliefert hat. Diesem Guten die Treue zu halten, ist besser als die treulose Originalität. Es ist aber leider, so schrieb Eliot damals, unsere kritische Gewohnheit, bei jedem Dichter dasjenige besonders zu schätzen, was ihn von seinen Vorgängern unterscheidet: das Neue, das Originelle. Entledigten wir uns erst einmal dieses Vorurteils, so würden wir oft finden, daß nicht nur die besten, sondern auch die »individuellsten« Züge eines Autors gerade diejenigen sind, »in welchen die toten Dichter, seine Vorfahren, am kräftigsten ihre Unsterblichkeit behaupten«. Das Wort »individuellst« läßt uns aufhorchen; ein Paradoxon ist im Anzug: das Originelle ist das schönste Kind der Tradition und ist nur insofern wahrhaft originell (was ja auf deutsch »ursprünglich« heißt), als es seinen Ursprung in der Tradition hat. Denn die Überlieferung gebietet dem Dichter nicht, daß er einfach hinnehme und seinerseits wieder überliefere, was ihm überliefert wurde. Wahrscheinlich ohne es zu ahnen, zitiert Eliot an dieser Stelle den ihm damals so verdächtigen Goethe. Tradition, schreibt er, »*cannot be inherited, and if you want it you must obtain it by great labour*«; und das heißt auf deutsch und auf poetisch:

Was du ererbt von deinen Vätern hast,
Erwirb es, um es zu besitzen.

Und man erwirbt die Tradition mit Hilfe des »historischen Sinns«, der uns nicht nur die Vergangenheit des Vergangenen wahrnehmen läßt, sondern auch dessen Gegenwart. »Der historische Sinn«, sagt Eliot, »zwingt den Schriftsteller, nicht nur mit seiner eigenen Generation in den Knochen zu schreiben, sondern auch mit dem Empfinden, daß die ganze europäische Literatur von Homer an, und innerhalb der europäischen die ganze Literatur seines eigenen Landes, gleichzeitig existiert und eine gleichzeitige Ordnung bildet. Dieser historische Sinn, welcher der Sinn ist für das Zeitlose sowohl wie für das Zeitgebundene – und das Zeitlose und Zeitgebundene in einem – dieser historische Sinn also verpflichtet den Dichter seiner Tradition, und er ist es auch, der einem Autor das klarste Bewußtsein seines Ortes in der Zeit gibt, seiner eigenen Zeitzugehörigkeit.« Ein solcher Schriftsteller ist es, der die Tradition lebendig erhält, indem er deren Leben neu macht; denn obgleich die Werke der Vergangenheit für sich allein eine ideale Ordnung bilden, wandelt sich diese doch, und sei es manchmal auch nur unmerklich, sobald das neue Werk – »das wirklich neue«, fügt Eliot hinzu – in diese Ordnung eintritt. »Wer sich je die Idee einer Ordnung, einer Gestalt der europäischen . . . Literatur zu eigen gemacht hat, wird den Gedanken nicht absurd finden, daß die Vergangenheit durch die Gegenwart verändert wird, und zwar in demselben Maß, in welchem die Gegenwart durch die Vergangenheit bestimmt ist.« Und der Dichter, der dieses weiß, weiß auch, wie schwer er es hat und wie groß seine Verantwortung ist. So also T. S. Eliot im Jahre 1917. Er zitierte einen, der gesagt hatte: »Die toten Schriftsteller sind uns so fern, weil wir so viel mehr *wissen* als sie.« Und er selbst erwiderte: »Ja, gewiß, und sie sind dasjenige, was wir wissen.«

Es leuchtet ein, daß Eliots kritisches Denken sich dabei nicht beruhigen konnte. Der aufgeworfenen und unbeantworteten Fragen waren zu viele, und vor allen andern gab es diese: Welches ist der zu begehende Weg, derjenige unter den vielen, den die »Tradition« durch die unübersehbar weite und mannigfaltige Landschaft der Vergangenheit zog? Da es der Weg war, auf welchem der Dichter als Dichter sich selber finden und als »Persönlichkeit« verlieren sollte, war es von großer Wichtigkeit, ihn so genau wie möglich zu bezeichnen. Eliot hat den Essay »Die Tradition und das individuelle Talent« rechtens an den Anfang seiner *Selected Essays* gesetzt, denn mit dieser Schrift beginnt er seinen kritischen Waldgang, um die Bäume zu markieren, denen der Wanderer folgen oder der Holzfäller die Axt anlegen soll; und der kühnste und energischste dieser Erkundigungszüge ist der Essay über die metaphysischen Dichter. Hier sind wir nahe daran, zu erfahren, was die Tradition ist. Wann immer sie für die englische Literatur begonnen haben mochte, im sechzehnten Jahrhundert steht sie in Blüte – ein Urteil, das zu bestreiten nur wenige geneigt sein werden. Auch daß es nach diesem elisabethanischen Blühen herbstlich wurde, ist im Naturablauf der literarischen Jahreszeiten begründet. Erregend ist nur die Beobachtung, daß es einer klimatischen Katastrophe zuzuschreiben ist, wenn im siebzehnten Jahrhundert nicht alle Früchte reiften und im zwanzigsten so viele Hungersnöte ausbrachen. Diesen Barometersturz der Dichtung hat Eliot im Essay über die metaphysischen Dichter mit einem Namen bezeichnet, der in alle Fibeln der Literaturkritik einging: die Dissoziation der Sensibilität.

Beziehen wir diesen Unfall auf unsere die Überlieferung betreffende Frage, so lassen sich die schwerfälligen Fremdwörter vielleicht übersetzen als der »Bruch des Herkommens«. Und dies bedeutet: Die legitimen Erben Shakespeares in der englischen Dichtung des siebzehnten Jahrhunderts sind die Dichter, die das achtzehnte verächtlich als die »metaphysischen« abgetan hatte, und die noch zur Zeit, da Eliots Essay erschien, arg vernachlässigt waren, nämlich Donne, Herbert, Marvell, Crashaw, während die ihrer Wirkung nach mächtigsten Dichter jenes Jahrhunderts, Milton und Dryden, die Tradition zerbrachen und die einheitliche poetische Sensibilität zerrissen; und die »Gefährlichkeit« dieser Dichter ist um so größer, als sie keineswegs »schlechte« Dichter sind. Im Gegenteil, sie erfüllen, wie Eliot sagt, »gewisse poetische Aufgaben so großartig, daß der Glanz ihrer Leistung nicht merken läßt, was ihnen alles abgeht.« Und was ist es, das ihnen abgeht, während es die metaphysischen Dichter noch besitzen? Bezeichnen wir es mit einem Wort, das Eliot unbekannt war, weil es von keinem seiner Klassiker geprägt wurde, sondern von einem deutschen Romantiker: Friedrich Schlegel in einem der Athenäums-Fragmente. Es heißt »Universalpoesie«. Denn die »Dissoziation der Sensibilität«, der Bruch mit der Tradition, oder anders ausgedrückt, der Sündenfall der Dichtung, dessen großer Paradiesvertriebener der »sublime« Milton ist, liegt in der Trennung der Gewalten, die Poesie und Prosa, Fühlen und Denken, das Erhabene und das Alltägliche, das Empfundene und das Erdachte über das vom Menschen erfahrene Leben ausüben. Von

Milton an gilt leider nur die Erhabenheit des Gefühls, nur die von keiner Reflexion gebrochene Empfindung als poetisch; das Gewöhnliche wie das Gedachte, das Bizarre wie das Gewitzte, mag »Leben« sein, fremd aber bleibt es der Kunst. Zum Unterschied aber von Milton und Dryden besaßen die wahren Nachfolger der Dichter des sechzehnten Jahrhunderts, nämlich die vergessenen metaphysischen Dichter, »einen Mechanismus der Sensibilität, der jegliche Art von Erfahrung verschlingen konnte«. Jegliche – vor allem die des *Denkens*, weshalb sich denn bei ihnen das Schöne noch nicht zum »Nur-Schönen« kastriert und damit vom »Wahren« losgesagt hatte. Wir wissen, daß Eliot später über dieses aufsässige Problem auch anders zu reden verstand, aber zur Zeit des *Waste Land* wurde John Donne dafür gepriesen, daß er als Dichter dachte und mit der Denkkraft fühlte: ein »erlebter« Gedanke war für ihn eine Erfahrung, die, wie jede Erschütterung des Gefühls, »seine Sensibilität modifizierte«; und darin war er ganz anders als die Dichter der späteren Zeit, deren Krankheit, mit Schiller zu reden, das »Sentimentalische« war, und die anfallsweise einmal dachten und einmal fühlten, aber es niemals zu jener Einheit von Denken und Empfinden brachten, welche es Donne ermöglichte, »einen Gedanken so unmittelbar zu fühlen wie den Duft einer Rose«.

Es ist erstaunlich wie nahe hier Eliot mit seinem Ideal der alles umfassenden dichterischen Sensibilität, der *»unified sensibility«*, die *alle* Erfahrung in sich aufzunehmen vermag, dem Schlegelschen Ideal der »progressiven Universalpoesie« kommt, deren Aufgabe es wäre, »alle getrennten Gattungen wieder zu vereinigen und die Poesie mit der Philosophie . . . in Berührung zu setzen«, und welche »Poesie und Prosa, Genialität und Kritik . . . bald mischen, bald verschmelzen« und »die Formen der Kunst mit gediegenem Bildungsstoff jeder Art anfüllen und sättigen und durch die Schwingungen des Humors beseelen« wird. Auch die Neigung der neueren Ästhetik, die, unmittelbar oder mittelbar von Schopenhauer dazu angeregt, in der Ausübung der Kunst einen Akt der Selbstaufgabe des Künstlers sieht – »Wer sein Leben um meinetwillen verliert . . .« sagt die Kunst, und sagt, wie wir sahen, auch Eliot –, ist bei Schlegel zu finden: der »Universalpoet« wird sich »so in das Dargestellte verlieren«, daß man glauben möchte, die Darstellung seines Stoffes sei ihm »ein und alles«; und doch würde er »von ungefähr sich selbst dargestellt« haben in seinem Werk, das auf diese sonderbar persönlich-unpersönliche Weise »gleich dem Epos ein Spiegel der ganzen umgebenden Welt, ein Bild des Zeitalters werden« wird. Man ist geneigt, hier – und nicht nur wegen des »gediegenen Bildungsstoffes« – einen Doppelpunkt zu setzen und hinzuzufügen: *The Waste Land.* Und wie sollte man es anstellen, nicht an T. S. Eliot und dieses sein Gedicht (und seine kommentierenden Anmerkungen zum Gedicht) zu denken, wenn man bei Friedrich Schlegel in einem der Lyceums-Fragmente liest, daß in Zukunft ein genialer Geist »sich selbst . . . nach Belieben philosophisch oder philologisch, kritisch oder poetisch, historisch oder rhetorisch, antik oder modern [wird] stimmen können, . . . wie man ein Instrument stimmt«; schon gar, wenn man Eliot in jenem Essay über die metaphysischen Dichter sich selbst und seine Leser auf *The Waste Land* vorbereiten sieht, indem er die poetischen Tugenden von Donne, Herbert und Crashaw folgendermaßen preist: »Wenn eines Dichters Geist für seine Arbeit vollkommen ausgerüstet ist, dann amalgamiert er beständig disparate Erfahrungen; die Erfahrung des gewöhnlichen Menschen ist chaotisch, regellos, fragmentarisch. Er verliebt sich oder er liest Spinoza, und diese zwei Erfahrungen haben für ihn nichts miteinander zu tun, und nichts mit dem Geräusch der Schreibmaschine oder dem Geruch aus der Küche; im Sinn des Dichters aber bilden sich diese Erfahrungen zu immer neuen Einheiten.« Die Fähigkeit, die verschiedensten Erfahrungen zu »verschlingen«, die disparatesten Eindrücke zu amalgamieren, zeichnet nicht nur den zukünftigen »Universalpoeten« Friedrich Schlegel aus, und nicht nur – in Eliots Diagnose – die metaphysischen Dichter des siebzehnten Jahrhunderts, sondern auch in höchstem Grad den Dichter des *Waste Land*. Die disparatesten Eindrücke: betrachten wir noch einmal den Anfang des Gedichts:

> April ist der grausamste Monat, brütet
> Flieder aus in totem Land, mischt
> Erinnerung und Begier, weckt
> Dumpfe Wurzeln mit Frühlingsregen.

Was Rilke auf seine gänzlich andere Art im »Liebeslied« –

> Wie soll ich meine Seele halten, daß
> sie nicht an deine rührt? . . .

mit dem Herkommen der romantischen Liebesfeier tut, das tut Eliot hier mit demjenigen des romantischen Frühlingsgedichts. So wie sich bei Rilke die Hingerissenheit zur Geliebten, das

> O Mädchen, Mädchen,
> Wie lieb ich dich!

zur Geste der leisen Abwehr wandelt, so ist es bei Eliot mit dem

> Wie herrlich leuchtet
> Mir die Natur!

zu Ende. Jedoch ist Eliot unvergleichlich radikaler als Rilke: im Falle Rilkes bleibt es ja nach Form und schließlicher Aussage noch immer beim »süßen Lied«, bei Eliot aber kann weder von Lied noch von Süße die Rede mehr sein. Der grausam hereinbrechende Frühling brütet Flieder aus im toten Land, wobei es die Worte »*breed*« und »*dead*« schwermachen, nicht an die zweite Szene im zweiten Akt von *Hamlet* zu denken, wo die Sonne Maden in einem toten Hund ausbrütet. Wie viel freundlicher war der Winter, der uns warm hielt unterm leblosen Schnee! Mit diesen Worten also klingt (wenn »klingen« das rechte Wort ist) unvermittelt und einsatzstark eines der Hauptthemen des Gedichts an, so bedeutsam wie die unfruchtbare Liebe, die die Liebe nicht ist: das Thema des geistlichen Todes, der sich wohnlich eingerichtet hat in den warmen Häusern des Winters und sich wehrt gegen die Bedrohung durch das Lebendige, sei dieses der Frühling oder die Ankunft des Gottes, der des Kreuzes bedarf und des Sterbens, um das tote Leben zu lebendigem Leben zu erwecken. Das Leben, das kein Leben ist, weil es Tod und Auferstehung, Stirb und Werde, von sich gewiesen – es gibt keinen Gegenstand der Tradition, der »traditioneller« wäre als dieser, und keinen Dichter, der ihn so »modern« bedacht, empfunden und abgehandelt hätte wie T.S. Eliot.

Gewiß, die Beziehungen, die das *Waste Land* zu den gleichzeitigen *Duineser Elegien* von Rilke unterhält, sind (ohne daß auch nur im geringsten von Beeinflussung die Rede sein könnte) eklatant: man denke doch nur an »Und das Totsein ist mühsam / und voller Nachholn, daß man allmählich ein wenig / Ewigkeit spürt« der Ersten Elegie, oder an die Modistin Madame Lamort der

Fünften, die, ganz anders beschäftigt als Eliots Kartenschlägerin Madame Sosostris, ihr dennoch verschwägert ist, oder an »O Bäume Lebens, o wann winterlich?« der Vierten, Worte, die sich ohne allzuviel Mühe auf den Anfang des *Waste Land* beziehen lassen. Ein sorgfältiger Vergleich dieser beiden Werke aber würde etwas Paradoxes ergeben: T. S. Eliot ist zugleich »traditioneller« *und* »moderner« als Rilke, und zwar traditioneller im Gehalt und moderner in der Form. Eliot sagte einmal, daß ihn Rilkes »Privatmythologie« davon abgehalten habe, den *Duineser Elegien* näherzutreten. Und es stimmt schon, daß es bei Eliot zwar viele »Symbole« gibt, deren Bedeutung dem ersten Blick dunkel bleibt, aber auch nicht eine einzige mythologische Neubildung, wie es nach Rilkes nicht ganz erfülltem (und vom Wesen der Sprache her unerfüllbarem) Willen der allgegenwärtig über den *Elegien* schwebende Engel ist. Ist Rilke also »neuer« in seiner Mythologie, so ist er doch auch wieder »älter« in seiner Diktion; und das hat seinen Grund paradoxerweise darin, daß Rilkes »Tradition« erst mit Novalis und Hölderlin beginnt, die Eliotsche aber mit Dante, von welchem sie über Shakespeare zu den metaphysischen Dichtern des siebzehnten Jahrhunderts führt und von diesen fast geradewegs zu den französischen Symbolisten.

Was Eliot den metaphysischen Dichtern lobend nachsagt, gilt auch von ihm: er »verschlingt« als Dichter jegliche Art von Erfahrung, und sei es selbst die Lektüre eines in diesem Zusammenhang so »disparaten« Buches wie die Memoiren der Gräfin Marie Larisch, einer Wittelsbacherin, Vertraute ihrer Verwandten, der Kaiserin Elisabeth von Österreich, und Vermittlerin in der katastrophalen Liebesaffäre zwischen Erzherzog Rudolf von Habsburg, Elisabeths Sohn, und der Baronin Mary Vetsera, der Affäre, die mit dem Doppeltod von Mayerling endete. Dieses Buch, das im Jahr 1916 in englischer Übersetzung erschien, hatte Eliot gewiß gelesen:

> Und als wir Kinder waren, beim Erzherzog wohnten,
> Meinem Vetter, fuhr er mit mir Schlitten,
> Und ich fürchtete mich. Er sagte, Marie,
> Marie, halt dich fest. Und hinunter gings.
> In den Bergen, da fühlst du dich frei.
> Ich lese, tief in die Nacht, und im Winter geh' ich in den Süden.

Kurios. Viel davon erzählt die Gräfin Marie Larisch im harmlosesten Plauderton; zum Beispiel, daß sie sich nur in den Bergen wirklich wohl fühlte und den Winter oft im Süden, in Menton, verbrachte; daß sie bis tief in die Nacht zu lesen pflegte und manchmal bei ihrem Vetter, dem Erzherzog Rudolf, zu Gast war. Auch von Wahrsagereien ist in den Aufzeichnungen der Gräfin die Rede, von Feuertoden und Wassertoden: demjenigen des Königs Ludwig II. im Starnberger See und von der Ermordung der Kaiserin am Genfer See, dem Lac Léman.

Was doch eine alles verschlingende dichterische Sensibilität vermag! Beachten wir, wie da sentimentale Kindheitserinnerung und erwachsener Hofklatsch unter des Dichters Händen zur Verkündigung einer Apokalypse werden; wie die banale erzherzögliche Schlittenfahrtmahnung »Marie, Marie, halt dich fest« eine danteske Höllenfahrt vorbereitet, die vollzogen wird mit »Und hinunter gings«; wie die biographische Bemerkung, daß man sich oben – in den Bergen – frei fühlt, mit theologischen Schwingungen versehen wird durch die nachfolgende »Tiefe der Nacht«, in die man sich hineinliest; und wie die Winterreise in den Süden zum ominösen Verrat wird an den natürlichen Jahreszeiten, die in Eliots Welt eine so große Bedeutung haben. Und auf den vornehmen Winter im Süden folgt mit deutlichem Anklang an die Prophetien, mit denen der Prophet Hesekiel die Zerstörung des Tempels beschwört (und welche der Dichter Eliot auch auf den Sinnverlust der Worte und also des Dichtens bezieht):

> Was ist das Wurzelwerk, das greift, der Ast, der sproßt
> Aus diesem Steingeröll? Menschensohn,
> Du sagst es nicht, und errätst es nicht, denn du kennst nur
> Einen Haufen zerbrochener Bilder . . .

Und daß der Tempel zerstört und die Bilder zerbrochen sind, ist in eins gesetzt damit, daß uns der wahre Tod abhanden gekommen ist, und mit dem wahren Tod das wahre Leben und Lieben. Der Tod, den wir kennen, geht unbemerkt und unbedacht hinter uns her, solange wir jung sind – wie »dein Schatten am Morgen« –, und scheint im Alter auf uns zuzukommen – wie »dein Schatten am Abend« –; jedoch ist er nicht eingewirkt in das Muster unseres Daseins, nicht allgegenwärtig wie die Angst in der »Handvoll Staub«, die wir sind. Welch ein Einfall, in diese Handvoll Staub den Wind der Irischen See wehen zu lassen! Wird er mit seiner Verheißung der Tristan-und-Isolde-Liebe die Angst wegblasen von dem Staub oder den Staub selbst mit der Angst? So eng sind die Motive des *Waste Land* mit denjenigen der *Duineser Elegien* verwandt, daß es bei Rilke in anderer dichterischer Fassung desselben Gedankens heißt: »Warst du nicht immer/noch von Erwartungen zerstreut, als kündigte alles/eine Geliebte dir an?« Bei Eliot folgen dann die dreimaligen Hyazinthen – »die ersten Hyazinthen«, »das Hyazinthen-Mädchen«, »aus dem Hyazinthengarten« –, die auf den Mythos von Hyazinthus deuten und damit auf eine Liebe, deren Blühen und Sterben und Wiedererblühen im Wachstumszyklus der Natur beschlossen ist und noch nichts weiß von jener leeren und öden Vergeblichkeit des einst so hochgespannten Gefühls, das nun im unentschiedenen Zwischenreich haust zwischen Tod und Leben:

> – Aber als wir aus dem Hyazinthengarten zurückkamen,
> Deine Arme voll, und dein Haar feucht, da konnt ich
> Nicht sprechen, die Augen versagten, und ich war weder
> Lebendig noch tot . . .

»Liebende, *seid* ihrs dann noch?«, heißt es bei Rilke nach dem »ersten gemeinsamen Gang . . . durch den Garten«.

> *Öd' und leer das Meer.*

Zitatversammlung? Parodie? Montage? Kollage? »Moderne Kunst«? Vielleicht. Aber nur, weil hier unter einigen Qualen erkannt wurde, daß die Kraft nicht ausreicht – sei es nun diejenige des Dichters oder der durch ihn dichtenden Zeit –, mit jugendfrischesten Worten von den ersten und letzten Dingen zu reden, auf welche es T. S. Eliot, dem modernsten Dichter der europäischen Tradition, ankam. Was immer aber das Verhältnis sei zwischen der neuen Weise zu leben und zu sprechen, und den alten Sorgen, den alten Freuden, der alten Gottesfurcht, der alten Gottesleugnung, dem alten Lieben, und dem alten Sterben, *einer* »Modernität« verfiel Eliot auch nicht einen Augenblick lang: dem Glauben, daß das Heil der Dichtkunst in der Hingabe an Worte liege, die nichts bedeuten als sich selbst. Zwei Jahre vor dem Erscheinen des *Waste Land* schrieb er in einem polemischen Essay (»Swinburne als Dichter«), der gegen das Dichten von Swinburne, den im Wortrausch und oft im Wortdusel lebenden Dichter, gerichtet ist: »Solange die Sprache gesund ist, präsentiert sie den Gegenstand, kommt dem Gegenstand so nahe, daß Wort und Sache identisch werden. In Swinburnes Versen gelingt diese Identifikation nur deshalb, weil der Gegenstand aufgehört hat zu existieren, weil der Sinn nur die Halluzination von Sinn ist, weil die entwurzelte Sprache sich an ein unabhängiges Leben angepaßt hat, in welchem sie nur atmosphärisch ernährt wird.« Und viel später noch, im Jahre 1933, sagte Eliot, indem er von der »Imagination des Gehörs« sprach, die dem Dichter eignen müsse, »von dem Gefühl für Silben und Rhythmen, die tief unter das Niveau des bewußten Denkens und Fühlens dringen und jedem Wort die ihm eigene Kraft verleihen, ins Primitive und Vergessene reichen, zu den Ursprüngen zurückkehren und von dorther etwas mitbringen, immer auf der Suche nach dem Anfang und dem Ende« – sagte er also, nachdem dies alles (und es ist ein sehr »modernes« Alles) gesagt war, daß diese Imagination dennoch und gewiß nur durch Sinngehalte wirken könnte, durch Sinngehalte im gewöhnlichen Sinn des Wortes, und nur so »fügt sich das Alte und Antiquierte und das Banale in eins mit dem Gegenwärtigen, dem Neuen und dem Überraschenden, die allerälteste mit der höchst entwickelten Mentalität«.

Im Jahr 1927, dem Jahr seines Wiedereintritts in die Kirche, schrieb Eliot das Gedicht »Die Reise der Heiligen Drei Könige«. Die ersten 5 Zeilen sind ein nur leicht verändertes Zitat aus dem »*Nativity Sermon*« (1622) des Lancelot Andrewes, der Bischof von Winchester war und einer der großen Theologen der anglikanischen Kirche:

»Ein kalter Advent war das für uns,
Die allerschlimmste Zeit des Jahres
Für eine Reise, und eine so lange Reise:
Die Wege aufgeweicht und der Wind schneidend,
Mitten im tiefsten Winter.«
Und die Kamele hatten aufgeschundene Füße, widerspenstig
Legten sie sich hin in den nassen Schnee.
Es gab Zeiten, da wir bereuten,
Die Sommerpaläste an den Hängen verlassen zu haben,
die Terrassen,

Und die seidenen Mädchen, die gekühlte Früchte bringen.
Dann schimpften und fluchten die Kameltreiber,
Und liefen davon, und wollten ihren Schnaps und ihre Weiber,
Und die nächtlichen Lagerfeuer gingen aus, und keine Unterkunft gabs.
Und die Städte waren feindselig und die Dörfer unfreundlich
Und die schmutzigsten Ortschaften verlangten die höchsten Preise:
Nein, wir hatten's nicht leicht.
Zuletzt zogen wir vor, die Nächte zu durchreisen,
Nur dann und wann zu schlafen,
Während Stimmen uns ins Ohr sangen, die sagten,
Dies alles sei Narrheit.

In der Morgendämmerung kamen wir hinunter in ein mildes Tal,
Feucht, wo kein Schnee mehr lag, und es roch nach Wachstum,
Und waren da ein Bach und eine Mühle, die die Finsternis skandierte,
Und drei Bäume gegen den niedrigen Himmel,
Und ein alter Schimmel galoppierte auf der Wiese.
Dann kamen wir zu einer Taverne mit Weinlaub über den Torpfosten,
Sechs Händen, die an der offenen Tür um Silberstücke würfelten,
Und Füßen, die gegen leere Weinschläuche stießen.
Aber es gab keine Nachricht für uns, und so setzten wir die Reise fort,
Und kamen abends an, und keinen Augenblick zu früh
Fanden wir den Ort: es war (wie man wohl sagen kann) befriedigend.

All das ist lange her, ich weiß es noch,
Und ich würde es wieder tun, aber festzuhalten,
Festzuhalten
Ist dieses: führte man uns diesen weiten Weg
Einer Geburt oder eines Todes wegen? Gewiß, es gab eine Geburt,

Wir hatten Beweise und keine Zweifel. Ich hatte
Geburten und Tode gesehen,
Doch hatte ich geglaubt, sie unterschieden sich; diese
Geburt war
Schwere und bittere Qual für uns, wie der Tod, unser Tod.
Wir kehrten an unsre Orte zurück, diese Königreiche,
Aber fühlten uns nicht mehr zu Hause im Alten,
Unter einem fremden Volk, das sich an seine Götter
klammert.
Ein zweiter Tod wäre mir willkommen.

Die Szene ist noch immer ein wüstes Land. Auch die Todessehnsucht ist noch wach. Aber am Ende der beschwerlichen Reise erwartet die Könige eine Nachricht.

IV.
Die Lyrik und das Ärgernis der Subjektivität

Zur These des lyrischen Gedichts bei Schopenhauer, Nietzsche und seither

Am Ende seines katastrophalen Liebesdramas erkennt Goethes Tasso, daß ihn, der mit dem Verlust der Geliebten auch sein Leben vertan glaubte, doch noch ein anderes Leben aufnimmt: das der Sprache und des Gedichts. Mit dieser einzigen Möglichkeit seines Überstehens sieht er zugleich, daß er, der Dichter, anders ist als andere Menschen, ja als »der Mensch«. Diesem bliebe, wäre er in Tassos Fall, nichts als das Verstummen; Tasso aber vermag sich aus dem Schiffbruch seiner menschlichen Existenz in einen Bereich zu retten, in welchem es, nimmt man Goethe beim Wort, nicht mehr ganz mit menschlichen Dingen zugeht: in die »Melodie und Rede« seines Dichtens –

> und wenn der Mensch in seiner Qual verstummt,
> gab mir ein Gott zu sagen, wie ich leide.

Freilich war Goethe nicht immer geneigt, auf solche Tasso-Art die Melodie und Rede des Gedichts von der »nur-menschlichen« Erfahrung loszulösen, und als die größte Wohltat der Kunst anzusehen, daß sich in ihr der seines Selbsts beraubte Künstler, der außer sich geratene, anzusiedeln vermag. Viel öfter beharrte Goethe auf dem Gegenteil: so etwa, als er von den Bruchstücken der großen Konfession sprach, welche sein Werk ausmachten; oder als er seine Marienbader Elegie das unmittelbare Produkt eines leidenschaftlichen Zustandes nannte; oder gar als er den absurd und ekstatisch sich gebärdenden jungen Poeten seiner Zeit zu bedenken gab, daß der Dichter, stelle er sich an wie immer, im Gedicht ja doch nur »sein Individuum zu Tage fördern« könne, denn »poetischer Gehalt ist Gehalt des eigenen Lebens«. Obgleich er also mit dieser Ineinssetzung von Leben und Dichtung die Humanität der Kunst zu bewahren entschlossen war, hört man doch recht, wenn man jener Selbsterkenntnis Tassos den Gegensatz von Mensch und Dichter abhört – einen keineswegs verläßlich humanen Gegensatz: der Mensch erfährt namenloses Leid; der Dichter aber entwindet sich dem Verhängnis, indem er das Unsagbare zur Sprache bringt. Goethes Tasso glaubte noch, daß ein Gott ihm diese Fähigkeit verlieh. Jedoch war die Zeit nicht fern, da nicht gerade geringe Geister den Verdacht äußerten, bei solcher »Redseligkeit« müsse der Teufel seine Hand im Spiel haben. Überhaupt will es scheinen, daß bei Goethe, insbesondere im *Tasso,* die Wasserscheide zwischen zwei Strömen der Kunst sich findet, wenn auch sein *Denken* über das Dichten diese historische Trennung meistens nur als Irritation registrierte.

Zu sagen, was er leide, und es so zu sagen, als wäre er selbst sich mitsamt seinem Wollen, Begehren, Lieben, Leiden nichts als der reinste Gegenstand der Betrachtung: diese ans Unfaßbare grenzende Objektivierung der Leidenschaft durch das leidenschaftliche Subjekt, des Willens, um mit Schopenhauer zu reden, durch den Wollenden, der sich durch solches Vermögen über alles Wollen erhoben hat – darin erweist sich nach Schopenhauers Philosophie die Genialität des Künstlers. Insofern also »der Mensch« Wille ist – und wie sollte er das nicht sein, da doch in der Schopenhauerschen Denkordnung der Wille das metaphysische Prinzip alles Seienden ist? – hört er für jene sehenden Augenblicke auf zu sein: Was Wille an Tasso war, verlischt, damit der Geist des Dichters das Wesen, die *Idee* des Wollens sowohl wie des Verstummens sage; denn »das Objekt der Kunst« ist nach Schopenhauers Lehre, ja schon nach dem Titel des dritten Buches der *Welt als Wille und Vorstellung*, nicht die Erfahrungswelt, sei es diejenige der Sinne oder des Innern, sondern eben die »Platonische Idee« des Erfahrenen. Freilich ahnte Platon selbst nichts von solchem Sachverhalt, sondern schätzte die Kunst gering und verwarf sie sogar, weil er meinte, sie bilde überflüssigerweise nur den empirischen Gegenstand nach, der ja selber nichts sei als die mangelhafte Kopie der Idee. Was also das Verhältnis der Kunst zur Platonischen Idee betrifft, weicht Schopenhauers Lehre, wie er selbst betonte, von derjenigen Platons »gar sehr« ab, indem sie diesen »größten und anerkannten Fehler jenes großen Mannes« ein für allemal korrigiert (W I, 250).[1] Das wahre Verhältnis beschreibt Schopenhauer so:

> Nur durch die . . . im Objekt ganz aufgehende, reine Kontemplation werden Ideen aufgefaßt, und das Wesen des *Genius* besteht eben in der überwiegenden Fähigkeit zu solcher Kontemplation: da nun diese ein gänzliches Vergessen der eigenen Person und ihrer Beziehungen verlangt; so ist *Genialität* nichts anderes als die vollkommenste *Objektivität*, d. h. objektive Richtung des Geistes, entgegengesetzt der subjektiven, auf die eigene Person d. i. den Willen, gehen-

1 Schopenhauer wird nach der Ausgabe Hübscher zitiert (*Welt als Wille und Vorstellung*, Bd. 1, W I, W II).

den. Demnach ist Genialität die Fähigkeit, sich rein anschauend zu verhalten, sich in die Anschauung zu verlieren und die Erkenntnis, welche ursprünglich nur zum Dienste des Willens da ist, diesem Dienste zu entziehn, d. h. sein Interesse, sein Wollen, seine Zwecke, ganz aus den Augen zu lassen, sonach seiner Persönlichkeit sich auf eine Zeit völlig zu entäußern, um als *rein erkennendes Subjekt,* klares Weltauge, übrigzubleiben: und dieses nicht auf Augenblicke; sondern so anhaltend und mit so viel Besonnenheit, als nötig ist, um das Aufgefaßte durch überlegte Kunst zu wiederholen . . . (W I, 218 f.).

Diese Sätze enthalten in schöner Deutlichkeit das Substrat von Schopenhauers Kunst-Metaphysik, aber auch ein Grundempfinden und einen ästhetischen Grundeinfall der Modernität, nämlich den radikalen Gegensatz von Leben und Kunst, praktischer Lebensführung und genialer Lebensbetrachtung, irdischer Zielstrebigkeit des wollenden Subjekts und jener objektiven Erkenntnis, deren Bedingung die Überwindung allen subjektiven Wollens ist. Dieses von allen Willensschlacken gereinigte Erkennen, deren Mutterboden die Phantasie ist, richtet sich nach Schopenhauers Ästhetik eben auf die Platonischen Ideen, die jeder künstlerischen Darstellung, wie partikulär diese auch sein mag, ihren wahren Gehalt geben. Jede Liebe, und sei es die sinnlichste, deren sich die Kunst als Gegenstand annimmt, ist insofern Platonisch, als sie von der *Idee* der Liebe belebt sein muß; und auf dem Grunde jeder Blume muß das *Blumenhafte schlechthin* erscheinen, damit »die Absicht . . ., in welcher der Dichter unsere Phantasie in Bewegung setzt«, erfüllt werde, nämlich »uns die Ideen zu offenbaren« (W II, 485). Das Auge und die Sprache des Künstlers sind es, die gleichsam die rastlos und wirr dahinstürzende Masse der Wassertropfen zur dauerhaften Erscheinung »Wasserfall« bannen und darüber den Regenbogen anzünden, der ruhig über dem bewegten Spiel steht wie eine Idee über der Flucht der Phänomene.

Es ist ratsam, hier anzumerken, daß Schopenhauers Philosophie, die die Kunst unter ein ganz anderes Gesetz stellt als das Leben, damit zwar einen Hauptgedanken der Epoche ausspricht, daß aber die vielen schopenhauerischen Selbstreflektionen der Künstler selbst nichts von seiner platonisch-metaphysischen Bestimmtheit an sich haben. Nur die philosophisch unbestimmte Gewißheit ist da, daß die Kunst grundverschieden sei vom Leben, und demjenigen, der sie ausübt, die Preisgabe seiner »wirklichen«, in der Willenswelt des Erfahrens und Erlebens befindlichen Person abverlangt, weshalb der Künstler, wie es Thomas Manns Tonio Kröger – ganz zu schweigen von seinem Adrian Leverkühn – erfährt, nicht »ein Blättchen pflücken dürfe, ein einziges, vom Lorbeerbaum der Kunst, ohne mit seinem Leben dafür zu zahlen«, was die Lübecker Übersetzung der Verlaineschen Formel von den *»poètes maudits«* ist. Diese heroisch-trübselige Einsicht meldete sich schon früh, schon vor Schopenhauer und gewiß sehr bald nach ihm zu Wort, zum Beispiel wieder durch Goethes Tasso, da er sein Dichten der Aktivität des Seidenwurms vergleicht, welcher aus seinem Innern »das köstliche Geweb entwickelt«, »bis er in seinen Sarg sich eingeschlossen«; oder durch Flaubert, der sich in geradezu flagellantischer Mönchsaskese der Hervorbringung des reinsten Stils weihte; oder gar durch Rimbaud, der die Verneinung der empirisch realen Welt bis zur gewaltsamen Zerstörung – *»atroce«* war eines seiner immer wieder gebrauchten Wörter – der Sinnesorgane treiben wollte, die sie wahrnehmen, und zwar »durch ein langsames, unabsehbares, wohlüberlegtes *Durcheinanderbringen aller Sinne*«; und einmal legte er, über sich selbst meditierend, Verlaine die Worte in den Mund: »Wie viele Nächte habe ich damit verbracht, seinen Körper im Schlaf zu beobachten, um zu begreifen, warum er so sehr aus der Realität zu fliehen begehrte.«

Wohl weil nur die Kunst poetisch war, das Leben aber prosaisch. »Diese Übermacht der Prosa in dem ganzen unseres Zustandes ist meines Bedünkens so groß und entschieden«, schrieb Schiller (4. November 1795), »daß der poetische Geist, anstatt darüber Meister zu werden, notwendig davon angesteckt, und also zu Grunde gerichtet werden müßte«; weshalb es denn für den poetischen Geist kein Heil gebe, »als daß er sich aus dem Gebiet der wirklichen Welt zurückzieht und anstatt jener Koalition, die ihm gefährlich sein würde, auf die strengste Separation sein Bestreben richtet«. Als Schiller so an Herder schrieb, verstand er unter »Prosa« nicht, was gemeint ist, wenn etwa von Flauberts Prosastil die Rede ist, sondern das Grau-Prosaische, das Goethe einmal als die Lebensstimmung der heraufkommenden »Prosaischen Epoche« prophezeite, in welcher aller Glanz des Geistes erlöschen würde; oder auch was Hegel im Sinn hatte, als er die Kunst überhaupt »ein Vergangenes« nannte, weil »die Prosa den gesamten Inhalt des Geistes schon in ihre Auffassungsweise hineingezogen und allem und jedem den Stempel derselben eingedrückt« hat. Indem Novalis das Poetische als eine »Schutzwehr gegen das gewöhnliche Leben« ansah oder Baudelaire das Gedicht gar als ein Rettungsmittel vor dem »Ekel an der Wirklichkeit«, vollzogen auch sie, wenngleich ohne den Glauben an die Platonischen Gewißheiten, die »strenge Separation« der Kunst von der Empirie, die Schopenhauers Metaphysik des Ästhetischen zugrunde liegt (und seit Karl Marx gern und flach als vermeidbar oder »aufhebbar« erklärt wird, und zwar durch die revolutionäre Verbesserung der gesellschaftlich-empirischen Wirklichkeiten; und dies trotz der doch eher enttäuschenden Erfahrungen, die man auch in dieser Beziehung mit Revolutionen gemacht hat).

Wie nun ergeht es der Lyrik, der zweifelsohne »subjektivsten« unter den literarischen Künsten, in Schopenhauers Kunstreich der idealen Objektivitäten? Es fiel ihm leicht genug, dem Epos sowohl wie vor allen dem Drama dort seinen Rang zuzuweisen: den höchsten. Das lyrische Gedicht jedoch hat es schwer, darin Unterkunft zu finden. Das ergibt sich schon *ex contrario* aus den vielen Passagen, die Schopenhauer zum Lobe der objektiven »Unpersönlichkeit« der Dichter von Rang geschrieben hat. Diese verwandeln sich, um nur eine zu zitieren, »ganz in jede der darzustellenden Personen und sprechen jetzt aus dem Helden, und gleich darauf aus dem jungen unschuldigen Mädchen, mit gleicher Wahrheit und Natürlichkeit«. Also ist von Dramatikern oder Epikern die Rede; also von Shakespeare oder Goethe. »Dichter zweiten Ranges« jedoch – und sogleich ist der Leser versucht, zu ergänzen: Dichter, die vornehmlich im Lyrischen, wo ja »das subjektive Element vorherrscht« (W II, 493), zu Hause sind, auch wenn sie sich manchmal im Dramatisch-Epischen versuchen – Dichter zweiten Ranges aber »verwandeln die darzustellende Hauptperson in sich: so *Byron*; wobei dann die Nebenperson oft ohne Leben bleiben, wie in den Werken der Mediokren auch die Hauptperson« (W II, 495). Vermag sich demnach eine Dichtungsart, in welcher das Ich im Vordergrund steht, in eine Philosophie der Kunst zu fügen, für welche das Kriterium höchsten Gelingens die Tilgung des Persönlichen ist? (Vorwegnehmend sei hier schon bemerkt, daß in der bewußten oder viel häufiger unbewußten Nachfolge Schopenhauers auch Lyriker, die über ihre Kunst reflektierten, erstaunlicher- und unromantischerweise in diesem Punkt so dachten wie er: Baudelaire zum Beispiel, der einmal von der »vorsätzlichen Unpersönlichkeit« seiner Dichtung sprach, oder gar T. S. Eliot, der in seinem für die englische Kunstübung und Kunstauffassung so folgereichen Essay über »Die Tradition und das individuelle Talent« proklamierte, daß der Fortschritt des Künstlers in einer beständigen Selbstaufopferung und Auslöschung seiner Persönlichkeit bestehe, weil er ganz zum »Medium« werden müsse, in welchem »die Tradition« der Dichtung selbst mit des Dichters eigenen »Eindrücken und Erlebnissen merkwürdige und unerwartete Verbindungen« eingeht.)

Es ist, bedenkt man die »subjektive« Vertracktheit des Problems, nicht verwunderlich, daß dem sonst großartig resoluten Schopenhauer die Ortsbestimmung der Lyrik nicht ganz gelingen wollte. Denn wie könnte sich ein so redlicher Geist verhehlen, daß, wie es an der die Rangordnung des lyrischen Gedichts so unsicher bestimmenden Stelle der *Welt als Wille und Vorstellung* heißt, das »Subjekt des Willens, d. h. das eigene Wollen« es ist, »was das Bewußtsein des Singenden füllt«, und zwar immer »als Affekt, Leidenschaft, bewegter Gemütszustand«? Und wer wollte dies – aufs erste und leichtfertig – leugnen, wenn er zum Beispiel Goethes »Herbstgefühl«, eines der lyrisch schönsten Gedichte, vor sich hat, welches Schopenhauer selbst an der Stelle, die uns beschäftigt (W I, 294 f.), der Betrachtung empfiehlt? Betrachten wir es also, indem wir uns dabei Schopenhauers Sehweise ein wenig zu eigen machen, aber auch, ohne zu vergessen, was Goethe selbst im 7. Buch des zweiten Teils von *Dichtung und Wahrheit* über die poetische Richtung sagte, von der er sein »ganzes Leben über nicht abweichen konnte, nämlich dasjenige, was mich erfreute oder quälte, oder sonst beschäftigte, in ein Bild, ein Gedicht zu verwandeln und darüber mit mir selbst abzuschließen, um sowohl meine Begriffe von den äußeren Dingen zu berichtigen, als mich im Innern deshalb zu beruhigen«:

Fetter grüne, du Laub,
Am Rebengeländer
Hier mein Fenster herauf!
Gedrängter quellet,

Zwillingsbeeren, und reifet
Schneller und glänzend voller!
Euch brütet der Mutter Sonne
Scheideblick, euch umsäuselt
Des holden Himmels
Fruchtende Fülle;
Euch kühlet des Mondes
Freundlicher Zauberhauch,
Und euch betauen, ach!
Aus diesen Augen
Der ewig belebenden Liebe
Vollschwellende Tränen.

Gewiß ja, es ist das »Subjekt des Willens« und dessen »bewegter Gemütszustand«, was in diesem Gedicht anwesend ist und den Bildern der Natur seine Gefühlsintensität mitteilt. Es ist das Fenster *dieses* Fühlenden und kein anderes, zu welchem das Weinlaub hinaufwächst, und es sind *seine* Augen, aus welchen Tränen auf die Trauben fallen. Die gefühlsbewegte Sprache des dichtenden Subjekts bewirkt aber zugleich das Wunder der Verbildlichung der subjektiven Emotion – »Worte sind der Seele Bild« –, und verschmilzt sie mit den »Objektivitäten«, den Bildern, so innig, daß keiner dieses »Herbstgefühl« anders beschreiben kann als durch die Worte des Gedichts selbst; und das Gedicht sagt nicht: »Ich, der Dichter, fühle dies oder jenes«, sondern setzt mit imperativischen Ausrufen ein, die das Grünende noch grüner wollen, das Fruchten noch fruchtender und die reifende Üppigkeit noch üppiger. Zu welchem Ende und in welcher Absicht? Damit das empfindende und befehlende Ich sowohl *erhalten* bleibe inmitten der treibenden Vegetation als auch *aufgehe* in der seiner wollenden Subjektivität innigst entsprechenden »objektiven« Natur. Jedoch ist die äußere Natur auch wieder nicht nur »rein angeschaute« Natur, sondern die Empfängerin jener Befehle, die völlig unsinnige Imperative wären, wäre die Natur im Gedicht nur sie selbst und nicht auch das Repositorium der Bilder, in welchen das Gefühl sich eben zugleich bewahrt *und* von seiner Subjektivität befreit. Diese möglichst vollkommene und »sprechende« Kongruenz zwischen Bild und Gefühl zu erreichen, besinnt die bildende Sprache sich manchmal sogar mehr auf sich selbst als das von ihr Bezeichnete: »Zwillingsbeeren« zum Beispiel ist eine – ungemein glückhafte – botanische Pedanterie. Das Wort bezeichnet auf eine sprachlich ein wenig ausgefallene Weise nichts anderes als die aus zwei gleichen Fruchtkeimen entstandene Beere der Weintraube. Es genügte also dem Zweck der Beschreibung, »Weintraube« zu nennen, was, um dem subjektiven Gefühl bessere Dienste bei seiner Objektivierung zu leisten, »gedrängter quellen« soll. Noch mehr aber leistet der Zwilling in der Zwillingsbeere, indem er im Übermaß der Fruchtbarkeit das Übermaß des Gefühls ausdrückt.

Dies reichte hin, das lyrische Ineinandergreifen von Subjektivität und objektivem Bild, ja die Zweieinigkeit von Gefühl und Wort zu zeigen, In der allgemeinen Beschreibung dieses Vorgangs, ja sogar in der Wirkung des Gedichts selbst, bleibt es jedoch beim Zwiefältigen. Einerseits ist das Bewußtsein des Dichters von einem leidenschaftlichen Affekt, einem äußerst »bewegten Gemütszustand« bestimmt; andererseits aber wird dieses Bewußtsein, wie es bei Schopenhauer heißt,

> durch den Anblick der umgebenden Natur . . . sich seiner bewußt als Subjekt des reinen, willenlosen Erkennens, dessen unerschütterliche, selige Ruhe nunmehr in Kontrast tritt mit dem Drange des immer beschränkten, immer noch dürftigen Wollens: die Empfindung dieses Kontrastes, dieses Wechselspieles ist eigentlich was sich im Ganzen des Liedes ausspricht und was überhaupt den lyrischen Zustand ausmacht. In diesem tritt gleichsam das reine Erkennen zu uns heran, um uns vom Wollen und seinem Drange zu erlösen: wir folgen; doch nur auf Augenblicke: immer von neuem entreißt das Wollen . . . uns der ruhigen Beschauung; aber auch immer wieder entlockt uns dem Wollen die nächste schöne Umgebung, in welcher sich die reine willenlose Erkenntnis uns darbietet (W I, 295).

Nach den sechs Anfangszeilen von »Herbstgefühl« werden wir denn auch dem zwar ins Bild eingegangenen, aber noch immer spürbar vorhandenen unmäßigen Wollen des befehlenden Ichs durch die nun nicht mehr kommandierend angerufene, sondern in »seliger Ruhe« rein angeschaute Natur »entlockt«. Der Herbstsonne, so wie sie eben scheint und ohne daß sie »scheinender« gewollt wird, bleibt es überlassen, die Trauben zur Reife zu bringen; und dem Windhauch – er haucht wahrhaftig in der H-Alliteration des »holden Himmels« und nicht allein in der Einbildungskraft des jetzt in den Anblick der herbstlichen Landschaft versunkenen Subjekts –, dem Windhauch und dem Atem des Mondes ist es nun anheimgegeben, die heißen Früchte zu kühlen. Nur die Früchte? Und nicht auch das erhitzte Gefühl? Da nimmt dieses auch schon Teil an dem herbstlichen Tun der Natur und »diese Augen«, die sich soeben erst – über weitere sechs Zeilen des Gedichts – in der »reinen willenlosen Anschauung« geübt hatten, vergießen jetzt Tränen der noch im Abschied der Seele und des Sommers belebenden Liebe, »vollschwellende« Tränen, die sich in ihrer Fülle sowohl wie im Wortklang trotz der äußerlichen Reimlosigkeit des Gedichts auf die »gedrängter quellenden« Trauben reimen und, als wollten sie die Lücke zwischen fühlendem Subjekt und angeschauter Natur schließen, diese »betauen«, wie es die Feuchte eines Herbstmorgens tut.

Fast will es scheinen, daß Schopenhauer allein an dieses Gedicht dachte, als er in der Bestimmung des lyrischen Genres folgendermaßen fortfuhr:

> Darum geht im Liede und der lyrischen Stimmung das Wollen ... und das reine Anschauen der sich darbietenden Umgebung wundersam gemischt durcheinander: es werden Beziehungen zwischen beiden gesucht und imaginiert; die subjektive Stimmung, die Affektion des Willens, teilt der angeschauten Umgebung und diese wiederum jener ihre Farbe im Reflex mit: von diesem ganzen so gemischten und geteilten Gemütszustande ist das echte Lied der Abdruck (W I, 295).

Es bezeugt die Unmöglichkeit, ein geschlossenes Denksystem absolut stichhaltig zu machen, daß im Verstoß dagegen so Treffendes zustandekommt wie diese Beschreibung des lyrischen Gedichts. *Will* Schopenhauer dessen Wert als Kunstwerk vermindern, indem er ihm nachsagt, daß es ein sonderbares Gemisch von Wollen und Anschauen sei, ein Zwitterding von Subjektivität und Objektivität, was doch systemgetreu nur bedeuten könnte, daß es, weil das Wollen und nicht nur das Anschauen bei seiner Hervorbringung mitwirkte, niemals zur Kunstvollkommenheit zu gedeihen vermag? Wäre dies Schopenhauers Absicht, wir bekämen es wohl in aller Ausgesprochenheit zu hören. Im Gegenteil, vieles spricht gegen eine solche Intention. Zum Beispiel die liebevolle Einläßlichkeit, mit der er über die zu seiner Zeit bedeutendsten Kunstmittel des lyrischen Dichtens, Metrum und Reim, abhandelt und Karl Kraus' gereimte Definition des Reims:

> Er ist das Ufer, wo sie landen,
> sind zwei Gedanken einverstanden

vorwegnimmt, indem er den glücklich gereimten Vers dafür preist, daß er eine »unbeschreiblich emphatische Wirkung« tue und den Eindruck erwecke, der darin ausgedrückte Gedanke »sei schon in der Sprache prädestiniert, ja präformiert gelegen«, weshalb der Dichter »ihn nur herauszufinden gehabt« habe (W II, 489). Oder, um ein anderes Beispiel zu zitieren, seine Überzeugung, man erkenne »den echten Dichter« daran, daß sich seine Reime »wie durch göttliche Schickung« von selbst gebildet zu haben scheinen: denn seine Gedanken kommen ihm schon im Gleichklang des Reimes (W II, 490 f.). Nein, ein Redlicher wie Schopenhauer spricht nicht von unbeschreiblicher Wirkung und göttlicher Schickung, wenn es sich um eine Kunstgattung von minderem Wert handelt; und noch weniger von einem Wunder – ja, dem Wunder katexochen –, welches sich im lyrischen Gedicht enthüllt; das Wunder des Menschlichen nämlich, auf welches sein eigenes Philosophieren in der Abhandlung über den »Satz vom Grunde« gestoßen ist: »die Identität des Subjekts des Erkennens mit dem des Wollens« (W I, 296).

Dennoch hat Nietzsche recht, wenn er im bedeutenden 5. Abschnitt der *Geburt der Tragödie*[2] von Schopenhauers vorhin zitierter Definition – wohlgemerkt, vom auch bei ihm zitierten *Wortlaut* dieser Definition – ganz im Sinn des Schopenhauerschen Systems oder vielmehr rhetorisch fragt: »Wer vermöchte in dieser Schilderung zu verkennen, daß hier die Lyrik als eine unvollkommen erreichte, gleichsam im Sprunge und selten zum Ziele kommende Kunst charakterisiert wird, ja als eine Halbkunst, deren Wesen darin bestehen solle, daß das Wollen und das reine Anschauen, d. h. der unästhetische und der ästhetische Zustand wundersam gemischt seien?« Als eine Halbkunst? Eine

2 Die folgenden Nietzsche-Zitate entstammen, wenn nichts anderes vermerkt ist, dem genannten Abschnitt des Werks.

Nicht-Kunst, müßte Nietzsche eigentlich sagen. Denn – schopenhauerischer redend als Schopenhauer – sagt Nietzsche ja auch, daß »das wollende . . . Individuum nur als Gegner, nicht als Ursprung der Kunst gedacht werden kann«, weil von jeglicher Kunst »vor allem und zuerst die Besiegung des Subjektiven, Erlösung vom ›Ich‹ und Stillschweigen jedes individuellen Willens und Gelüstens« gefordert wird, und »ohne Objektivität, ohne reines interessenloses Anschaun nie an die geringste wahrhaft künstlerische Erzeugung« zu denken ist. Dies bedeutet, daß der leiseste Rest von empirischem Ich das Werk als Kunst zunichte macht. Ist aber zu leugnen, daß jedes lyrische Gedicht seiner Natur nach stets einen solchen Rest enthält? Nietzsche leugnet es; nicht aber, versteht sich, die unleugbare Tatsache, daß der Lyriker »nach der Erfahrung aller Zeiten immer ›ich‹ sagt und die ganze chromatische Tonleiter seiner Leidenschaften und Begehrungen vor uns absingt«, so wie William Blake es sagt:

and in melodious accents I
Will sit me down and Cry: I, I.

Wie dieser beharrliche Ich-Sager als Künstler dennoch möglich ist, will Nietzsche zeigen, und so mit den Prinzipien, die er in Schopenhauers Schule gelernt hat, ein ästhetisches Problem lösen, an welchem Schopenhauer selbst gescheitert ist, obgleich ihm »in seiner tiefsinnigen Metaphysik der Musik das Mittel in die Hand gegeben war, mit dem jene Schwierigkeit . . . beseitigt werden konnte: wie ich dies, in seinem Geiste und zu seiner Ehre, hier getan zu haben glaube«.

Von dieser Metaphysik der Musik sei hier nur erinnert, daß sie von der Musik, der für Schopenhauer höchsten und tiefsten aller Künste, behauptet, sie nähere sich dem »Wesentlichen«, ja dem Wesen der Welt, dem Willen, nicht, wie alle andern Künste, durch die Erkenntnis und reine Anschauung der Platonischen Ideen, dieser »Objektitäten des Willens« und ewigen Modelle alles Konturiert-Individuellen, sondern bilde in souveräner Unmittelbarkeit dieses Wesen, den Willen, ab, ohne den Umweg über die Ideen einschlagen zu müssen, indem sie ihn gleichsam zum Tönen bringt und so von sich selbst befreit: »Die Musik ist nämlich eine *unmittelbare* Objektivation und Abbild des ganzen *Willens,* wie die Welt selbst es ist« (W I, 305). Man tut zum besseren

Verständnis von Nietzsches Beseitigung jener lyrischen Schwierigkeit gut daran, festzuhalten, daß die Griechen des jungen Nietzsche, des Autors der *Geburt der Tragödie,* Ur-Schopenhauerianer waren, die über den Willen selbst, das All-Eine und dessen ekstatisch tönende Musik, Dionysos walten ließen, den berauscht-aufgelösten Gott des Rausches und der orgiastischen Auflösung des Individuums in diesem All-Einen, die Apollo aber als den Gott des *principium individuationis* feierten, den Gebieter über die klar profilierten Ideen und rein gebildeten Formen, die Vorbilder alles dessen, was ruhig in den Grenzen seiner Individualität beharrt.

Es kommt Nietzsche sehr zustatten, daß Schiller einmal von »einer gewissen musikalischen Gemütsstimmung« sprach, die seinem Dichten vorhergehe, einer Empfindung, die anfangs »ohne bestimmten und klaren Gegenstand« sei; dieser bilde sich erst später in den »poetischen Ideen«. Nietzsche zitiert Schiller nicht immer mit soviel Wohlgefallen wie hier, wo der, den er später den »Moral-Trompeter von Säckingen« nennen wird, von Musikalischerem spricht als es die Moral ist; und des Musikalischen bedarf Nietzsche zu seinem lyrischen Zweck. Kurioserweise hätte er es auch bei Schopenhauer finden können, obgleich er sich rechtens wundert, daß dieser aus seiner Metaphysik der Musik so wenig Nutzen zog für die Theorie des Lyrischen. Denn Schopenhauer ist sich des musikalischen Charakters des lyrischen Gedichts, des Liedes, wohl bewußt und bemerkt – aber eben nur am Rand – daß Rhythmus und Reim darin »eine so mächtige Wirkung ausüben«, weil das Wortgefüge dadurch »zu einer Art Musik wird«, die der Worte »ganze Bestimmung« zu sein scheint; und geht sogar so weit, zu behaupten, daß der *Sinn,* den die Worte enthalten, und die Gedanken, die sie ausdrücken, sich im Gedicht oft nur »als unerwartete Zugabe« darstellen, »gleich den Worten zur Musik« (W II, 490), womit er so manchen Sprachunfug der neueren Lyrik antizipiert und scheinbar sanktioniert.

Von solchen übertreibenden Marginalien Schopenhauers machte Nietzsche nicht den geringsten Gebrauch, als er mit jenem jugendlichen Elan, den er achtzehn Jahre später dafür verantwortlich machte, daß *Die Geburt der Tragödie* »ein unmögliches Buch« wurde, das Kernproblem des 5. Abschnitts ins Auge faßte: wie nämlich der ich-sagende Lyriker als Künstler überhaupt möglich ist. Dabei beruft er sich also auf die formlos-verschwommene

»musikalische Gemütsstimmung« Schillers, in der sich das geformte Gedicht erst vorbereitet. Dies aber ist nichts als eine spätzeitliche, kleine, poetisch-bürgerliche Analogie zur griechischen »Geburt der Tragödie aus dem Geiste der Musik«. Die frühere, ursprünglichere und erhabenere Darstellung des Verhältnisses von Musikalischem zu Sprach-Artikuliertem, von Dionysos zu Apollo, findet der junge und geniale Basler Philolog, der zu genial war für die Philologie, auf jenen antiken Bildwerken und Gemmen, welche die beiden »Urväter und Fackelträger der griechischen Dichtung«, Homer und Archilochus, einander gegenüberstellen: Homer, den apollinischen Künstler schlechthin, den Epiker, dessen Geist ganz in den ungezählten Einzelheiten der Erscheinungen aufgeht und so tief darin eingelassen ist, daß er die *Ideen* davon ergreift und zum Scheinen bringt. Ja, es kommt wohl die Schönheit seiner Dichtung vom Leuchten der Ideen auf dem Grunde der von ihm gesehenen Dinge und Leidenschaften, der Idee »Schild« im genauest beschriebenen Schild des Achilles, und der Idee »Zorn« in der ausführlichen Geschichte seines Zorns. Wer war Homer, wie er war? War er selbst des Zornes seines Helden fähig oder der Bosheit des Thersites oder der unternehmungslustigen Verführbarkeit des Paris? Wir wissen und ahnen es nicht und können die Eigenart seiner Person aus seinem Werk im geringsten nicht erschließen. Es hat den Anschein, daß er nichts war als »reines interessenloses Anschauen«, nichts als die Fähigkeit, »seiner Persönlichkeit sich völlig zu entäußern« und nur »als klares Weltauge übrigzubleiben«.

Ganz anders verhält es sich mit Archilochus, dem Lyriker, der uns durch die Ausbrüche *seiner* Leidenschaft, *seiner* Begierde und *seines* Hasses erschreckt und erschüttert. Sind aber diese großen Gemütsbewegungen in Wahrheit die seinen? Die Kunst des Lyrikers, meint Nietzsche, verstehen wir erst, wenn wir uns »das wichtigste Phänomen der ganzen antiken Lyrik« vergegenwärtigen, die ursprüngliche »Identität *des Lyrikers mit dem Musiker*«. Als Musiker aber, als schlechthin dionysischer Künstler, geht das Ich des Lyrikers aufs erste »zu Grunde«, wird eins mit dem Grund der Welt, dem Willen. Mit dessen Ur-Regungen verschmelzen nun die seinen, seien es freudige oder schmerzliche, friedliche oder stürmische, und verlieren ihren individuellen Charakter. Da aber tritt, wie es bei Nietzsche zu lesen steht, »Apollo an ihn heran und berührt ihn mit dem Lorbeer«; und was nach dieser apollinischen Berührung in dieses Gottes Formenwelt zurückkehrt und dort sein Ich-Lied singt, ist nicht mehr die Person des Dichters, sondern das zur Ich-*Idee* geläuterte Ich, das jetzt erst sich selbst in der Kunst sagen darf, ohne sich gegen ihre »unpersönliche« Natur zu vergehen; denn jetzt ist das empirische Ich in der Erkenntnis seiner Idee sich selbst zum Gegenstand der Anschauung geworden, ein wenig auf die Weise von Goethes Tasso, der oft in der leidenschaftlichsten Bewegtheit sich selbst oder seine imaginierte Zukunft in episch-weitläufiger Ruhe betrachtet, gerade so, als wäre er ein anderer; wie zum Beispiel in der Szene, da er, während er in seiner Seele höchste Liebesnot leidet, sich als Flüchtlings-Heimkehrer in Sorrent imaginiert:

> Im Schiffe bin ich still und trete dann
> den Pfad hinauf, und an dem Tore frag' ich:
> Wo wohnt Cornelia? Zeigt es mir an!
> Cornelia Sersale? Freundlich deutet
> mir eine Spinnerin die Straße, sie
> bezeichnet mir das Haus. So steig' ich weiter.
> Die Kinder laufen nebenher und schauen
> das wilde Haar, den düstern Fremdling an.
> So komm' ich an die Schwelle. Offen steht
> die Türe schon, so tret' ich in das Haus –.[3]

Aber auch wenn er nicht in halluzinatorischer Versunkenheit von sich selbst spricht, sondern wie Archilochus sein leidenschaftliches Innere im »Schrei des Schmerzens« kundtut, ist es doch nicht seine Subjektivität, die spricht, sondern durch dieses dichtende Subjekt die *Idee* der subjektiven Leidenschaft. Denn, heißt es bei Nietzsche, »insofern das Subjekt Künstler ist, ist es bereits von seinem individuellen Willen erlöst«, und noch der Dichter scheinbar intimstpersönlicher Gedichte ist in diesem Zustand »wunderbarerweise dem unheimlichen Bild des Märchens gleich, das die Augen drehen und sich selbst anschaun kann; jetzt ist er zugleich Dichter, Schauspieler und Zuschauer«. Nur so genießt er die Gnade der Kunst und lebt, da er das Ärgernis der Willenswelt überwunden hat, im Rechten, nämlich in der willenlosen ästhetischen Anschauung, die zwar keinen Willen hat, aber die Macht,

3 Vgl. den Essay »Goethe's *Torquato Tasso*« in Elizabeth M. Wilkinson und L. A. Willoughby, *Goethe, Poet and Thinker*, London 1962, S. 75 ff.

den Willen zu jenem *ästhetischen Phänomen* zu verzaubern, von dem die berühmtesten Worte der *Geburt der Tragödie* sagen, daß es das einzige Zeichen ist, unter welchem »das Dasein und die Welt ewig *gerechtfertigt*« sind.

Das entpersönlichte Ich als ästhetisches Phänomen – so also macht Nietzsche das Versäumnis Schopenhauers gut, die Lyrik überzeugend als Kunst zu begründen, und tut dies, wie er sagt, »in Schopenhauers Geiste und zu seiner Ehre«. Wo der pessimistische Philosoph seinem Pessimismus ein wenig die Treue brach, indem er dem in seiner unverwandelten und ungeläuterten Subjektivität lebenden Individuum dennoch ein wenig lyrische Kunstübung gestattete, vollzieht der junge Nietzsche die radikalste Trennung zwischen dem Persönlichen und dem Ästhetischen, dem Leben und der Kunst – genau wie längst schon mancher lyrische Dichter der Epoche es an sich selbst erfahren hatte. Einer der größten, Keats, beklagte einmal tief, was Schopenhauer und der Nietzsche der *Geburt der Tragödie* als die Erlösung von der empirischen Wirklichkeit und von der mit sich selbst identischen Person feierten. Die beständige Nötigung der Kunst, die Welt und sich selbst als »ästhetisches Phänomen« zu betrachten, hatte bei ihm offenbar dazu geführt, daß er sich überhaupt seines »wirklichen Daseins« und seiner »identischen Natur« beraubt fühlte. So sagte er es jedenfalls im Brief an Richard Woodhouse vom 27. Oktober 1818, geschrieben in dem Jahr, da im damals noch fernen Deutschland *Die Welt als Wille und Vorstellung* erschien. »Die Sonne, der Mond, das Meer, und Männer und Frauen«, schrieb er, »sind alles Geschöpfe des Impulses« – »Impuls« nannte er, was bei Schopenhauer »Wille« heißt – »und haben deshalb unveränderliche Eigenschaften; der Dichter jedoch hat keine, hat keine Identität«. Und als »erbärmlich« denunzierte er, was Schopenhauer als das Höchste galt: die Aufopferung der »Identität« im Dienst der reinen Anschauung: »Kein Wort, daß ich je äußere, darf man mir glauben, wie man einer Meinung glaubt, die Ausdruck einer identischen Natur ist; wie denn auch, da ich keine Natur habe?«

In seinen radikalsten Bestimmungen der ästhetischen Lebensform als Existenzverrats sprach Kierkegaard nicht abfälliger über die Dichter als dieser Dichter über sich selbst, und nicht skeptischer als Nietzsche, der (wie er es in seinen späteren Werken mit so manchem tat, was er in seinen jüngeren Jahren geglaubt hatte) im 4. Abschnitt der Dritten Abhandlung der *Genealogie der Moral* fast zur Invektive abwandelte, was in der *Geburt der Tragödie* Dithyrambus war:

> ... man tut gewiß am besten, einen Künstler insofern von seinem Werk zu trennen, daß man ihn selbst nicht gleich ernst nimmt wie sein Werk. Er ist zuletzt nur die Vorausbedingung seines Werks, der Mutterschoß, der Boden, unter Umständen der Dünger und Mist, auf dem, aus dem es wächst, – und somit, in den meisten Fällen, etwas, das man vergessen muß, wenn man sich des Werks selbst erfreuen will ... Ein vollkommener und ganzer Künstler ist in alle Ewigkeit von dem ›Realen‹ dem ›Wirklichen‹ abgetrennt ...

»Ich sage Ihnen, daß ich es oft sterbensmüde bin, das Menschliche darzustellen, ohne am Menschlichen teilzuhaben.« So spricht Tonio Kröger zu seiner Maler-Freundin Lisaweta. Eingesagt wurde es Thomas Mann von Nietzsche. Kann aber von Einsagen die Rede sein, wo der Name der Einsager Legion ist: Schopenhauer, Goethes Tasso, Keats, Grillparzer, Baudelaire, oder Proust, der, fliehend aus der vergeblichen und vergeudeten Zeit, in die Wortwelt der verwandelnden Erinnerungen sich einschloß? Oder Valéry, als er sich als Paradigma des Dichters den Monsieur Teste schuf, der aller Lebenswärme mit der Eiseskälte seines intellektuellen Dichtens und Formenkalküls begegnet? Der Einflüsterungen ist kein Ende. Ob es aber als Lobpreisung der künstlerischen Existenz oder als Klage oder gar als Defamierung daherkommt, das säkulare Thema entspringt der Intuition, daß das Leben des Lebens und das Leben der Kunst getrennte Wege gehen. Hat das Leben die Schuld an der Scheidung? Die Kunst? Ist die Frage überhaupt sinnvoll? Hat sie aber auch nur ein Quentchen Berechtigung, so bedenke man, daß derjenige, der die Separation mit größter philosophischer Gründlichkeit und höchstem sprachlichen Gelingen statuiert hat, der lebenspessimistische Denker des Jahrhunderts war, der ästhetische Manichäer, der im Leben nur die Öde des Willens sah und in der »entwillten« Kunst die Erlösung.

Ein junger Mann, der Dichter sein wollte, war am Leben und an der Liebe gescheitert, ohne zur Kunst zu gelangen. Er tötete sich.

Rilke schrieb 1908 das »Requiem« für ihn. Es enthält jenes Credo des Dichters, welches nicht schopenhauerischer sein könnte, und mit der Klage über einen verhängnisvollen Irrtum der Dichter einsetzt:

. . . O alter Fluch der Dichter,
die sich beklagen, wo sie sagen sollten,
die immer urteiln über ihr Gefühl
statt es zu bilden . . .

. . . Wie die Kranken
gebrauchen sie die Sprache voller Wehleid,
um zu beschreiben, wo es ihnen wehtut,
statt hart sich in die Worte zu verwandeln,
wie sich der Steinmetz einer Kathedrale
verbissen umsetzt in des Steines Gleichmut.

Diese Verwandlung, bewirkt von einem »Anschaun, das nichts begehrt, des großen Künstlers Anschauen«, hätte, so meint der Dichter dieses Credos, den Unglücklichen retten können:

. . . Hättest du nur *ein* Mal
gesehn, wie Schicksal in die Verse eingeht
und nicht zurückkommt, wie es drinnen Bild wird
und nichts als Bild . . .

Aus solchem Dichterwissen kommt die Kraft, zu überleben – dieselbe Einsicht und dieselbe Kraft, die auch Goethes Tasso am Ende hatte. »Überstehn ist alles«: so schien es Rilke in der langen Periode der Vorläufigkeit, die seinem orphischen »Rühmen, das ists!« und dem »Jubel und Ruhm« vorausgeht, den die letzte der *Duineser Elegien* »an dem Ausgang der grimmigen Einsicht« anstimmt, aber auch dort nicht zum Lob des grimmigen Lebens selbst, sondern vielmehr des Dichtens, der Tasso-Gabe, das Leben »zu sagen« und sagend es ins Gedicht zu verwandeln. Auch hier also gilt im Grunde noch, was im »Requiem« der letzte Schluß der Dichter-Weisheit war: Überstehn. Denn es gibt keine Siege in einem ungedichteten, ungesungenen, unverwandelten Dasein, in einer Welt, die aus der Niederlage des Geistes entstanden zu sein scheint.

Es ist ein leichtes, dieses Dichter-Bekenntnis Rilkes, in das eine ganze Epoche des Dichtens einstimmt, aus der Verssprache in die Prosa Schopenhauers zu übersetzen: »Demnach ist Genialität die Fähigkeit, sich rein anschauend zu verhalten, sich in die Anschauung zu verlieren, . . . somit seiner Persönlichkeit sich . . . völlig zu entäußern, um als . . . klares Weltauge übrigzubleiben: und dies nicht auf Augenblicke, sondern so anhaltend und mit so viel Besonnenheit, als nötig ist, um das Aufgefaßte durch überlegte Kunst zu wiederholen . . .« Was aber »wiederholt« wird, ist eine in der willenlosen Anschauung »ideal« veränderte Welt. Darin, daß selbst das »persönlichste« lyrische Gedicht dem Gesetz solcher »Entpersönlichung« unterstellt ist, zeigt sich die große Traurigkeit des philosophisch-ästhetischen Urteils über die Welt, wie sie ist, und über das Leben der Menschen in einer solchen Welt, die erst durch die Überwindung sinnvoll und schön wird.

V.
Betrachtungen über ein Gedicht, über Heidegger und Hölderlin

1

Sich Gedanken über Gedichte zu machen, ist gewiß nicht dasselbe wie dichtendes Denken, aber das Nachdenken über diesen Gegenstand fände im leeren Raum statt, wenn es sich von der poetischen Erkenntnisweise völlig fernhielte, ja ihre Gültigkeit in Frage stellte. Zum Beispiel ist es das Um und Auf von Heideggers Philosophieren, daß Dichten *Denken ist*, genauso wie alles, was ihm als wahres Denken gilt – Denken, das auf die Natur des Seienden gerichtet ist – teilhat am Wesen der Dichtung. Ja, das Um und Auf, das Alpha und Omega, obgleich erst in den Schriften nach *Sein und Zeit* die Dichtung, insbesondere diejenige Hölderlins, zum verläßlichen und »denk-würdigsten« Botengänger des Wahren wird: denn »das Wesen der Kunst«, heißt es in der Abhandlung über den »Ursprung des Kunstwerkes«, ist »das Sich-ins-Werk-Setzen der Wahrheit des Seienden«, wenn auch nur im Einklang mit der gleichzeitigen Entrücktheit dieser Wahrheit (und das nicht nur auf Grund des unentrinnbaren »Scheinens« der Kunst). »Wahrheit des Seienden« – das bedeutet, daß Dichtung »bedacht« sein will, eine Aufforderung zum Denken ist, eine Mahnung, die allerdings in manchen Zeitläuften im Leeren verhallt: »Daß freilich Dichten auch die Sache eines Denkens sei«, so steht es im Essay »Wozu Dichter?«, »müssen wir in diesem Weltaugenblick erst lernen.« Denn das Reich der Dichtung ist die Sprache, und schon in *Sein und Zeit* ist die Rede – die für Heidegger so charakteristische Rede, die eine Redewendung beim Wort nimmt – vom Wesenszusammenhang zwischen Sprache und »Verstehen«: »Wir sagen nicht zufällig, wenn wir nicht ›recht‹ gehört haben, wir haben nicht ›verstanden‹«; und jede Art von Verstehen rührt ans Denken, wenn es das auch im Fall des »Verständnisses«, das wir im täglichen Umgang für das Gehörte aufbringen, nur äußerst flüchtig tut. Abgesehen aber von solchen unmittelbaren Aussagen über die Beinahe-Identität von Sprache und Verstehen, macht es die Schwierigkeit von *Sein und Zeit* aus, daß dessen philosophisches Idiom eins ist mit dem Vorhaben, ja der empfundenen Notwendigkeit, etwas zu Gehör zu bringen, was nicht mehr gehört und verstanden wurde, seit es einige griechische Philosophen-Dichter länger als ein Jahrhundert vor Sokrates sagten: Anaximander oder Parmenides oder Heraklit. Durch sie, meint Heidegger, schlug das Sein die Augen auf, um sich selbst zu betrachten, und öffnete den Mund, um zu sagen, was es sei; auf griechisch, versteht sich. Und griechisch »meint in unserer Redeweise nicht eine völkische oder nationale, keine kulturelle und keine anthropologische Eigenart; griechisch ist die Frühe des Geschicks, als welches das Sein selbst sich im Seienden lichtet und ein Wesen der Menschen in seinen Anspruch nimmt . . .«, sagt Heidegger in seiner Auslegung eines Spruches des Anaximander. Niemals nachher gab es eine solche »Lichtung« des Seins. Ja, die Zeit selbst hat die Sprache ihrer Mächtigkeit beraubt, die Wahrheit zu sagen, es sei denn durch die Dichtung der seltensten Dichter, die Kunst der »wahrsten« Künstler. Im übrigen wurde die Sprache in bezug auf das Sein zur Fremdsprache, dem Sein entfremdet durch die Dienste, die sie im Haushalt der Metaphysiker zu verrichten hatte, ganz zu schweigen von Empirikern, Positivisten oder eitlen Schwätzern in ihrer »Seinsvergessenheit«.

Heidegger versuchte also, die Sprache der Dichtung wiedereinzusetzen als die Sprache des Denkens, des *wahren* Denkens – die Sprache der Heimkehr zum Ursprung, von dem Hölderlin in der »Wanderung« dichtet:

> . . . Schwer verläßt
> was nahe dem Ursprung wohnet, den Ort.

Daß Heidegger es unternahm, der dichterischen Sprache ihre legitime Wohnstatt im Haus der Wahrheit wiederzugeben, wird wohl in der Geschichte der Philosophie als sein heroisches Abenteuer aufgezeichnet bleiben. Unwahrscheinlich ist jedoch, daß sie daran die Empfehlung knüpfen wird, seine eigene poetisch-philosophische Sprache als vorbildlich anzusehen. Denn diese ist oft arg überanstrengt und manchmal bis zur finsteren Verstocktheit eigensinnig und immer wieder so scheint es, von dem Grundsatz »*obscurum per obscurius*« geleitet. Mag sein, daß dies so sein muß, wenn es sich – Heidegger glaubt es – mit dem Einklang von Denken und Sprache so verhält wie mit dem Erblühen von Blumen in der ihr gemäßen Jahreszeit oder wie mit der alten Eiche am Feldweg von Heideggers Meßkirchner Kindheit, die, damit sie sich mit ausgebreiteten Ästen dem Licht des Himmels öffne, ihre Wurzeln tief ins Erdreich gesenkt haben muß. »Wir sind Pflanzen, die – wir mögen's uns gern gestehen oder nicht – mit den Wurzeln aus der Erde steigen müssen, um im Äther blühen und Früchte tragen zu können.« So sagt es J.P. Hebel und so zitiert ihn Heidegger am Ende seiner Betrachtung »Gelassenheit«. Nein, Heideggers philosophischer Sprache eignet kaum etwas von der gelassenen Festigkeit und großen Einfalt jener Eiche; und dieser Mangel ist unvermeidlich, es sei denn, daß Heideggers Intuition von der Geschichte des Seins falsch ist. Ist sie aber richtig, dann kann die »Befindlichkeit« seines Denkens und Redens nicht ganz frei sein von der Schadhaftigkeit aller Gewächse, denen Klima und Wetter ungünstig waren. In seiner Zeit und in der Entferntheit dieser Zeit vom Sein, einer Distanz, deren unermüdlicher Landvermesser er war, muß das Wortbild des Seins, auch wenn dessen Entzug sein Gegenstand ist, vom Dunst der Ferne getrübt sein (und nochmals sei es gesagt: auf Grund von Heideggers eigener Ontologie). Ironischerweise jedoch – wenn dieses Wort nicht sogleich erstickt in einer philosophischen Atmosphäre, der es an nichts mehr gebricht als an Ironie – ironischerweise hat diese unzeitgemäße Sprache nichts von der Gebrechlichkeit an sich, die forcierten Organismen gemeinhin eignet. Sie erweckt den Anschein einer Fülle von Kraft, auch wenn es nicht gerade die Kraft jener tiefverwurzelten Eiche ist. Und die Faszination, die von Heidegger ausging – sie war sehr groß und wirkt noch fort (da und dort in seinem Heimatland, aber auch im Ausland, besonders im amerikanischen, wo er, wie man annehmen sollte, an seiner Unübersetzbarkeit scheitern müßte) – diese Faszination rührt teilweise von der quasi-mythologischen, zentaurhaften Gestalt seines intellektuellen Charakters her: ein Menschenkopf, der tiefe Gedanken denkt, wenn auch manchmal nur Gedanken von profunder Unzugänglichkeit, und viel Dunkles erhellt, auch wenn manchmal die Erleuchtungen nicht das Verbrennen von soviel Energie rechtfertigen – ein denkender Menschenkopf also, der jedoch einem Intellekt-Leib von der Muskelkraft eines Pferdes aufgesetzt ist.

Einer, dem es nicht gelingt, den Heidegger aus der Anfangszeit der deutschen »Erneuerung« zu vergessen, ein Konterfei vor allem, das ihn zeigt, wie er, schnurrbärtig nach der Art Hitlers, in der Gesellschaft anderer »engagierter« akademischen Persönlichkeiten gegen einen choreographisch-monumentalen Hintergrund von Hakenkreuzen und S.A.-Männern sitzt –, einer, der von solchen Erinnerungen geplagt wird, muß sich fragen, ob es nicht dieser Zwienatur und dieser gespannten Beziehung zur Zeit zuzuschreiben ist, daß dieser Interpret Hölderlins einen recht ausgedehnten Moment lang die höllische Resonanz der Stimme und der Sprache – ja, der *Sprache* – des Führers und seines Gelichters nicht vernahm, von Wesen und Unwesen, deren abgründige Inferiorität (niemals vorher war die Verwandschaft des Wortes zum Inferno so manifest) ans Dämonische stieß. Das darf nicht vergessen werden, denn es war eben nicht der Privatmann Martin Heidegger, sondern unverkennbar der Autor von *Sein und Zeit*, der 1933 das Amt des Rektors von Freiburg übernahm, und sei es auch auf das Drängen Wohlmeinender hin, die damit Schlimmeres zu verhindern glaubten. Ja, es war unverkennbar der Autor von *Sein und Zeit*, denn oft genug während – auch das sei nicht vergessen – der *kurzen* Zeit seiner Amtswaltung stellte er sich in Reden, Ankündigungen und offiziellen Briefen so an, als sei mit dem Einzug Hitlers in die Reichskanzlei das Sein selbst in unerwartetem Triumph in die Geschichte zurückgekehrt, das deutsche Volk zu seinem Vollzugsorgan ernennend so wie einst Jehova die Juden erwählt hatte.

Dessen soll man sich erinnern, auch wenn es keinem anderen Zweck gälte, als diejenigen zu einem gewissen Maß von Skepsis anzuleiten, die – insbesondere außerhalb Deutschlands – die Heideggersche Philosophie für eine unfehlbare Offenbarung der letzten Gründe hinnehmen, die Seinsverkündigungen eines Propheten-Denkers, der mit dem Privileg des ungehinderten Einblicks in die Seinsverhältnisse ausgestattet war – einem Privileg, das zudem unvereinbar mit seiner Grundlehre ist: der in dieser Weltstunde von der Zeit selbst verhängten Unerreichbarkeit des Seins. Gewiß, es gibt da der Rätsel die Fülle, und nicht das leichteste – eins, das nicht allein Heideggers Werk und Leben stellt – ist, was denn das Wesen der Integrität ausmacht; oder die unglaubliche Möglichkeit, die jedoch immer wieder zum Ereignis wird, daß tiefe Gedanken und abgründige Narrheit, Authentizität und die widrigsten Verstöße dagegen nachbarliche Lebensäußerungen ein und desselben Charakters sein mögen. Karl Kraus schrieb einmal: »Worüber ich nicht wegkomme: Daß eine ganze Zeile von einem halben Menschen geschrieben sein könne. Daß auf dem Flugsand eines Charakters ein Werk erbaut wäre.« In der Politik des Geistes, das heißt beim Versuch, radikale Ordnung im intellektuellen Haushalt zu machen, wäre es gewiß erlaubt, Exzesse von stupider Verführbarkeit oder Opportunismus, deren sich Heidegger zweifelsohne schuldig machte, alles diskreditieren zu lassen, was er der Welt als authentische Weisheit anbot. Diesmal aber sei unumwunden eingeräumt, daß das Rätsel jener trübseligen Koexistenz unlösbar ist und Heidegger wahrhaft erhellende Einsichten in das Wesen der Dichtung hatte, oder, um genau zu sein, der Dichtung Hölderlins. Denn so wie Kierkegaard *Don Giovanni* meinte, wenn er über Musik sprach, oder wie die meisten von Thomas Manns Betrachtungen über dieses Thema – aus der Zeit vor *Doktor Faustus* – für Richard Wagner gelten, aber nicht für Bach oder Mozart, so sind Heideggers Meditationen über die Dichtung von Hölderlin bestimmt, obwohl manchmal auch Gedichte von C. F. Meyer oder Georg Trakl und natürlich Rilke als Zeugen aufgerufen werden, während sich die poetischen Werke manches anderen, zweifellos »poetischen« Dichters, wie etwa Vergil, Dante, Shakespeare oder Goethe, seinem deutenden Ansinnen verweigern würden. Was aber Hölderlin betrifft, so provoziert sein Deuten zwar oft Widerspruch, aber niemals den Vorwurf, daß er sein Wesen verkennt.

2

Hälfte des Lebens

Mit gelben Birnen hänget
Und voll mit wilden Rosen
Das Land in den See.
Ihr holden Schwäne
Und trunken von Küssen
Tunkt ihr das Haupt
Ins heilignüchterne Wasser.

Weh mir, wo nehm' ich, wenn
Es Winter ist, die Blumen, und wo
Den Sonnenschein,
Und Schatten der Erde?
Die Mauern stehn
Sprachlos und kalt, im Winde
Klirren die Fahnen.

Über Hölderlins Gedicht »Hälfte des Lebens« soll gesprochen werden. Da ich oft versucht habe, dies mit meinen Studenten auf englisch zu tun, ergab sich sogleich das Problem der Übersetzung; und diese ist eng verwandt mit einem andern, dem Kreuz aller Sprachphilosophien, die auf eine Gleichung von Sprache und Sein (oder Welt) hinauslaufen, sei es nun diejenigen Heideggers oder die, auf der Wittgensteins *Tractatus* gründet: beide postulieren das Vermögen der Sprache, die Natur des Seins oder der Welt zu offenbaren. Dabei freilich fährt der Wittgenstein des *Tractatus* ein wenig besser als Heidegger, denn Wittgenstein verläßt sich dabei auf die strengste Sprachlogik, für den späteren Heidegger aber ereignet sich die ontologische Offenbarung in der Dichtung, und zwar dort, wo diese »am wesentlichsten« ist, zum Beispiel in den Hymnen von Hölderlins Reifezeit. Bedeuten diese also »das Sich-ins-Werk-Setzen der Wahrheit des Seienden« oder ist die Sprache, der sie abgewonnen sind, gar »das Haus des Seins«, so erhebt sich sogleich die Frage, was denn von diesen großen Vorgängen und Enthüllungen in einer japanischen oder auch nur einer englischen Übersetzung erhalten bleibt. Und wenn sich etwa nur in der Muttersprache des Dichters »die Wahrheit ins Werk setzt«, kann dann *irgendeine* Sprache zum Gefäß einer solchen Offenbarung werden? Swahili genauso gut wie Hölderlins Deutsch? Das Griechisch der Vorsokratiker, wo, wie wir es von Heidegger erfuhren, »das Sein selbst sich im Seienden lichtet«, sowie auch Heideggers Übertragung und also Interpretation ihrer dunklen Sprüche, eines deutenden Texts, der so inspiriert wie extravagant ist, so poetisch wie philologisch gewagt? Haben es alle Sprachen gleich nah oder weit zur Mitte des Seins?

Im Band *Unterwegs zur Sprache* gibt Heidegger Teile eines Gesprächs mit einem Japaner wieder, das alle diese Fragen berührt, aber so, wie der Tropfen es mit dem heißen Stein tut, auf dem er verdampft. Zwar »singt« in diesem Austausch etwas, »das einer einzigen Quelle entströmt«, zum Beipsiel die schöne Umschreibung des japanischen Wortes *Iki*, wo von einem »sinnlichen Scheinen« die Rede ist, »durch dessen lebhaftes Entzücken Übersinnliches hindurchscheint«. Ob es aber am Ende nicht doch bei der Vermutung bleiben muß, daß »wir Europäer« in einem ganz anderen Haus als der ostasiatische Mensch« wohnen? Diese unbeantworteten Fragen mögen meinem eigenen Vorhaben abträglich sein, meiner Erörterung von Hölderlins Gedicht Heideggers These zugutekommen zu lassen, – wenigstens insofern als sie der Sprache und der Dichtung einen so hohen Rang zuerkennt – *manchen* Dichtungen, nämlich jenen, die in seiner Philosophie von großer ontologischer Bedeutung sind. Freilich, der Zirkel ist so zirkelhaft wie ein Kreis nur sein kann und das Verhör so ergebnislos wie alle Fragen, auf die es keine Antworten gibt, es sei denn diejenigen, die gleichlautend sind mit dem Glauben an die eigene Sprache und der Liebe zu ihrer Dichtung.

Hölderlins Gedicht »Hälfte des Lebens« ist eines der größten, das je in der deutschen Sprache geschrieben wurde. Ich will versuchen, dieses Urteil zu begründen.

Der Titel ist Teil des Gedichts. Er hat seinen logischen Ort sozusagen in dem ausgesparten Raum, der die sieben kurzen Zeilen der ersten Strophe von denen der ebenso gebauten zweiten Strophe trennt. Wann Hölderlin dem Gedicht den Titel gab, ist unbekannt; beim ersten Versuch schien er beabsichtigt zu haben, es »Die letzte Stunde« zu nennen. *Diesen* Titel schrieb er nieder, als 1800 das Gedicht im Entstehen begriffen war: auf der erstaunlich überfüllten Manuskriptseite, die im 16. Folioband des Stuttgarter Hölderlin-Archivs die Nummer 17 hat.[1] Es wurde zum ersten Mal im Jahr 1804 gedruckt: im *Taschenbuch für das Jahr 1805*. Dort heißt es bereits »Hälfte des Lebens«. Diese Worte – oder doch deren Sinn – hatte Hölderlin schon etliche Jahre vorher benutzt. Zu Beginn des Jahres 1796, am 11. Februar (er war damals 26), schrieb er an seinen Bruder, daß es hoch an der Zeit gewesen sei, sich wieder etwas zu verjüngen; er wäre sonst »in der Hälfte meiner Tage zum alten Mann geworden«. Zu Neuffer sagte er in einem Brief vom 12. November 1798: ». . . ich fürchte, das warme Leben in mir zu erkälten an der eiskalten Geschichte des Tages«; und vier Jahre später, im Jahr, in welchem das Gedicht entstand, bekannte er seiner Schwester (11. Dezember 1800), er könne den Gedanken nicht ertragen, daß er, um die »betäubende Unruhe« im Innern zu beruhigen, »in der kritischen Lebenszeit« »so kalt und allzu nüchtern und verschlossen« werden müsse – »wie Eis«. Schon früher, am 4. September 1795, hatte er die Bilder der zweiten Strophe des Gedichts in einem Brief an Schiller vorweggenommen: »Ich friere«, hieß es da, »und starre in den Winter, der mich umgibt. So eisern mein Himmel ist, so steinern bin ich.« Diese Briefstellen sind aufschlußreich: sie machen es

1 Siehe die Reproduktion auf Seite 109.

möglich, zu beobachten, wie sich die zeitweilige Niedergeschlagenheit eines Geistes in die Formbeständigkeit des Gedichts verwandelt.

Hätte Hölderlin das Gedicht »Die letzte Stunde« genannt, so hätte die erste Strophe, von der er nur die letzten drei Zeilen – und auch diese nicht in der endgültigen Fassung – auf jener Manuskriptseite notierte, den Titel Lügen gestraft. Denn was diese Strophe heraufruft, ist nicht einmal die letzte Stunde des Sommers, geschweige denn des Lebens. Gewiß, der Herbst kündigt sich mit den gelben Birnen an, mit einer Fülle des Reifens, die fast zu schwer ist für die Erde. Sie scheint nachzugeben unter dem Gewicht und hängt selbst wie die Äste des Birnbaums in den See. Oder hat das Wasser das Ufer so ausgehöhlt, daß es nahezu einsinkt unter der Last, die es trägt? (Was läßt sich nicht alles über die zerbrechliche Schönheit einer Verszeile lernen, indem man ein wenig den Fehler bedenkt, den ein früher Herausgeber von Hölderlins Werken [1848] machte, als er das Gedicht von der Originalseite des *Taschenbuchs* kopierte: »Blumen« schrieb er wo »Birnen« stand, gelbe Blumen statt der gelben Birnen. Vielleicht war er der Meinung, daß Blumen poetischer seien als Birnen, oder er war so kurzsichtig, daß er den kleinen Druck des Taschenbuches nur schwer lesen konnte. Was immer die Ursache war, die Wirkung war katastrophal: die erste Zeile eines herrlichen Gedichts war zerstört. Denn was diese erste Zeile verlangte, war eine Frucht, schwer von Reife und satt vom Sonnenlicht eines langen Sommers. Mit gelben Blumen war es nicht getan.)

Die ersten drei Zeilen sind wie ein Bild, ohne daß die Gegenwart des Malers auch nur im geringsten angedeutet ist. Im üblichen Sprachgebrauch heißt das »Ojektivität«. In der vierten Zeile aber tritt der Künstler so plötzlich wie unaufdringlich in Erscheinung: »Ihr holden Schwäne«, ruft seine Stimme. Um noch einmal auf die Frage der Übersetzbarkeit von Gedichten zurückzukommen: »*You lovely swans*«, heißt das in der besten aller zugänglichen englischen Übersetzungen. Ich selbst wüßte sie nicht zu verbessern. Und doch . . . Dem Übersetzer mochten bereits die »wilden Rosen« Sorgen gemacht haben. Denn die wilden Rosen klingen dem Ohr der deutschen Sprache unvergleichlich natürlicher als die »*wild roses*« englischen Ohren. Busch an Busch von Heckenrosen – *briar roses* oder *hedge roses* oder *crimson roses* – überfluten dieses Ufer und kein englisches Wort vermittelt das

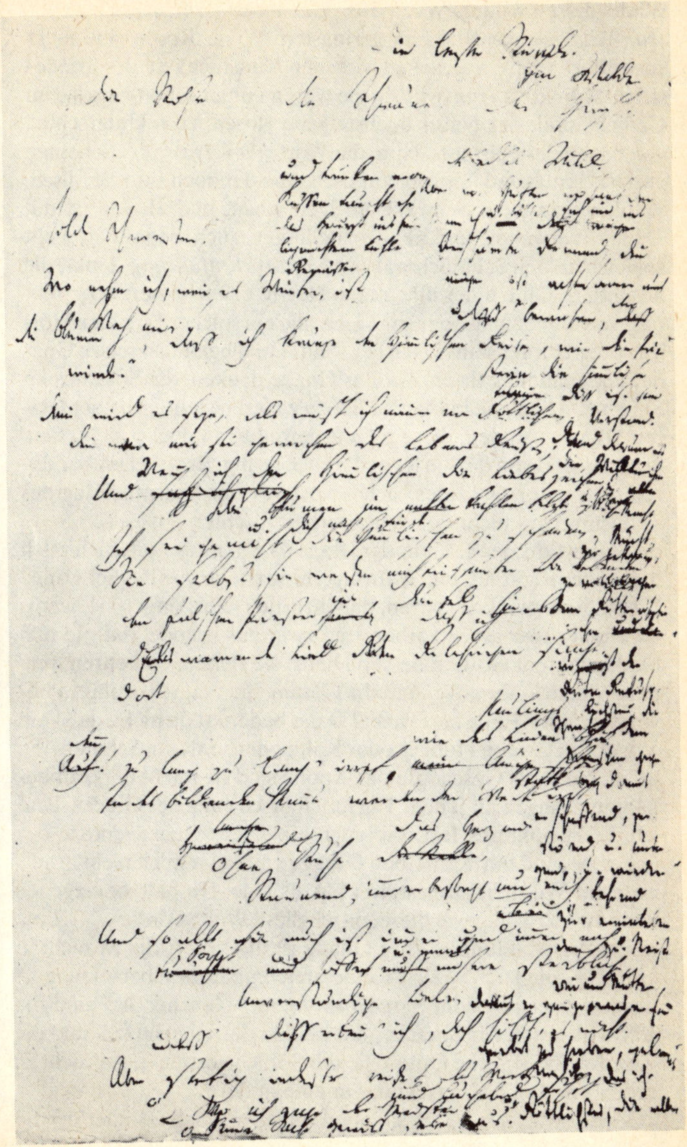

Wilde dieses wilden Wachsens. Ein Übersetzer schrieb sogar »*run-wild roses*«. Nicht im geringsten. Wilde Rosen sind nicht verwildert (ganz abgesehen von der Künstlichkeit des Bindestrich-Adjektivs »*run-wild*«); sie waren immer schon, was sie im Gedicht sind: der Natur höchsteigene Rosen, zum Unterschied von denen des Gärtners. Nun, die Worte »*lovely swans*« scheinen einfach genug und unproblematisch, und dennoch sind sie falsch. »Hold« sind diese Schwäne im Deutschen, und »hold« ist mit »Huld« verwandt, und »Huld« bedeutet, auch wenn man nicht sogleich an den Schlußchoral von Mozarts *Entführung* denkt, die besondere Güte eines mächtigen Herrn, eines Kaisers oder Königs, die Zuneigung oder gar Liebe, die ein solcher für einen Höfling oder Bürger seines Reiches fühlt. Huld heißt fast schon Gnade, und man mag da an Apollos Gnade denken, die Sokrates im Sinn hat, da er, wie in Platos *Phaedo* zu lesen steht, in seiner letzten Stunde von dem diesem Gott geweihten Vogel spricht, dem Schwan, und von dessen legendärem Gesang. Er will damit erklären, warum er, Sokrates, sich – kurz vor der Vollstreckung des Todesurteils – nicht vor dem Sterben fürchtet.

»Glaubst du denn, Simnias«, fragt da Sokrates, »daß ich mich nicht ebensogut auf die Wahrsagerei verstehe wie die Schwäne? Wenn diese nämlich spüren, daß ihr Ende naht, singen sie herrlicher und süßer als je vorher, und zwar aus Freude, daß sie nun bald bei ihrem Gott, in dessen Dienst sie stehen, einkehren werden. Meintest du etwa, daß ihr Gesang die Angst vor ihrem bevorstehenden Ende ausdrückt? Dann bedenkst du nicht, daß kein Vogel singt, wenn Hunger oder Kälte oder sonst ein Schmerz ihn quält. Nein, als Geschöpfe des Apollo sind sie mit Seherkraft begabt und singen an jenem Tag im Überschwang des Glücks. Und ich, fährt Sokrates fort, bin auch ein Diener, ein Genosse der Schwäne, und bin demselben Gott geweiht, der mich nicht ärmlicher mit Weisheit ausgestattet hat als jene. Deshalb beklage ich mein Los so wenig wie diese, da ich diese Welt verlasse . . .« Eine milde Ausstrahlung solcher Gnade ist in »hold«. Sie ist nicht in »*lovely*«, obgleich »*lovely*« eine annehmbarere Übersetzung ist als es »*graceful*« oder »*gracious*« wäre. – Solcher Art sind die Idiosynkrasien der Sprache, die Leiden des Übersetzers und die Zweifel, die jegliche Ontologie der Sprache erweckt, gar nicht zu reden von ihrer Übersetzung in eine andere.

Gewiß will ich nicht glauben machen, daß Hölderlin die

Schwäne von Platos Sokrates im Sinne hatte, da sein Gedicht mit überschwenglichem Anruf diese Vögel begrüßt, auch wenn auf jener Manuskriptseite »die letzte Stunde« steht. Darunter stehen andere Titel oder auch nur Stichworte, offenbar früher erwogene: »die Rose«, »die Schwäne« und »der Hirsch«. Der Hirsch kommt in den mehreren Texten auf der Seite nicht mehr vor, Texten, die von eiliger Hand hingeworfen und teilweise fast unleserlich sind, wobei spätere Zeilen zwischen die früheren und auch noch an den Rand gekritzelt wurden. Die Rose aber blieb, wenn auch nur im Ensemble der wilden Rosen, und sicherlich der Schwan, der unsere Erinnerung an Sokrates' letzte Stunde bewirkte. War dies auch nur eine freie Assoziation, so war sie doch nicht ganz frei vom Gedanken an Hölderlins Beschäftigung mit den Philosophen und Dichtern Griechenlands. Dennoch sollte mit der Erwähnung des Sokratischen Schwanengesangs nur auf ein wesentliches Element der Dichtung hingewiesen werden: auf die Weigerung der poetischen Sprache, eine Sache oder eine Idee ganz auf sich selbst gestellt sein zu lassen, abgelöst von dem Boden, aus dem sie stammt, oder abgeschlossen gegen die Luft, die sie atmet. Gerade diese »Unreinheit« der Sprache, die linguistische Analytiker »bereinigen« wollen, macht den Reichtum der Worte in der Dichtung aus. Der Sinn dieser Worte läßt sich nicht durch quasi-logische und isolierende Prozeduren bestimmen; er ist im Gegenteil eins mit den mannigfachen Geschicken, die die Worte im Geist und in der Seele der Menschen hatten – mit jener Geschichte der Worte also, die kein Gegenstand der Philologie ist, sondern aus den Erinnerungen besteht, die die Worte im Lauf der Jahrhunderte oder auch nur während der Lebensjahre eines Lesers in sich aufgenommen haben. Dies meinte der junge Hofmannsthal, als der die Verszeile schrieb »Und dennoch sagt der viel, der ›Abend‹ sagt«, unvergleichlich mehr als die Uhr registriert, die die Abendstunde anzeigt. Junge Liebe mag darin sein, der erste gemeinsame Gang im Dämmerlicht des Gartens, oder die Farben eines Sonnenuntergangs, die Himmel und Meer überfluten, oder das letzte Zwitschern eines gerade noch wachen Vogels, oder der Dunst und Heugeruch, der aus den Wiesen steigt, oder »Über allen Gipfeln ist Ruh«. Und die »holden Schwäne«, die auf diesem See dahingleiten, mögen in ihr poetisches Wesen auch die Erinnerung an Sokrates aufgenommen haben, wie er seinen Freunden Lebewohl sagt, und mögen so noch »holder« geworden sein als zuvor und noch lieber dem Herzen des Gedichts.

Die Schwäne gleiten ins Gesichtsfeld, da auch der Dichter selbst mit seinem Ausruf in der Landschaft erscheint, zu der, wäre sie ein Gemälde, van Gogh den Birnbaum hätte beitragen können. In seinem Essay »Der Ursprung des Kunstwerks« wählt Heidegger diesen Maler als einen derer, die in ihrer Kunst die Wahrheit am Werke zeigen und uns durch ein Gemälde eröffnen, was zum Beispiel ein »Paar Baunerschuhe in Wahrheit *ist*«; und statt des Schuhzeugs hätte Heidegger auch die Sonnenblumen van Goghs nennen können, oder den Stuhl im Dachzimmer, oder die Zypressen. Bei allen diesen Gegenständen ist es, als erführen wir zum ersten Mal, was sie *sind*, weil die Kunst, die »wahre« Kunst, sich nicht um das Schöne schert, wie es manche überlieferte Ästhetik versteht. Nein, Bauernschuhe sind nicht schön. Die Kunst aber hat es mit Dingen zu tun, die schön *werden*, wenn sie, wie Heidegger meint, »im Licht ihres Seins« zu stehen kommen. Rilke wußte es ähnlich, als er – eine geraume Weile vor Heidegger – in der Ersten der *Duineser Elegien* im Schönen nur den Anfang des Terrors fühlte, der überwältigend vom Engel ausgeht, dem Wesen, das wir gewiß nicht mißdeuten, wenn wir es in die Nähe von Heideggers »Sein des Seienden« rücken:

> . . . Denn das Schöne ist nichts
> als des Schrecklichen Anfang, den wir noch grade ertragen,
> und wir bewundern es so, weil es gelassen verschmäht,
> uns zu zerstören . . .

Das »Schreckliche« selbst aber würde uns vernichten, wenn es uns im Zustand unserer Schwachheit überfiele, in dem wir, wie es bei T. S. Eliot heißt, »nicht viel Wirklichkeit ertragen«, oder wenn es uns in unserer »Seinsvergessenheit« nahte, einer von Heidegger so benannten Verfassung, in der wir, weil wir Seiendes wahrnehmen, uns der Einsicht widersetzen, daß das Sein sich uns entzogen hat.

Durch den Ausruf »Ihr holden Schwäne« werden wir also auf einmal der Anwesenheit des Dichters gewahr. Diese Anwesenheit aber zeigt sich allein im Anruf. Sonst erfahren wir nichts von der Person. Die Person geht ganz in der Äußerung des Erstaunens auf, das seinerseits dem Gedicht etwas von dem Sich-Wundern, welches Ursprung alles philosophischen Nachdenkens ist, mitteilt, dem Sich-Wundern darüber, daß Welt ist und nicht nichts, und gar etwas so Holdes wie die Schwäne. Muß der Dichter, erschreckt von dem unerwarteten und freudigen Anblick nicht erst wieder zu Atem kommen mit dem »Und«, das gegen alle Regeln der Syntax am Anfang der fünften Verszeile steht, ein absolutes Und, das größte Und der deutschen Dichtung? *Ist* es aber der Dichter, der atemlos ist vor Verwunderung? Ist da wirklich eine Person und nicht vielmehr allein das Gedicht selbst, die Seele des Gedichts, dieselbe Seele, die in der zweiten Strophe die Klage über das winterliche Verblühen erhebt? Die Klage *erhebt*? Nein, die Klage *ist.* Aber wir sind noch nicht bei dem »Weh mir«, dem Schrei des Schmerzes, der ein beklagenswertes Schicksal beklagt, ein Schrei, der so einfach wie nicht übersetzbar ist – in der gegenwärtigen Phase der Sprache nicht einmal ins Deutsche.

Wir sind aber noch bei den Schwänen und nehmen als wahr hin, wovon uns nur die Wahrheit der Dichtung überzeugen kann: das dionysische Entzücken der Schwäne, das eins ist mit dem Entzükken des Dichters, einer Ekstase, die der Anblick der Schwäne auf dem rosenumhangenen See in dieser überreichen Erntestunde des Sommers bewirkt hat. Eins ist mit . . .? Bewirkt hat . . .? Die Wahrheit ist, daß die Gemütsverfassung des Rufers *identisch* ist mit der Trunkenheit der Schwäne; daß die von Küssen trunkenen Schwäne, die in diesem Augenblick nicht Apollo geweiht sind, sondern Dionysos, zwar die in ihrer poetischen Wirklichkeit unwiderlegbare Schöpfung der Phantasie sind, dieses »Phantasierte« aber seinerseits ein Geschöpf ist der Rosen und des Birnbaums, des Sees und der Schwäne. Schöpfer und Geschöpf sind zweieinig in einer Inkarnation, und diese Inkarnation ist das Gedicht.

3

»Da wo die Nüchternheit dich verläßt, da ist die Grenze deiner Begeisterung«, schrieb Hölderlin, da er über sein Dichten meditierte: »Der große Dichter ist niemals von sich selbst verlassen.« Und doch war die Rede von der Ekstase des Dichters, und Ekstase bedeutet dem Wortsinn nach genau den Zustand, der dem Dichter verboten ist: außer sich zu sein. Haben wir uns in einem Widerspruch verfangen? Er ist nur scheinbar, und der Schein entsteht durch die Vieldeutigkeit des Wortes »Selbst«. Denn das Selbst, das niemals außer sich ist, ist nicht irgendein Selbst; es ist auch nicht dasselbe Selbst, das der Künstler, damit das *Werk* entstehe, hinter sich lassen oder transzendieren oder überwinden muß, wie es eine längst historisch gewordene Reihe von Aussagen über das Verhältnis der Kunst zur Person des Künstlers wahrhaben will, eine Reihe, in der unter andern die Namen Schopenhauer, Nietzsche, Thomas Mann, Rilke, Valéry, Yeats und T. S. Eliot stehen.

»Gerade in der großen Kunst . . . bleibt der Künstler gegenüber dem Werk etwas Gleichgültiges, fast wie ein im Schaffen sich selbst vernichtender Durchgang für den Hervorgang des Werkes«, heißt es in Heideggers Abhandlung über den »Ursprung des Kunstwerkes«, was, klänge es weniger Heideggerisch, von Schopenhauer oder Nietzsche oder Thomas Mann oder Rilke oder Valéry oder Yeats oder T. S. Eliot gesagt sein könnte – und gesagt wurde. Dieses Selbst des Künstlers ist aber gewiß nicht dasselbe, das Hölderlin meint, wenn er sagt, daß der Dichter »niemals von sich selbst«, niemals von der »Nüchternheit« verlassen sein darf; gewiß nicht das Selbst, das nach Schopenhauer mit seinem »Eigenwillen« der dichterischen Schöpfung im Wege ist, nicht das Selbst der täglichen Erfahrung, sondern eben das Selbst all dessen, was Kunst im Dichter ist, das Selbst, das selbst »der große Künstler« ist. *Dieses* darf, wie Hölderlin rechtens glaubt, niemals vom Dichter preisgegeben werden, wenn die Kunst ihm nicht aufkündigen soll, denn es hat die Augen, die sehen, was in Wahrheit *ist.* Jedoch mag die Vision dessen, was in Wahrheit ist, der Welt zuzeiten wie ein trunkener Exzess erscheinen, zu jenen Zeiten nämlich, da sie in der »Seinsvergessenheit« lebt, seinsverlassen ist. Der große Dichter aber erfährt in seiner Inspiration die nüchterne Wahrheit. Es gibt keinen anderen Dichter, den zu seiner Zeit – am Eingang des neunzehnten Jahrhunderts – dieser Doppelsinn von Selbst und Nüchternheit so quälte wie Hölderlin: daß die Seinsverlassenheit – Gottverlassenheit war es für ihn – den Bewohnern der verlassenen Welt als der einzig »wirkliche« Zustand galt, der Zustand *ihrer* Nüchternheit, während die *seine* von den Göttern wußte und, dank der Pein seiner Seele, von der Leere, die sie zurückließen, als sie sich dem Menschen entzogen. So steht es in seiner Elegie »Brod und Wein«:

Aber Freund! wir kommen zu spät. Zwar leben die Götter,
Aber über dem Haupt droben in anderer Welt.
Endlos wirken sie da und scheinen's wenig zu achten,
Ob wir leben, so sehr schonen die Himmlischen uns.
Denn nicht immer vermag ein schwaches Gefäss sie zu fassen,
Nur zu Zeiten erträgt göttliche Fülle der Mensch.
....
.... Indessen dünket mir öfters
Besser zu schlafen, wie so ohne Genossen zu sein,
So zu harren und was zu tun indes und zu sagen,
Weiß ich nicht, und wozu Dichter in dürftiger Zeit?

». . . und wozu Dichter in dürftiger Zeit?« Wenn es auf die Frage, die auf keine Antwort hofft, dennoch eine gibt, so lautet sie vielleicht: Weil der Dichter keine Wahl hat, solange er die Augenblicke der »heiligen Nüchternheit« kennt, die den wenigen als Bürgschaft des Seins zuteil werden, als Zeichen, daß die Götter leben, auch wenn ihr Aufenthalt ganz abgetrennt ist von dieser Welt der Dürftigkeit – die Augenblicke des Gesichts, das wahr ist, heilig und nüchtern. *Dieses* ist der Grund, warum das Wasser in der letzten Zeile der ersten Strophe von »Hälfte des Lebens« »heilignüchtern« ist (wobei die Ineinsfügung der zwei Worte wieder in keiner andern Sprache nachbildbar ist), das kühle Wasser, in welches Apollos Vögel das vom Weingott erhitzte Haupt tunken, um die Nüchternheit wiederzugewinnen, deren sie zum Dienst bei ihrem eigenen Gott, dem klarsichtigen Apollo, bedürfen. Hölderlin hat die beiden Adjektive »heilig« und »nüchtern« auch noch in einem anderen Gedicht zusammen gebraucht, wenn auch nicht zusammen geschrieben, in der Ode »Gesang des Deutschen«. Aber nur in »Hälfte des Lebens« sind sie *ein* Wort. Hätte Heidegger über dieses Gedicht geschrieben, so hätte er wohl die etymologische Gelegenheit ergriffen – er tat es in einem andern Zusammenhang –, die sich durch die Verwandtschaft von »heilig« und »heil« anbietet. Im Englischen ist sie noch deutlicher, denn »*holy*«, »heilig«, ist mit »*wholeness*«, »Ganzheit« eng verwandt und deutet so vielleicht auf das heilige Ganze, die paradiesische Unversehrtheit in Gott, die war, ehe der Sündenfall die menschliche Existenz vom Sein Gottes trennte, wo, wie es in einer Heideggerschen Theologie heißen könnte, alles Seiende im Licht

Seines Seins leuchtete.[2] Es mag sein, daß ein Widerschein solchen Lichtes auf dem See des Gedichts liegt und die Strömung vom Ursprung das heilignüchterne Wasser kräuselt. Oder verführt zu solcher Spekulation nur einer der sieben Weisen Griechenlands, Thales von Milet, der lehrte, daß das Wasser der gemeinsame Grund aller Seienden ist? Zugegeben, daß solche Assoziationen weit hergeholt scheinen; wer aber ermißt das Maß und Licht der Erinnerungen, die die Worte eines großen Gedichts in sich aufgenommen haben?

Auf das Glänzen des Spätsommers folgt in der zweiten Strophe jäh das »Weh mir«. Es ist Winter und Eisesstarre liegt über dem Heilignüchternen. Noch einmal ist die Stimme des Ichs, der Person des Dichters, hörbar, und noch einmal scheint es die Stimme der Dichtung selbst zu sein. Jetzt klingt aus ihr nicht erstauntes Entzücken, sondern vollkommene Trostlosigkeit. Wo sind in der winterlichen Öde Blumen zu finden, Blumen und das Licht und der Schatten der Erde? Ja, auch der Schatten wird ersehnt, so sehr, daß er so wie der Sonnenschein die dritte Zeile, die ganze (und längere) vierte für sich allein hat. Denn das Lebendige ist so geartet, daß es, sein Bestes zu geben, nicht nur des Lichts und der Wärme der Sonne bedarf, sondern auch der schattigen Kühle. Wie wahr ist doch dieses Zusammenspiel von Sonnenschein und Schatten! Ja, es wäre unwahr und sentimental, wenn das Verlangen des Gedichts allein der Sonne gälte. Denn Sentimentalität ergibt sich stets bei der Herauslösung chemisch gesäuberter Wort-Gefühle aus der Verbindung der vielen Elemente, die das Wesen alles wahren und wirklichen Fühlens ausmacht. Darum »scheinen« Licht und Schatten gemeinsam in den Zeilen, die das Ende des Sommers beklagen.

Nur das Ende des Sommers? Macht es nicht das Wesen großer Dichtung aus, daß sie mehr *bedeutet* als sie *sagt*? Käme uns das »Weh mir« nicht übertrieben vor, wenn es auf nichts anderes hinwies als auf die Trauer über das Mißvergnügen des nahenden Winters? Ist es nicht denkbar, daß der Sommer nicht für die gemeinhin erfahrene Jahreszeit steht, sondern für das Hervorscheinen des Seins selbst, sein »Lichten«, wie Heidegger es nennt, im »Seienden«, in den Rosen, dem See, den Schwänen? In seiner

2 Im »Gespräch über die Sprache« heißt es überraschend deutlich: »Ohne diese theologische Herkunft wäre ich nie auf den Weg des Denkens gelangt. Herkunft aber bleibt stets Zukunft.« *Unterwegs zur Sprache*, Pfullingen, 1959, 96.

Auslegung des Fragments 16 von Heraklit spricht Heidegger gedrängter und emphatischer als irgendwo sonst von der unentrinnbaren Gleichzeitigkeit der Wahrheit des Seins mit deren Negativität, ihres Hervorleuchtens aus dem Seienden mit ihrer Verhüllung, ihres Lichts mit ihrem Schatten, dem Schatten, nach dem das Licht verlangt, weil nur er offenbart, was das Licht in Wahrheit ist. Ob wir nun bereit sind, bei Betrachtung dieses Gedichts dem Denken Heideggers soviel Platz einzuräumen, außer Zweifel steht wohl, daß wir des Gedichtes Licht und Schatten, also den Sommer, einer poetischen Intuition verdanken, die mit der Feier dieses Sommers sowohl wie mit der Klage über sein Vergehen mehr meint als Sommer und Winter, nämlich – nein, nicht die »symbolische Bedeutung« von Sommer und Winter (zumindest nicht im Sinn oder Unsinn, den das »Symbolische« in der Routine unserer Literaturkritik hat), sondern deren wahres Sein. Deren »Sein«. Heideggers Redeweise wäre gewiß so ärgerlich und überflüssig wie jeder andere Versuch, »anders« über die Dichtung zu sprechen, lebten wir nicht in der von Gotethe so benannten »Epoche der Prosa«, deren Merkmal es ist, daß die dichterische Sprache zur Fremdsprache wurde. Es ist augenfällig, daß Hölderlins Gedicht Sommer und Winter anders versteht als die Metereologie; und nur weil die Rede- und Verständnisweise der Metereologie – sie tut hier Dienst für viele andere Wissenschaft – zum intellektuellen Idiom des Zeitalters geworden ist, ist die Versuchung fast unabweisbar, über Hölderlins Sommer und Winter so »befremdend« zu sprechen, wie es sich für Fremdsprachiges geziemt.

Was nun das »Symbolische« von Hölderlins Sommer und Winter betrifft, so weiß des Dichters Intuition, daß um der Poesie willen die direkte Aussage des »Sinns« dieser Worte vermieden und die »symbolische Bedeutung« verborgen bleiben muß. Dies lehrt uns jenes Stuttgarter Folioblatt 17 präziser und überzeugender, als ein gelehrtes Buch über Gedichte es je vermöchte.

Dem »Weh mir«, das die zweite Strophe von »Hälfte des Lebens« eröffnet, folgt nämlich auf jener Manuskriptseite, auf der die Entwürfe sich nur so drängen, das fragmentarisch-verzweifelte Ende von »Wie wenn am Feiertage«. Heidegger hat dieser Hymne einen Essay gewidmet, ohne des abgebrochenen Endes Erwähnung zu tun. Der Ablauf ist wie folgt. Nach dem Bruchstück von einer Zeile, einer durchgestrichenen:

Und sag ich gleich,

kam ursprünglich ein Abstand, und dann dieses:

Ich sei genaht, die Himmlischen zu schauen;
Sie selbst, sie werfen mich tief unter die Lebenden alle,
Den falschen Priester ins Dunkel, daß ich
Das warnende Lied den Gelehrigen singe.

Und mit »Dort«, das das erste Wort einer neuen Zeile sein sollte, bricht *dieses* Fragment ab, als hätte Verzweiflung die Stimme des Dichters erstickt. Wie die Schriftzüge zeigen, wurden später andere Zeilen um und unter das »Weh mir« geschrieben, indem der Dichter den ausgesparten Raum auf der Seite benutzte. Und diesen Platz nimmt der Anfang der zweiten Strophe von »Hälfte des Lebens«, die Fortsetzung von »Weh mir« ein: »wo nehm ich, wenn/Es Winter ist, die Blumen . . .« Die Fortsetzung ist da aber nicht der Sonnenschein und Schatten der Erde, sondern der Dichter sagt ausdrücklich, welchem Zweck die Blumen dienen sollten: »daß ich Kränze den Himmlischen winde./Dann wird es sein, als wüßt ich nimmer vom Göttlichen/Denn von mir ist gewichen des Lebens Geist,/Wenn ich den Himmlischen die Liebeszeichen/Die Blumen im kahlen Felde suche/und dich nicht finde«. »Dich« ist vielleicht die Rose, die damals möglicherweise den Titel eines erwogenen Gedichts abgeben sollte. Nun ja, vielleicht die Rose. Wer aber kann ganz sicher sein, daß mit »dich« nicht ein Gott gemeint ist, vielleicht sogar Christus, der in der Hölderlinschen Hierarchie über oder mit Dionysos göttlichste aller Götter, dem Hölderlins Hymne »Der Einzige« gilt? Erstaunlich, nicht wahr, dieser Gehorsam eines, der fürchtete, als »falscher Priester« von den Göttlichen verstoßen zu sein, – erstaunlich, wie gehorsam er sich ihrem Urteilsspruch fügt. Denn jetzt wagt er nicht einmal, die Bewohner des Himmels zu *nennen* oder davon zu sprechen, daß die Blumen, die er vergeblich sucht, um ihre Gunst werben oder sie versöhnen sollten. Es muß genügen – und das ist eine Genügsamkeit, die dem Gedicht ungemein zustatten kommt –, daß es in dieser schrecklichen zweiten Hälfte des Lebens keine Blumen gibt, keinen Sonnenschein und keinen Schatten. »Dann wird es sein, als wüßt ich nimmer vom Göttlichen/Denn von mir sei gewichen des Lebens Geist.« Wie recht hatte Hölderlin, diese Zeilen nicht ins Gedicht aufzunehmen! Sie reden zuviel, sprechen zuviel vom Dichter selbst und den unerreichbaren himmlischen Mächten. Man vergleiche sie mit den winterlich verwelkten Blumen, einfach mit den toten Blumen, mit dem vergangenen Sonnenschein und Schatten der Erde, und man wird erkennen, was der Unterschied ist zwischen der gesprächigen Klage über den in der götterlosen Welt frierenden Geist und dem Bild der kalten Mauern, die mit ihrer Sprachlosigkeit alles sagen – der Unterschied zwischen erhabener Redseligkeit und einem großen Gedicht.

Auf derselben Seite – welch ein Übermaß von Dichten auf einem Manuskriptblatt! – befindet sich auch der Entwurf der Ode »An die Deutschen«. Die erste Strophe – nicht die erste des beendeten Gedichts, sondern die erste auf dieser Seite – lautet:

Schon zu lange, zu lang irr ich, dem Laien gleich,
In des bildenden Geists werdender Werkstatt hier,
Nur was blühet, erkenn ich,
Was er sinnet, erkenn ich nicht.

Den »Sinn« des »bildenden Geists«, der sich in den Formen und Gestalten zeigt, die er hervorbringt, wollte der Dichter erkennen. Seine Dichtung aber ist am größten, wenn sie sich dem »Blühen« überläßt, den Gebilden aus der Werkstatt des Geistes, seinen Offenbarungen durch die Dinge, die zugleich die Schleier sind, welche sein »Sinnen« verhüllen. Die »sprachlosen Mauern« der kalten Winterstadt sagen so viel, wie die poetische Sprache über die Abwesenheit der Götter, den Verlust des Seins, nur sagen kann.

In der ersten Strophe des Gedichts gibt es nur wenig Substantiva, die nicht durch ein Adjektiv belebt sind: die Birnen sind gelb, die Rosen wild, die Schwäne hold und das Wasser ist heilignüchtern. Wir sind in einer reichen Provinz der Natur; aber die Kahlheit und Unfruchtbarkeit der zweiten Strophe ist Menschenwerk, und Heideggers Satz von der Sprache, die »das Haus des Seins« ist, könnte sich mit des Dichters Vermeidung aller Beiwörter rechtfertigen, mit der Sprachlosigkeit und Kälte der Mauern, mit dem metallischen Klirren der Wetterfahnen: nicht erst diese klirren, sondern schon die Ansammlung der i-Laute in »im Winde klirren . . .«. Auch deuten die Turmhähne in jede Richtung, die der wetterwendische Wind befiehlt – in jede und also in keine. Ist die Sprache das Haus des Seins, so ist sie auch das sprachlose Gemäuer der gottlosen Seinsvergessenheit. Sie ist geräumig genug für jene reiche Landschaft wie für dieses Ödland.

Die Einheit von Ding und Wort, die das Wesen großer Dichtung ausmacht, ist auch das Rätsel der Sprache, so wie die Einheit von Gegenstand und Darstellung, die Form, das Rätsel aller Kunst ist; aller Kunst, außer der Musik, die weder Ding noch Gegenstand kennt. Über die Musik weiß Heidegger wenig zu sagen und ist darin (und nicht nur darin) sehr verschieden von Schopenhauer, für den die Musik die Sprache des Willens ist; und der Wille reicht bei ihm so weit wie *seine* Intuition des Seins. Heidegger bleibt bei der gegenständlichen Kunst und vor allem bei der Sprache. Nirgendwo hat er das deutliche Geheimnis des Einsseins von Sprache und Menschenwelt einfacher und deutlicher ausgesprochen als in der Betrachtung über Hölderlins Frage »Wozu Dichter«: »Wenn wir zum Brunnen, wenn wir durch den Wald gehen, gehen wir schon immer durch das Wort ›Brunnen‹, durch das Wort ›Wald‹ hindurch, auch wenn wir diese Worte nicht aussprechen und nicht an Sprachliches denken.« Es ist seine Art, das Rätsel zu stellen, dessen Lösung – das Rätsel selbst ist: Wie kommt es, daß das Wort, im höchsten Steigerungsgrad das Wort im Gedicht, »Physis« besitzt oder erwirbt, die Kraft der Gegenständlichkeit, und zugleich ein Baustein des Denkens ist? Wenn einer sich mit Fragen verdient machen kann, ist es Heideggers Verdienst, so gefragt zu haben.

VI.
Die verantwortungslose Literatur

Literatur und Verantwortung, sei diese als perönlich-sittliche oder gesellschaftlich-politische Verantwortung begriffen – es ist ein Paar, das in der Geschichte des Denkens viel von sich reden gemacht hat, und zwar sowohl durch seine unzerstörbare gegenseitige Anziehungskraft wie seine endlosen Zerwürfnisse. Die beiden waren so oft verheiratet und geschieden und wieder verheiratet und wieder geschieden, daß die Einladung, einige Zeit bei ihnen zu verweilen, kaum einen Aufenthalt voll heiterer Gelassenheit verspricht; und bedenkt man das hohe Alter der Affäre, so wird das Unbehagen nur noch größer.

Literatur und Verantwortung – je länger man diesem Problem nachsinnt, desto gewisser wird es, daß es zu denjenigen gehört, die Gnade gefunden hätten bei jenem französischen Symbolisten, Robert Desnos, der einmal sagte: »Ich lasse nur solche Fragen zu, die unbeantwortbar sind.« Und wie so viele andere unlösbaren Probleme hat sich auch dieses in dem unwirtlichen Grenzland angesiedelt, das sich zwischen dem äußerst Banalen und dem unbewältigbar Komplizierten erstreckt. Dem Banalen werde wohl auch ich nicht ganz entgehen; jedoch will ich die Kompliziertheit nicht noch komplizierter machen, indem ich etwa die Begriffe »Verantwortung« und »Literatur« einläßlich zu definieren versuche. Unter Verantwortung verstehe ich, was die Sprache selbst darunter zu verstehen scheint: das Gefühl, daß es in uns oder über uns eine Instanz gibt, der wir auf Grund unserer seelischen Verfassung das Recht einräumen müssen, uns darob zu befragen, wie es bei unserem Tun und Lassen dem Bruder Abel ergeht; und Abel ist ein Name für viele und vieles: unser Gewissen, unsere Integrität, die Sorge um die gedeihliche Ordnung des öffentlichen Daseins. Literatur hingegen soll alles bedeuten, was die Kunst des Schreibens in Vers oder Prosa hervorbringt.

»Alles, was die Kunst des Schreibens hervorbringt«: man muß das nur zweimal vor sich hersagen, um zu bemerken, wie absonderlich das Problem ist, das wir uns aufgegeben haben. Man stelle sich einen Leser vor, dem die ästhetischen Sorgen der letzten hundert Jahre fremd geblieben sind und der daher nicht weiß, wie sehr sich die Gemüter erhitzten, sobald etwa die Beziehungen debattiert wurden, welche Kunst und Literatur zum »Leben« oder gar zur »gesellschaftlichen Verantwortung« und also zur Politik unterhalten. Wie leicht wäre es, einen solchen Leser tage- und wochenlang lesend zu beschäftigen, ohne daß ihm diese Beziehungen auch nur im geringsten problematisch würden! Man gebe ihm etwa Shakespeares historische Dramen. Käme ihm bei deren Lektüre je der Gedanke, daß des Dichters hemmungslose politische Parteilichkeit seiner poetischen und dramatischen Kunst Abbruch tut? Oder man lasse diesen fiktiven Leser in seinem fiktiven Unschuldsstand die Dichtung des deutschen Mittelalters studieren. Wäre er versucht, Walther von der Vogelweide des Verrats an der Reinheit der Muse zu beschuldigen, weil dessen Dichtung mit äußerstem Parteisinn Stellung nimmt zu den politischen Kontroversen seiner Zeit? Gewiß doch, die Literaturgeschichte ist reich an Werken, die aus ihrem politischen Herzen keine unpolitische Mördergrube machen und demjenigen, der es darauf abgesehen hat, das Verhältnis von Literatur und politischem Engagement zu ergründen, das Forscherleben schwer machen, weil da alles offen zutage liegt und nichts zu erforschen bleibt. Es ist unbezweifelbar, daß sich literarisches Talent, ja Genie, oft und immer wieder mit sittlicher Entschlossenheit sowohl wie mit politischer Leidenschaft aufs wirkungsvollste verbündete. Wenn die Patina der Zeitentrücktheit dies bei Walther und Shakespeare so recht nicht merken läßt, so denke man an den jungen Schiller, an Heine, Büchner, Dickens, Dostojewskij, Ibsen, den jungen Gerhart Hauptmann, Heinrich Mann, Sartre, Camus – womit denn nur einige der bekanntesten Namen genannt seien und Abstand genommen wird von der Aufstellung einer Liste, auf welcher sich diejenigen befänden, die der Vorzüglichkeit ihres Stils und der Lebhaftigkeit ihrer politischen Ideen einen Platz in den Handbüchern der Weltliteratur wie auch des politischen Denkens verdanken: Viele der französischen Enzyklopädisten zum Beispiel, oder Burke, oder De Maistre, oder so manches Mitglied der russischen Intelligenzija, alle die Schriftsteller also, die Thomas Mann in jener kummervollen Phase seines Lebens, als er von unserm Problem überwältigt war und die *Betrachtungen eines Unpolitischen* schrieb, zu der so bekannten wie exzessiven Definition bewegten, die Literatur und Politik gleichsetzte. Wohlgemerkt: Literatur, nicht Dichtung. Wo sind die deutschen Zeiten, da diese radikale Unterscheidung zwischen Literatur und Dichtung vielen als sinnvoll erschien? Es ist kaum zu glauben, daß nur ein paar Jahrzehnte verstrichen sind, seit einer der intelligentesten deutschen Schriftsteller diesen Gegensatz statuierte, und zwar mit der vehementesten »unpolitischen« Verachtung für die

»Literatur«, dessen der »poetische« Geist fähig ist.

Literatur versus Dichtung, die Literatur, die für Thomas Mann eins war mit der Politik, *gegen* die Dichtung, die einem andern Gesetz untersteht als »das Leben« oder gar die Politik: dies war und ist noch immer ein sehr deutscher Gegenstand, und zwar trotz Shakespeare und Walther von der Vogelweide und – Bertolt Brecht, um ganz schnell und so, daß es zuerst einmal möglichst wenige hören, den Dichter zu nennen, an den man sowohl innerhalb wie außerhalb Deutschlands denkt, sobald von Literatur und gesellschaftlicher Verantwortung die Rede ist, und der vielleicht unseres Problems problematischstes Sorgenkind ist. Nun gibt es freilich trotz Shakespeare und Walther von der Vogelweide und Bertolt Brecht und vieler andern Erzeuger politischer Dichtung eine formidable Menge von Gedichtetem – und ganz gewiß von lyrischer Poesie –, die wir unserm imaginären Leser als Beispiele reinster Sprach- und Gefühlsversunkenheit vorlegen könnten; und dieser würde nun, genauso, wie er sich vorher von den offenbaren politischen Zuneigungen und Abneigungen des literarischen Werkes nicht beunruhigen ließ, mit Gleichmut und vielleicht Freude hinnehmen, daß sich nicht die leiseste Spur gesellschaftlichen Verantwortungsgefühls entdecken läßt in den Versen, mit welchen Keats die griechische Urne oder die Nachtigall besingt, William Blake das Los der kranken Rose beklagt oder Goethe durch Reim und Wald spaziert, nichts beabsichtigend als die purste Absichtslosigkeit. Und wenn auch neuerdings da und dort ein findiger Maulwurfskopf, für den sich außerhalb der Dichtung – in der Talmudistik etwa oder der Geologie – gemäßere Beschäftigungen finden ließen, »Strukturanalysen« der Lyrik unternimmt, die das Sozial-Motivierte und also Politisch-Tendenziöse, ja das heimtückischste Klassenunterbewußtsein in den tieferen Schichten des oben rein-poetischen Erdreichs entdeckt, könnten wir doch jenem unbefangenen Leser Bertolt Brecht selber unterschieben, wie er in schöner politischer Unbekümmertheit der Vergänglichkeit der Liebesumarmung nachträumt, dessen Gegenstand der Erinnerung noch schneller entschwindet als die septemberlich weiße Wolke über dem Paar; oder wie er mit vollkommenem lyrischen Gelingen vom Kranich erzählt, der mit der Wolke fliegt, Allegorie von Liebenden, die nichts kennen als ihre Liebe, der Welt ganz und gar abhanden gekommen sind und doch von diesem politischen Dichter so bejaht werden, wie nur

Liebe oder Lyrik zu bejahen vermögen. Die Rede ist von dem Brechtschen Gedicht, das mit der Zeile endet, welche die vollendete Botschaft gesellschaftlicher Verantwortungslosigkeit enthält:

Wohin, ihr? – Nirgend hin. – Von wem davon? – Von allen.

»Von wem davon? – Von allen.« Wer wollte leugnen, daß dieser Kranichschrei der Liebenden die Stimme ist, mit welcher sich die Poesie in ihren intimsten Augenblicken vernehmen läßt; und auch immer dann, wenn – in den Worten des Yeatsschen Gedichts »A Bronze Head« – die Imagination »jenen Gipfel erreicht, wo sie alles von sich weist, was nicht sie selber ist«; und die auch in jenen Phasen der Arbeit spricht, da es dem Dichter auf nichts anderes anzukommen scheint als das handwerkliche Gelingen? Diese reine Konzentration auf das Handwerk hat Goethe einmal mit ärgerlicher Miene gegen jegliche moralisierende Einmischung verteidigt. Zwar räumte er ein, das ein Kunstwerk sehr wohl sittliche und gesellschaftliche Wirkungen haben könne; von dem Dichter aber solche Absichten und Ziele zu verlangen, hieße nur, ihm das Handwerk zu verderben. (Wobei man sich im Vorübergehen erinnern soll, daß er selber der Literatur, die zu seiner Zeit die moderne war, mit moralischer Aufsässigkeit zu begegnen geneigt war. Wenn er das Romantische das Kranke nannte, so war dies doch gewiß kein medizinisches, sondern ein moralisches Urteil, und zwar eines, das mancher Steigerung fähig war, zum Beispiel dieser im 1033. Aphorismus des *Maximen und Reflexionen*: Das Romantische ist schon in seinen Abgrund verlaufen; das Gräßlichste der neueren Produktion ist kaum noch gesunkener zu denken.«)

Kein Wunder, das Platon trotz der guten Beziehungen, die sein großer Mentor mit Apollo und den Musen unterhielt, so emphatisch das »Und« ausstrich, das die Kunst so oft mit der sittlich-gesellschaftlichen Verantwortung verbindet und durch ein emphatisches »Gegen« ersetzte. Wenden wir uns also einen Augenblick lang jenem *locus classicus* zu, wo nebst manchem andern Problem auch das unsre seine so erstaunlich dauerhafte Artikulation erhielt. Dichtern, meinte Platon, sei es von der Natur ihres Wesens verwehrt, verläßliche Bürger der idealen Republik zu werden. Göttlich oder dämonisch begeistert wie sie sind, gebührt ihnen vielleicht das Heimatrecht in einer Art von musischer *Civitas Dei*, einer *Civitas Musarum;* der Gipfel des Parnassus aber ist der Ort nicht zur Übung bürgerlicher Tugenden. Wo es auf diese ankommt, sind Dichter Störenfriede. Poesie *und* gesellschaftliche Verantwortung? Es wäre leichter, Zeus selbst zu einem Ehegemahl zu machen, der sich treu an die Konventionen der Monogamie hält, als die dichterische Phantasie zur Hüterin der staatlichen Ordnung.

Wenn es stimmt, daß sich die Bedeutung eines Gedankens an der Beharrlichkeit ablesen läßt, mit welcher er durch die Zeiten hin das intellektuelle Gemüt beunruhigt, dann ist Platons berühmte oder berüchtigte Regelung der staatsbürgerlichen Stellung der Poesie in seiner *Republik* gewiß einer der bedeutendsten. Denn immer wieder wurde der platonischen Doktrin in dieser oder jener Abwandlung Glauben geschenkt und Geltung verliehen, und sehr oft, ohne daß diejenigen, die es taten, die Quelle kannten. Solche unbewußten Platoniker waren und sind nicht nur die Herrscher gewisser Republiken, die den Dichtern mit Mißtrauen und Strenge auf die Finger sehen, sondern auch erstaunlicherweise viele Dichter selbst, ja, sogar manche, deren politisches Engagement notorisch ist.

In einem wichtigen Sinn platonisch ist sowohl der absolute Ästhetizismus, der seine energischste Ausprägung im Frankreich des neunzehnten Jahrhunderts fand, wie auch das Verdammungsurteil, das Hitler und Stalin über Kunstwerke fällten, welche, erzeugt von gesellschaftlich unverantwortlichen, wenn nicht gar dämonisch besessenen Wesen, die Gesundheit des Staates bedrohten. Und es ist ein deutliches Echo aus der *Republik* des Platon, das in der Symbolisten dringlich anti-Saint-Simonistischen Aufkündigung jeglichen Gesellschaftsvertrags zwischen Kunst und Leben vernehmbar ist. Hörbar ist es auch schon in Schopenhauers Bestimmung der Kunst als einer Tätigkeit von Geistern, die mit Worten und Farben und Klängen Erfahrungen sinnlich darstellen, die sie in einer Sphäre jenseits aller Sinnlichkeit gemacht haben – ironischerweise in der Sphäre der Platonischen Ideen –; Erfahrungen, wie sie nur denjenigen zugänglich sind, die zeitweilig allen Absichten und Zwecken – also auch den politisch-moralischen – des vom Willen getriebenen Daseins abgesagt haben. Und wieder klingt es mit in der Glaubensverkündigung des jungen Nietzsche, daß allein die rein ästhetische Künstler-Kontemplation der Welt sowohl diese Welt wie auch die menschliche Existenz zu rechtfertigen vermag; was die kühnste ästhetische Theodizee ist, die je gewagt wurde, und zugleich der übermütigste Bettlerstolz, zu dem sich die aus der Welt der Praxis und der Politik vertriebene Kunst aufschwang. In der Nachfolge Nietzsches ist der platonische Widerhall dann Thomas Manns *Tonio Kröger* abzuhören, der Geschichte vom Künstler, der unter Schmerzen die Einsicht gewinnt, daß er das Bürgerrecht in der Gesellschaft ehrenwerter und tugendhafter Bürger einbüßen muß, um die Höhengrate der Kunst und den grünen Ruhm des Lorbeers zu erreichen; ganz zu schweigen vom *Tod in Venedig*, wo es zu den denkbar platonischsten Ausschreitungen der Dichterseele kommt und zu der Einsicht, daß der Künstler, wie immer er es anstellt, in die Irre gehen und also wohl auch in die Irre führen muß.

All dies, und viel, viel mehr noch ist vorgezeichnet in der Verbannungsurkunde, die in Platons *Republik* im Namen einer sittlich verläßlichen Staatsutopie gegen die Dichter erging. Ebenso deutlich ist die Verbindung zwischen diesem Dokument und den wiederholten Deklarationen der Kommunistischen Partei Sowjetrußlands gegen eine Kunst, die sich den sozialen Wirklichkeiten und staatspolitischen Verantwortungen der Sowjet-Gesellschaft »entfremdet« hat. Während also die totalitären Machthaber – sozusagen Platon zum Trotz – zu beweisen versuchten, daß es dennoch eine Kunst geben könne, die ihren dekretierten gesellschaftlichen Verpflichtungen nachzukommen versteht (und dieses »Nachkommen« geschah sowohl unter der deutschen wie der russischen Tyrannei in der Form eines sich gräßlich gut benehmenden »sozialen Realismus«), widmeten sich die Poeten, angefangen mit der Deklaration des Parnassischen *L'art pour l'art* und weiter mit der Pflege der *poésie pure* durch die Symbolisten, angelegentlich der Aufgabe, eine ästhetische Tugend aus eben dem moralisch-politischen Laster zu machen, dessen Platon die Dichter geziehen hatte: ihrer unverantwortlichen Distanziertheit vom Gemeinwesen, ihrer schillernden Ambiguitäten und Ironien im Gegensatz zum Ernst, den das sittliche Leben gebietet, ihrer Anfälligkeit für die Verführungskünste der Phantasie, des Spiels, der reinen Form, kurz, ihrer Geneigtheit, die Imagination auf jenen Gipfel zu treiben, wo sie »alles von sich weist, was nicht sie selber ist«. *Les extrêmes se touchent*; und der Punkt, an welchem die extrem entgegengesetzten ästhetischen Philosophien des absoluten Staates und der absoluten Poesie einander begegnen, befindet sich in Platons *Republik.*

Gefangen zwischen solchen Extremen der ästhetischen Theorie und Praxis sahen die Kritiker, Interpreten und Lehrer der Literatur meistens keinen andern Ausweg als sich anzuschließen: viele folgten den Dichtern auf der Flucht aus dem »Wirklichen«, andere wieder ließen sich mit totalen Ideologien ein. Nur wenige waren immun gegen die Infektion. Von den Totalideologen soll hier nicht die Rede sein. Was die reinen Ästheten betrifft, ist dies zu bedenken: Betrachtet man ein Werk der Literatur so als wäre es wahrhaftig *nichts als* eine ästhetisch geordnete Versammlung von Worten auf einem Blatt Papier, oder eine Abfolge von Zeilen, die durch mannigfach variierte oder regelmäßig wiederkehrende Bildmotive ausgezeichnet sind, oder ein Spiel von rhythmisch skandiertem Schall und kunstgerechtem Rauch, so ist man auch schon der Illusion verfallen, daß es in der Kunst auf nichts anderes ankommt als auf die Perfektion der Form, und daß alle »Inhalte« – Mallarmé war nahe daran, dies zu glauben – nur lästige Hindernisse seien auf dem Weg zur absoluten Poesie. *Die Form ist der Gehalt,* heißt es da, so wie es jüngst auch in anderm Zusammenhang hieß: *the medium is the message,* das Medium ist die Nachricht.

Nietzsche, der wußte, daß viele Künstler der neuen Zeit dieser Formbesessenheit verfallen würden, sich gebärdend, als wäre allein die Form der Inhalt und das, dem Form verliehen werden sollte, ein pures Nichts, oder wenn überhaupt etwas, ein Etwas, das durch die Form nicht so sehr geformt wie vertilgt werden muß – Nietzsche nannte diese Abart des Formtriebs pervers. Und einer, der damit aus eigener Erfahrung intimst vertraut war, Baudelaire, sprach von *»le goût immodéré de la forme«,* der maßlosen Formgenußsucht, die »monströse und unerhörte Verrücktheiten« im Geist erzeugt. Aus solchen Exzessen der Form-Faszination das Gesetz abzuleiten, unter welchem die Kunst steht, und aus den »unerhörten Verrücktheiten« eine Methode der Literaturbetrachtung, bedeutet, eine äußerste und äußerst prekäre Situation hinzunehmen, an deren anderem Ende der totalitär-politische Richter Erzeugnisse der Literatur nach ihrem jeweiligen Grad von »Realismus« oder gar ihrer ideologischen Konformität beurteilt. Die konsequent zu Ende gedachte Philosophie jener

Literaturkritik, die vor etlichen Jahren in Amerika als »die neue« galt, eröffnet nur einen neuen Aspekt jenes Verrats, dessen Julien Benda in seinem klassisch gewordenen Buch *La trahison des clercs* die Intellektuellen beschuldigte: nämlich ihrer Bereitschaft, bei dem chirurgischen Eingriff zu assistieren, der aus dem gesellschaftlich-politischen oder auch ästhetischen Corpus das spirituelle Gewissen entfernt. Dieses Gewissen, so will mir scheinen, muß auch in aller Vermittlung der Literatur am Werke sein, wenn sie als auswählende Literaturgeschichte oder ordnende Kritik die große Rolle rechtfertigen soll, die wir ihr in unsern Akademien zugewiesen haben. Die listig-subtilste Variante aber der Operation, die das Ästhetische vom Ethischen loslöst und die Veranstaltungen der Imagination von der gesellschaftlich-sittlichen Realität, mag sehr wohl darin bestehen, daß man die Literatur in einer ganz und gar ihr eigenen »ästhetischen« Sphäre einkapselt. Freilich gibt es viele Wohnungen im Haus der Dichtung, aber kaum eine erschiene dem Geist als eine begehrenwerte Wohnstatt, wenn das spirituelle Gewissen dort ganz ausgezogen wäre. Dann hätte nämlich Platon so unrecht nicht gehabt als er meinte, mit der Literatur ließe sich kein Staat machen: sie müßte daraus verbannt werden; aber doch auch wieder so recht nicht, denn ohne das spirituelle Gewissen wäre die Literatur einfach trivial und lohnte kaum der Mühe, die ihre Exilierung machte. Dieses spirituelle Gewissen der Dichtung hatte W. H. Auden im Sinn, als er die Verse schrieb:

God may reduce you
on Judgement Day
to tears of shame,
reciting by heart
the poems you would
have written, had
your life been good.

Gott mag am Tag des Gerichts
dir Tränen der Schande
in die Augen treiben,
indem er auswendig die Gedichte
aufsagt, die du
geschrieben hättest, wäre
dein Leben gut gewesen.

Dennoch entzieht sich unser Problem einer Lösung von so rührend lyrischer Einfachheit. Auf seiner Problematik beharrend, hat es während der vergangenen hundert Jahre die Dichter selbst und gewiß die Denker über das Dichten immer mehr beschäftigt. Als Nietzsche schrieb, es müsse eine Zeit gegeben haben, da das Ethische und das Ästhetische eins waren (er fügte auch das Religiöse hinzu)[1], bedauerte er wohl mehr die gegenwärtige Trennung dieser Kategorien, als er an ihre gemeinsame Mitvergangenheit glaubte. Dieser erstaunliche Philosoph, der so vielen Künstlern vor und nach ihm aus den problembeschwerten Herzen sprach, kannte weder Kierkegaard noch Keats; jedoch wußte er mit solcher Genauigkeit, was der dänische Religiosus und der englische Dichter über den ethisch dubiosen Stand des Ästhetischen dachten, daß er über diesen Gegenstand hätte schreiben können, was sie schrieben – ja, *daß er es schrieb*. Es fällt nicht schwer, zahlreiche Äußerungen Nietzsches über Kunst und Künstler, über ihr Ethisches und Ästhetisches, zu zitieren, die so gut wie ununterscheidbar sind von Kierkegaardschen Sätzen. Und umgekehrt wäre es ein leichtes, selbst einen bewanderten Leser Nietzsches glauben zu machen, daß es Nietzsche war und nicht John Keats, der vom »poetischen Charakter« im Brief an Richard Woodhouse vom 27. Oktober 1818 sagte, er habe keinen Charakter und schwelge in der Vorstellung eines ruchlosen Jago nicht weniger als in derjenigen einer herzensguten Imogen, denn beide sind ihm nichts als ästhetische Phänomene (was ja auch in aller Wirklichkeit Hitler eine Zeitlang für Gottfried Benn war und Mussolini wohl bis zuletzt für Ezra Pound). Denn, sagt Keats – oder ist es Nietzsche? –: »Was den auf die Tugend bedachten Philosophen schockiert, entzückt das Dichter-Chamäleon.« Und nach Keats und Kierkegaard und Nietzsche war es Thomas Mann, der in jenem immer noch beunruhigenden und einer Herzenssache mit Grundgescheitheit dienenden Dokument der ästhetisch-konservativen Gesinnung, in den *Betrachtungen eines Unpolitischen*, Zeugen aus allen Hauptstraßen der Weltliteratur aufruft, um dem verlorenen Bruder Heinrich, dem politischen Moralisten und »Zivilisationsliteraten«, die Hölle heiß zu machen mit dem Beweis, daß er mit all seinem moralisierenden Gestikulieren doch nichts sein kann als ein ästhetisches Chamäleon. Kennt er, fragt Thomas Mann, sich denn wirklich nicht gut genug, um die Lüge auf dem Grund seines moralisch-politischen »Engagements« zu sehen? Möge er nur seine politischen Feinde mit Spott und Hohn überziehen! Insgeheim hofft er bei alledem, daß sie den *Stil* seiner Attacken bewundern; und selbst, wo er die Sünder der Verdammnis anheimgibt, will er, daß das Fegefeuer die Eleganz

1 Veröffentlicht im Nachlaß aus der Umwertungszeit, Musarion-Ausgabe der Gesammelten Werke, München 1925, XVI, 235.

seiner Urteilsbegründung ins rechte Licht setzt. Nein, in der ästhetischen Domäne, meinte damals Thomas Mann, gibt es keine moralisch-politische Echtbürtigkeit. Weshalb denn dem Künstler Skepsis und Ironie ziemen und nicht das »Engagement«, ganz zu schweigen davon, daß er, ist er wahrhaft ein Künstler, das Menschenlos mit den Augen der Tragödie oder der Komödie sehen wird und nicht mit dem Starrblick politischer Ideologien.

Bertolt Brecht unterhielt sich im Juli 1934 in Svendborg mit Walter Benjamin über den politisch engagierten Künstler. Er ahnte gewiß nicht, daß er in diesem Gespräch drauf und dran war, Thomas Manns *Betrachtungen eines Unpolitischen* zu zitieren. Hätte er es gewußt, wäre manche Äußerung, die er damals machte, vielleicht unterblieben. Dies aber ist, was er sagte: Er denke sich oft ein Tribunal, vor dem er sich zu verantworten habe. Da fragen ihn seine Richter, *wie ernst es ihm eigentlich sei mit seinem politischen Dichten.* Und er müsse zugeben: »Ganz ernst ist es mir nicht. Ich denke ja auch zuviel an Artistisches, an das, was dem Theater zugute kommt, als daß es mir ganz ernst sein könnte.« Das ist sehr gut, und es ist so gut, weil es wahr ist. Ebenso wahr ist, daß es, wie er im selben Gespräch meinte, Dichter gäbe, für welche diese Bewußtseinsspannung zwischen dem Geglaubten und dem Artistischen nicht existiere. Das seien vielleicht die einzigen Dichter, die es, wie Brecht sich ausdrückte, »wirklich zu etwas bringen«. »Substanz-Dichter« nannte er sie: Dichter, die ihre Werke aus der Ungeteiltheit ihres Wesens hervorbringen. Für Schiller waren sie die »naiven«, für Goethe und nach ihm Nietzsche die »gesunden«. Brecht sagte, was er sagte, als die Rede auf Gerhart Hauptmann kam. Sie hätte, um der Bedeutung des Problems gemäß zu sein, von Aischylos oder Sophokles oder Shakespeare gehen sollen. Und dann faßte Brecht die verworrenen Beziehungen zwischen Artistik und Verantwortung in einer unübertrefflichen Pointe zusammen. »Nehmen wir an«, sagte er, »Sie lesen einen ausgezeichneten politischen Roman und erfahren nachher, daß er von Lenin ist. Sie würden Ihre Meinung über beide ändern, und zuungunsten beider.« Also sprach Bertolt Brecht, ein politisch engagierter Dichter, aber nicht so engagiert, daß er unempfindlich gewesen wäre für die Ironien, mit welchen die Beziehungen zwischen Literatur und Verantwortung durchsetzt sind.[2]

2 Walter Benjamin, *Versuche über Brecht*, edition suhrkamp 172, Frankfurt a. M. 1966, 118 f.

Zur Zeit jenes Svendborger Gesprächs hatte Walter Benjamin gerade seinen Essay über Kafka geschrieben und Brecht gebeten, ihn zu lesen. Wochenlang reagierte Brecht nicht. Nun aber wurde endlich auch von Kafka gesprochen. War er ein »Substanz-Dichter« oder ein »Artist«? Sei dem wie immer, Brecht hielt ihn für einen »großen Schriftsteller«: »wie Kleist, wie Grabbe oder Büchner«, und wie diese »ein Gescheiterter«. Und warum ein Gescheiterter? Weil es auf eine vexierende Art unentschieden bleiben muß, ob er die eine oder die andere Art von Künstler war. Und hier erweist sich Brecht als außerordentlich hellsichtiger Kritiker. Wenn es gestattet ist, deutlicher zu sein als die fragmentarischen Andeutungen in Benjamins Tagebuch und um einen folgerichtigen Schritt über dieses hinauszugehen, so meinte Brecht dies: Kafka war es von seiner Natur her bestimmt, zu werden, was Konfuzius war: ein Lehrer und Prophet. Da es für ihn aber keine Schule gab, in welcher er lehren konnte – »Du bist die Aufgabe. Kein Schüler weit und breit«, schrieb er einmal –, und keine Gesellschaft, die er prophetisch befeuern mochte, wurden seine konfuzianischen Parabeln zu Literatur. Sie gediehen oder mißrieten zur »Kunst«, ja sogar zu – unfertigen – Romanen und büßten so ihre verantwortungsvolle Ernsthaftigkeit ein. Jedoch war den Parabeln von Anfang an die Tendenz zur Artistik anzumerken, wahrscheinlich wegen der historischen Absurdität eines Lehrers ohne Schule, eines Propheten ohne Volk. Daher waren diese Parabeln, meinte Brecht, »niemals ganz transparent«; und das ist wohl auch der Grund für die immer wieder empörende, so berückende wie täuschende Präzision von Kafkas Stil: »die Genauigkeit eines Ungenauen«, eines, der seine exakten Träume im Zwischenraum träumt zwischen Prophetie und Artistik, zwischen dem Traum vom guten Leben und dem Traum der vollkommenen Kunst.[3]

Es gibt nicht viele Interpretationen des Kafkaschen Werks, bei denen man anzunehmen versucht ist, daß Kafka selbst sie erhellend oder auch nur interessant gefunden hätte. Dies ist gewiß eine der wenigen. Als Brecht so von Kafka sprach, konnte er noch nicht wissen, daß Kafka Tag um Tag und in verzehrender Inständigkeit mit den zwei »Halbwelten«, die sein Leben bildeten und zerrissen, ins reine einer ganzen und integren Lebenswelt kom-

3 Vgl. Benjamin, a. a. O., 119 f.

men wollte. Da war die Hälfte, die sein Schreiben ausmachte, diese zugleich unwiderstehlich geliebte und entsetzlich gehaßte Halbwelt, die ihm manchmal vorgaukelte, nur sie habe »das Schwergewicht in der Tiefe«, und nur durch sie lasse sich die *ganze* Welt »ins Reine, Wahre, Unveränderliche« heben; und die ihm dann wieder einen Höllenschreck einjagte, gerade so, als müßte er in ihr sein Seelenheil einbüßen. Denn die Bedingung des Schreibens war, wie er sagte, ein unentwegtes »Hinabgehen zu den dunklen Mächten«, eine »Entfesselung von Natur aus gebundener Geister« und »fragwürdige Umarmungen und was alles noch unten vor sich gehen mag, von dem man oben nichts mehr weiß ...« In dieser Halbwelt fühlte er sich »mit unsichtbaren Ketten« festgebunden, während er die Hände ausstreckte nach dem andern Halben, das, wie es ihm dann schien, *»dans le vrai«* war, im Wahren, wo es Ehen gab und Kinder und ersprießliche Arbeit.

So gab es einerseits das Halbleben der Kunst und andererseits das Halbleben des Lebens. Was er schließlich und endlich ja doch als *sein* Leben ansehen mußte, erschien ihm sinnlos und also »unwirklich«. Um es sinnvoller zu machen, suchte er die Literatur und zwar wie einer, der es oft für seine »beste Lebensweise« hält, »mit Schreibzeug und einer Lampe im innersten Raume eines ausgedehnten, abgesperrten Kellers zu sein.« Dort aber ist das Leben nicht, und so wird auch dieser innerste Kellerraum bald wieder stickig vor Sinnleere. Es ist ein extremer Fall jener zwischen »Geist« und »Leben«, Kunst und Wirklichkeit zerrissenen Welt, in welcher die Frage der Verantwortung des Künstlers immer dringlicher wird und ihre Lösung immer unmöglicher. Denn eine Kunst, die sich so ganz auf ihre eigenen schwankenden Beine gestellt hat, ist die verantwortungslose Kunst schlechthin. Wo Sinn und Wirklichkeit, Kunst und Leben auf Kafkasche Art als unvereinbare Gegensätze empfunden werden, kann die eine Hälfte der andern nicht Rede und Antwort stehen. Verantwortung aber setzt Entsprechung voraus.[4]

Was die Literatur betrifft, so müßte diese Entsprechung *zwischen Sprache und Wirklichkeit* bestehen – ein Verhältnis, das aufs äußerste in Frage zu stellen zum Hauptgeschäft von Dichtern

4 Vgl. das 2. Kapitel »Marriage or Literature: The *Letters to Felice*« in meinem »*Modern Masters*«-Band *Franz Kafka*, London 1974 und New York 1975.

sowohl wie von Denkern geworden ist. Was diese als das Ungewisse an sich betrachten, dessen war Konfuzius aufs schönste gewiß, als er auf die Frage, was er denn zu allererst täte, wenn man ihm die Verwaltung eines Landes übertrüge, zur Antwort gab: »Ich würde den Sprachgebrauch verbessern.« »Wie das?«, riefen seine erstaunten Schüler, »das hat doch nichts mit den wirklich wichtigen Dingen zu tun! Warum den Sprachgebrauch verbessern?« Da sagte der Meister: »Wenn die Worte nicht stimmen, dann ist das, was gesagt wird, nicht das Gemeinte. Wenn das, was gesagt wird, nicht das Gemeinte ist, dann gedeihen die Werke nicht. Gedeihen die Werke nicht, so verderben die Sitten und die Künste. Verderben die Sitten und die Künste, so trifft die Justiz nicht das Rechte. Trifft die Justiz nicht das Rechte, so weiß das Volk nicht, wohin Hand und Fuß setzen. Daher achte man darauf, daß die Worte stimmen. Das ist das Wichtigste von allem.«

Gibt es eine schönere Definition der Verantwortung des Schriftstellers? Aber auch: welch vertrauensvoller Glaube an eben jene Entsprechung zwischen Sprache und Wirklichkeit, und also zwischen der Dichtkunst und dem Leben, auf welcher alle Verantwortung des Wortemachers gründet und ohne welche alle Literatur, und sei es selbst die »engagierteste«, im Grunde verantwortungslos ist. Ist die Gewißheit dieser Definition und dieses Glaubens wiedergewinnbar? Die Zukunft der Literatur sowohl wie der humanen Erziehung hängt davon ab.

VII.
Karl Kraus

1. *Ein imaginärer Dialog*[1]

KRITIKER: Gestehen Sie, daß Sie ihn überschätzt haben. Wahre Größe ist nur in der Liebe. Der gute Blick, den er für die Sprache hat, ist auch der böse, den er auf die Menschheit geworfen. Er redet der Sprache nach dem Munde: aber meistens doch nur, um einem Mitmenschen übers Maul zu fahren. Die große Sprachnatur? Mag sein, daß Natur böse ist; aber sie ist nicht boshaft. Seine Sprache jedoch ist die zum Genialischen gesteigerte Boshaftigkeit. Ein Wort gibt das andere, und das andere gibt stets eine Ohrfeige. Was sie aber beide nehmen, ist Anstoß. Da es ihm an Liebe fehlt, ist er ungerecht; manchmal – wie ich zugeben will: selten – ungerecht bis zur Abgeschmacktheit. Hören Sie: »Ich weiß nicht, wie er zur Welt kam. Wenn durch Geburt, so muß eine Zange geholfen haben, und wenn sie half, so war sie aus Amethyst. Zur Amme fand er erst Zutrauen, als er sah, sie sei wie Alabaster.« So spricht man nicht über Hofmannsthal.

LESER: Sie haben recht. So spricht man nicht über Hofmannsthal. Woher wissen Sie, daß er Hofmannsthal meinte?

KRITIKER: Der vorgehende Satz lautet: »Die eigenen Lorbeeren ließen Herrn v. H. nicht schlafen, aber auf fremden ruhte er gern aus.«

LESER: Angenommen, Karl Kraus hätte Ihnen auch das Initial vorenthalten. An wen hätten Sie dann bei jenen Sätzen gedacht?

KRITIKER: An irgendeinen mittelmäßigen Ästheten der Jahrhundertwende, einen, der aus lauter Kulturambition und dem Mangel an eigener Natur zum prätentiösen Impresario fremder Meisterwerke wird. Gewiß nicht an Hofmannsthal.

LESER: Gewiß nicht an Hofmannsthal. Sind Sie dessen wirklich so gewiß?

1 Dieses Gespräch, geschrieben für Friedrich Torbergs *Forum* aus Anlaß des 20. Todestages von Karl Kraus (6. Juni 1956) und zugleich als »Besprechung« des im vorhergehenden Jahr bei Kösel (München 1955) erschienenen Aphorismen-Sammelbandes *Beim Wort genommen*, sei der 18 Jahre später, zum 100. Geburtstag, gehaltenen Essay-Rede vorangestellt, nicht etwa bloß, um die Haltbarkeit einer Faszination darzutun, sondern vor allem, weil der Dialog das nachher Ausgeführte vorwegnehmend ergänzt, auch wenn ich mir im Rückblick mancher – sozusagen festgemäßer – Aussparungen und Ungerechtigkeiten (besonders gegen Hofmannsthal) bewußt werde, die freilich das Wesentliche unberührt lassen. Die wenigen Wiederholungen von Zitaten habe ich des ihnen jeweils eigenen Zusammenhangs wegen nicht getilgt.

KRITIKER: Nein. Vielleicht hätte ich auch dann an Hofmannsthal gedacht, aber nur weil ... Sie machen es mir schwer.

LESER: Nicht ich. Was es Ihnen schwer macht, ist Ihr literarisches Taktgefühl, welches in diesem Fall vielleicht nur eine Form der Prüderie ist. Sie hätten dabei nicht an Hofmannsthal gedacht, weil man, wie Sie mit Recht bemerkten, so nicht über Hofmannsthal spricht, und Sie hätten dennoch an Hofmannsthal gedacht, weil seit eh und je eine Stimme, die nicht einmal man, der große Übertöner, völlig zu übertönen vermag, so über Hofmannsthal spricht.

KRITIKER: Seit eh und je?

LESER: Seit der Zeit der Tragödien Griechenlands, von denen er eine so zubereitet hat, daß sie sogleich das virtuose Opern-Tschinderassabum anlockte, die kunstvolle Kriegsmusik, die zum Kampf der Nerven gegen die Seele aufspielt; seit den Mysterien des christlichen Mittelalters, zu welchen nun dank seiner Vermittlung die Salzburger Hotelportiers Eintrittskarten im Schwarzhandel an keineswegs zur Reue gewillte reiche Jedermänner verschachern ...

KRITIKER: Seit Calderon, mit dem er auch nicht zu Rande kam; seit Goethe, über den er Feinsinniges schrieb. Ersparen Sie sich die Mühe: ich weiß es selbst. Und was die Salzburger Hotelportiers angeht, so bringt ihnen die »Zauberflöte« noch größeren Gewinn. Spricht das gegen Mozart? Ich bin nicht nur ein Kritiker. Manchmal bin ich sogar ein Leser. Ich weiß, welchen Satz von Karl Kraus Sie zitieren würden, wenn ich etwa sagte, daß der junge Hofmannsthal die ursprünglichste dichterische Begabung war, welche die deutsche Sprache in einem halben Jahrhundert hervorgebracht hat: »Manche Talente bewahren ihre Frühreife bis ins späte Alter.« Ist es Prüderie, wenn ich fühle, daß hier nichts spricht als Gehässigkeit? Und dann das: »Dieser Autor ist so tief, daß ich als Leser lange gebraucht habe, um ihm auf die Oberfläche zu kömmen.« Sagen Sie nicht, daß wir nicht wissen, welchen Autor er im Sinne hatte.

LESER: Hofmannsthal? Ich glaube kaum, daß Karl Kraus »Die Frau ohne Schatten« kannte.

KRITIKER: Wie immer dem sei, er hätte Ja und Amen dazu gesagt, daß wir es auf Hofmannsthal beziehen.

LESER: Weil er stets nur Ja und Amen sagte, auch wenn es wie Nein und Amen klang.

KRITIKER: Das Amen scheint mir fehl am Ort, wo es dem Ja sowohl wie dem Nein an Gerechtigkeit fehlt. Spüren Sie denn nicht, wie ungerecht er gegen Freud und die Psychoanalyse war?

LESER: Ich spüre es. »Psychoanalyse ist jene Geisteskrankheit, für deren Therapie sie sich hält.« Oder: »Wie der Schelm ist, so denkt der Psycholog.« Oder: »Ein guter Psycholog ist imstande, dich ohne weiteres in seine Lage zu versetzen.« Wenn das ungerecht ist, so ist es doch auch noch etwas anderes.

KRITIKER: Gewiß, ein Witz.

LESER: Sprechen Sie nicht geringschätzig vom Witz. Der Witz hat es näher zum Ernst als die Witzlosigkeit.

KRITIKER: Auch dieser? »Infantile, die seit damals nur das Beten verlernt haben, werden von Analytikern ins Gebet genommen. Am Ende können sie wieder beten: Erlöse uns von der Analyse!« Oder: »Wo man Fremdwörter vermeiden kann, soll man's bekanntlich tun. Da hört man immer von ›Psychoanalytikern‹. Als ich einmal einen zu sehen bekam, fiel mir sofort die glückliche Verdeutschung ›Seelenschlieferl‹ ein.«

LESER: Auch dieser. Oder dieser: »Den Weg zurück ins Kinderland möchte ich nach reiflicher Überlegung doch lieber mit Jean Paul als mit S. Freud machen.« Ja, auch ich spüre die Ungerechtigkeit. Sie spüren dazu wahrscheinlich auch noch, was ich nicht spüre: die Irrelevanz, und sind versucht, die Urfrage zu stellen, mit welcher das gebildete Unterscheidungsvermögen der Ahnung ursprünglicher Zusammenhänge begegnet: Wie kommt das zu dem? Dichtung ist Dichtung, heißt es, und Wissenschaft ist Wissenschaft. Und Geschäft ist Geschäft, *noch* eine jener autonomen Sphären, mit welcher unser Witz voll boshafter Ungerechtigkeit den Begründer der Psychoanalyse durch die Firmenabkürzung S. in Beziehung bringt, gerade so, als handelte es sich da um eine Reiseagentur der Seele. Sprechen wir also von der Gerechtigkeit. Als ich in jungen Jahren zum erstenmal vor einer jener spätmittelalterlichen Darstellungen des Jüngsten Gerichts stand, auf welchen Scharen von Verdammten durch das Tor der Hölle getrieben werden, während der Gott der Liebe in unberührbarer Gerechtigkeit in den Wolken thront, da heftete sich mein Auge an eine, irgendeine, der Unheilsgestalten, ein bleiches, nacktes Wesen mit aufgerissenen Augen, und ich war von der zugleich rebellischen wie lähmenden Gewißheit erfüllt, daß hier ein Justizmord begangen wird. Das darf nicht sein, sagte ich, der Mann hat gewiß moralische Verdienste. Seit jenem kindlichen Aufbegehren weiß ich, daß ein gerechtes Urteil eine *contradictio in adiecto* ist. Jedes Urteil ist ungerecht. Denn jedes Urteil spricht ein »So soll es nicht sein« über etwas aus, was ist. Was aber ist, hat einen uneinholbaren moralischen Vorsprung vor dem, was eigentlich sein sollte. Es wäre ja nicht da, wenn es in einem noch eigentlicheren Sinn nicht ein Recht zu seinem Dasein hätte. Weil dem so ist, bedarf das ganze Dasein der Erlösung. Wäre dem nicht so, könnte das Gute am sittlichen Urteil sein Genüge finden. Was aber das Urteil betrifft, so habe ich seit damals nur hinzugelernt, daß zu Zeiten nur eines noch ungerechter ist als das Urteilen: die Vermeidung des Urteils.

KRITIKER: Und deshalb nahmen Sie es in Kauf, daß Karl Kraus ungerecht gegen Freud und Hofmannsthal war? Ihre Kindergeschichte vom Jüngsten Gericht stimmt mich überhaupt bedenklich. Sind Sie nicht nahe daran, Karl Kraus in den Rang eines göttlichen Justizbeamten zu erheben?

LESER: Nein. Gott hat keine Justizbeamten.

KRITIKER: Ist das der einzige Grund?

LESER: Es wäre Grund genug. Man kann niemanden in einen Rang erheben, den es nicht gibt. Auch stand ich damals ja nicht vor dem Jüngsten Gericht, sondern vor dem Bilde eines Malers. Und Karl Kraus hatte auf seine Art teil an dieses Malers Glauben. Denken Sie doch an die Titel seiner Bücher: *Weltgericht, Untergang der Welt durch schwarze Magie, Nachts, Die letzten Tage der Menschheit, Die dritte Walpurgisnacht.* Das sind eschatologische Klänge.

KRITIKER: Gibt es eschatologische Witze?

LESER: Es gibt die pathetische Satire. Ich sagte ja, daß er auf *seine Art* ans Jüngste Gericht glaubte. Er war kein Christ. Der Gedanke an die Gnade flackerte nur dann und wann wie ein Wetterleuchten am Horizont seiner Nächte auf. »Begnadigt« mochte allenfalls die vom Menschen bedrohte Natur werden, nicht aber der Mensch, der sich anschickt, Hand an sie und sich selbst zu legen. Dieser könnte sich nur retten, indem er, sich mit der Satzung versöhnend, aufhörte zu sündigen. Eben darin blieb Karl Kraus sein Lebtag Jude.

KRITIKER: Ahasver?

LESER: Nein, er hätte den Herrn, wäre er gekommen, nicht von seiner Tür gewiesen. Er fürchtete nur, daß dem Heil der Weg versperrt sei vom Gedränge des Abfalls. Dies ist der Grund seiner Ungerechtigkeit und seiner Eitelkeit.

KRITIKER: Ah, Sie geben zu, daß er eitel war?

LESER: Wußte ich doch, daß Sie auch das noch sagen wollten. Ja, er war ungerecht und er war eitel. Bedenken Sie aber, daß jedes Urteil ungerecht und eitel ist, auch Ihr Urteil, daß er ungerecht und eitel war. Im Akt des Urteils erheben wir uns augenblicksweise über den Zustand unserer unentrinnbaren Teilhaberschaft an Irrtum, Schwäche, Sünde. Nur nehmen wir nachher die Kühnheit des Urteilsaktes wieder zurück, indem wir, wie versteckt und verstohlen auch immer, zu verstehen geben, daß es ganz so ernst ja nicht gemeint war, und natürlich könnten wir uns geirrt haben, denn Irren ist menschlich. Karl Kraus aber sagte: »*Menschsein ist irrig*« und verharrte im Urteilsakt als dem ihm gemäßen Zustand. Es gelang ihm nur, weil es ihm gemäß war, und daß es ihm gelang und gemäß war, ist ein Wunder. Aus der Perspektive seiner Zeitverstrickung betrachtet, war er eitel und ungerecht. Was dabei freilich übersehen wird, ist seine gleichzeitige Entbundenheit. Mit dem Anschein der Ungerechtigkeit büßte er die Schuld, seiner Zeit zu viel Ehre angetan zu haben, indem er sie ernst nahm; und seine Eitelkeit ist nichts als das Bewußtsein, daß er der einzige war, der ihr in allem Ernst gerecht wurde. Sie sind ein Kritiker und wahrscheinlich mit dem Fall Nietzsche-Wagner vertraut. Auf privatere und theatralischere Art hat sich dort Ähnliches abgespielt. Um aber auf Hofmannsthal zurückzukommen: nehmen Sie an, Karl Kraus habe dessen Persönlichkeit und dessen Leistung mit den Maßen Goethes gemessen.

KRITIKER: Es wäre nicht nur ungerecht, es wäre absurd.

LESER: Wenn sich dabei aber die Absurdität des zeitgenössischen Literaturgetues erwiese, und die Jämmerlichkeit einer Prätention, die das Ansinnen, ihr das Maß der Größe anzulegen, mit von Stolz geschwellter Brust zurückweist? Übrigens würde es Ihnen so schwerfallen wie mir selbst, Ihr Gefühl, daß ein solches Messen absurd wäre, zu begründen. Wenn es aber wirklich absurd ist, dann ist nichts vermessener als das Wichtigtun unserer Literatur, nichts absurder als das Gerede unserer Kritik. Weg mit dem eitlen Fant, ruft da alles, der an uns Kleinzeug die Maßstäbe der großen Adjektive anlegt, die wir übereinander in Umlauf setzen! Und gewiß wäre es in der Zwergensprache eine stilistische

Unzukömmlichkeit, Hofmannsthal nicht einen Riesen zu nennen. Es gibt aber eine Syntax, die höhere Sätze baut – so hoch, daß Giganten darin zu den allerseltensten Erscheinungen zählen, und so substantiell, daß an einem Atom ihrer Substanz die Riesensubstantive der Zwerge zerschellen. Karl Kraus war ungerecht gegen Hofmannsthal, weil sein Blick über Absicht, Bemühung und Können geradewegs auf die Substanz gerichtet war – auf die Substanz einer Zeit, in welcher Hofmannsthal groß war. Denn nicht auf Suchen und Ziel kam es Karl Kraus an, sondern auf das ursprüngliche Sein. Und weil auch von Freud die Rede war, bitte ich Sie, das folgende von Karl Kraus zu lesen: »Man sagt mir oft, daß manches, was ich gefunden habe, ohne es zu suchen, wahr sein müsse, weil es auch F. gesucht und gefunden habe. Solche Wahrheit wäre wohl ein trostloses Wertmaß. Denn nur dem, der sucht, ist das Ziel wichtig. Dem, der findet, aber der Weg. Die beiden treffen sich nicht. Der eine geht schneller, als der andere zum Ziel kommt. Irgend etwas ist ihnen gemeinsam. Aber der Prophet ist immer da und verkündet den apokalyptischen Reiter.«

KRITIKER: Das verstehe ich nicht.

LESER: Nicht einmal, daß es eitel und ungerecht ist?

KRITIKER: Sollte er sich dem Propheten vergleichen, und Freud dem apokalyptischen Reiter, so würde das meinen Begriff von Eitelkeit und Ungerechtigkeit übersteigen.

LESER: Auch den meinen. Da er es aber dennoch tut, so muß etwas Furchtbareres am Werk sein als menschliche Eitelkeit und Ungerechtigkeit. Denn nicht Freud ist das Ziel des Angriffs, sondern die psychische Existenz einer Menschheit, der die Psychoanalyse gerecht wird. Von dieser sagte Karl Kraus, sie sei der Hang des Schnorrers, das Zustandekommen von Reichtümern zu erklären. Gewiß, er nahm die Tatsache zur Kenntnis, daß seine Zeit in der Kunst des Erklärens eine erstaunliche Fertigkeit entwickelt hatte. Was ihn aber staunen ließ, war, daß es jede ihrer Erklärungen auf eine Verbilligung des erklärten Phänomens abgesehen zu haben schien. Er selber war ein Ausbund schon deshalb, weil er sich inmitten seiner politisch, historisch, wissenschaftlich, psychologisch erklärenden Zeitgenossenschaft die ganz und gar unpolitische, unhistorische, unwissenschaftliche, unpsychologische Sinnesart bewahrte. Die herrschende Wissensmethode seiner Zeit erschien ihm als eine Verschwörung der

Gründe gegen die Integrität des Phänomens. Darum sagte er von sich: »In mir verbindet sich eine große Fähigkeit zur Psychologie mit der größeren, über einen psychologischen Bestand hinwegzusehen.« Wenn ihm erklärt worden wäre, daß eine Perle das Ergebnis einer pathologischen Irritation der Auster sei, so hätte er sich darüber verwundert, was eine kranke Auster alles vermag. Er wußte aber, daß diese Erklärung bei seiner Zeit auf eine Entwertung der Perle hinauslief. Denn seither fühlte sich jeder pathologisch Irritierte als potentieller Fabrikant eines Wunders – was kann da schon viel an einem Wunder sein? Er deutete den Hang, allen Wert aus dem Unwert zu erklären, als eine perverse Alchimie, die es darauf abgesehen hatte, das Gold auf den Dreck zu reduzieren, aus welchem es geworden war. Dieser Alchimie entsprach die andere und handgreiflich gefährlichere: die schwarze Magie des Könnens, das sich dem entwerteten Sein entwand und dieses bis zur Vernichtung überwucherte. Er sagte: »Worüber ich nicht wegkomme: Daß eine ganze Zeile von einem halben Menschen geschrieben sein könne. Daß auf dem Flugsand eines Charakters ein Werk erbaut wäre.« Und er fragte: »Wer nur diese große Entschädigung: zu können, was man nicht ist, in die Welt gebracht hat.« Es war eine rhetorische Frage. Er wußte, wer. Diabolus ex machina.

KRITIKER: Er glaubte an den Teufel?

LESER: Ja, an die Maschine.

KRITIKER: Die Maschine dem Teuflischen gleichzusetzen, ist nichts als reaktionäre Verstocktheit. Die Maschine versklavt nicht nur, sie befreit auch.

LESER: Ob sie das eine oder das andere tut, liegt nicht an ihr, sondern an den Maschinisten. Maschinisten, die so viel weniger sind als die Maschine kann, sind ihre Sklaven. Maschinisten, die mehr sind als die Maschine kann, wären keine Maschinisten. Noch ehe die Maschine war, gab es Maschinisten, nämlich solche, die mehr konnten als sie waren. So erfanden sie die Maschine. Werden aber die Maschinisten im Schatten der Maschine ihr Sein je so revolutionär verändern und steigern, daß es das Können der Maschinen einholt? Eine politische Vernunft, die solches lehrt, geht über allen Glauben. Im Gegenteil, das große Thema der Zeit und der Maschine ist ja gerade die denkbar radikalste Auflösung der Substanz zum Zwecke des undenkbar größten Energiegewinns im Dienste des Könnens, welches daher schon im Ansatz und nicht erst in der Ausführung, die nur unter dem Druck der Erpressung unterbleiben wird, mörderisch ist. Dies ist des Pudels Kernphysik. Karl Kraus wußte bereits im ersten Weltkrieg, daß alles so kommen würde: »Die Seele ist von der Technik enteignet«, schrieb er damals. »Das hat uns schwach und kriegerisch gemacht. Wie führen wir Krieg? Indem wir die alten Gefühle an die Technik wenden. Wie treiben wir Psychologie? Indem wir die neuen Maße an die Seele legen.«

KRITIKER: Die Atombombe als Argument gegen Wissenschaft und Technik zu gebrauchen, wirkt nachgerade banal.

LESER: Wen die Götter verderben wollen, den schlagen sie mit dem Blick für die Banalität des Themas.

KRITIKER: Schon wieder ein Aphorismus?

LESER: Sprechen wir nicht über eine Sammlung von Aphorismen?

KRITIKER: Sie sprachen über Bomben, Prophetie und Apokalypse. So sei's denn endlich ausgesprochen: ich werde an allem, was Sie über Karl Kraus sagen, durch die aphoristische Form seiner Äußerungen irre gemacht. Aphorismen sind das eleganteste Gewand der Sprache. Wortwitz und Prophetie, Eleganz und Apokalypse – nichts könnte ungemäßer sein als diese Verbindung.

LESER: Ja, nichts könnte ungemäßer sein – wenn Sie recht hätten, seine Sprache elegant zu nennen. In Wahrheit ist sie nicht einmal gepflegt. Gepflegt ist die Sprache der Ästheten. Die seine ist ein Elementarereignis, mühselig gebändigt durch Kontemplation. Das Elementare und die Kontemplation, die Leidenschaft und die Form: diese Paarung bildet seinen Begriff der Kultur. Und dieser Begriff der Kultur bedeutet die Verneinung einer eleganten Kultiviertheit, die sich verkümmerten Wesens im Schein ergeht und deren legitimstes Gesprächsthema daher ihr eigener Gegensatz zur Natur ist. Sagte ich nicht, daß Karl Kraus nicht an Erlösung glaubte? Weil ihm die Trennung von Geist und Natur eine unbegreifliche These blieb. Er forderte Rousseau das Retourbillett ab: Kultur war ihm der Naturzustand des Menschen, Sprachklänge waren ihm Naturlaute, und Wortwitze offenbarten ihm Naturgesetze.

KRITIKER: Witze aus deutschen Worten? Klänge der deutschen Sprache? Sonderbar, dieser Glaube an die Auserwähltheit dieser einen unter den vielen historischen Sprachen.

LESER: Sie werden Karl Kraus verstanden haben, sobald Sie einsehen, wie irrelevant diese Frage ist. Wäre Dante der Erwägung zugänglich gewesen, ob es denn wahrscheinlich sei, daß unter allen Weibern gerade Beatrice den Schlüssel zum Paradies habe? – Sie sagten, der Aphorismus sei das eleganteste Gewand der Sprache. Nein, ihm waren Aphorismen wie mathematische Formeln, welche die Stimmigkeit seiner intuitiven Hypothesen über den Zustand von Welt und Zeit schlüssig bewiesen. Im offenbarten Sprachgeheimnis löste sich ihm das Rätsel von Natur und Verrat. Daher war ihm die sprachliche Geheimnistuerei zeitgenössischer Dichter ein Greuel des Verfalls. »Das Unverständliche in der Wortkunst«, schrieb er, »darf nicht den äußeren Sinn berühren. Der muß klarer sein, als was Hinz und Kunz einander zu sagen haben. Das Geheimnisvolle sei hinter der Klarheit. Kunst ist etwas, was so klar ist, daß es niemand versteht. Daß über allen Gipfeln Ruh ist, begreift jeder Deutsche und hat gleichwohl noch keiner erfaßt.« Wiegt das nicht Bände neukonservativer Kunstideologien auf?

KRITIKER: Diese sagen dasselbe.

LESER: Diese sagen das Gegenteil. Denn sie sind von Kunstpolizisten erlassen, die partout die Ruh' über allen Gipfeln wiederherstellen wollen, indem sie den Sturm ignorieren, zu dessen Aussaat sie selber manchen Wind beisteuerten. Auch werden sie nur insofern ihr Ziel erreichen, als ihr bloßes Dasein die Einebnung der Gipfel befördert. Treffen sie aber manchmal das Richtige, so wurde auch das von Karl Kraus vorausgesehen: »Viele werden einst recht haben. Aber es wird Recht von dem Unrecht sein, das ich heute habe.«

KRITIKER: Nein, es fällt nicht leicht, den Verdacht der Eitelkeit zu unterdrücken.

LESER: Gewiß nicht leichter, als sich über den Eitlen einig zu werden. Auch diese Schwierigkeit sah er voraus.

KRITIKER: Aphoristisch?

LESER: Ja. »In keiner Sprache kann man sich so schwer verständigen wie in der Sprache.«

2. Die Ethik der Sprache

Wiener Rede zum 100. Geburtstag des Satirikers

Die *Sprache* heißt der postum veröffentlichte Band von Karl

Kraus, der Betrachtungen über eben sie enthält sowie Satiren auf diejenigen, die sie im Sprechen und Schreiben verletzen und beleidigen. Es könnten so aber auch viele seiner anderen Bücher heißen: »Die Sprache« oder auch »Die Apokalypse«. Denn stets untersuchte er die Sprache, die sein Zeitalter schrieb und sprach, und damit auch die Geistesverfassung derer, die, indem sie schrieben und sprachen, sie erniedrigten; und weil diese die Beherrscher der Epoche waren, stand Apokalyptisches bevor. Dies war die Logik von Karl Kraus' Untersuchungen. Jedoch hatten seine Sätze nichts vom Tonfall biblischer Verkündigung. Die Szene war Wien und nicht Babylon, die Zeit nicht der Jüngste Tag, sondern das jeweilige Heute und Gestern. Dennoch schrieb er: »Ich höre Geräusche, die andere nicht hören und die mir die Musik der Sphären stören, die andere auch nicht hören.« Der störende Lärm war das Gerede und das Sprechen der Prominenten des öffentlichen Lebens; es war auch das Gefasel und das Geraschel des Zeitungspapiers; der Dialekt der Vorübergehenden, der Trinkgeldnehmer in den Restaurants, in denen er aß, der Eisenbahnpassagiere, mit denen er das Coupé teilte, und der patriotischen oder rebellischen Fahnenschwinger auf den Plätzen der Stadt. Für ihn war dies wie das Gekrächze von Krähen, die Böses verheißen; die Sphärenmusik aber war das kaum hörbare Echo, das ihm aus einer Zeitenferne rief, in der, wie er gläubig wähnte, die wahre Ordnung von Natur und Geist beschlossen war. Im dreisten Frevel an dieser Ordnung – ein Frevel alltäglich verübt – war der Untergang beschlossen.

Dessen Anzeichen, die sein Ohr immer deutlicher vernahm, waren der Gegenstand der *Fackel*, seiner berühmten und gefürchteten Zeitschrift, die er 1899 zum ersten Mal erscheinen ließ und alsbald ganz allein schrieb. Auch verkünden ihn schon die Titel seiner Bücher: *Weltgericht, Der Untergang der Welt durch schwarze Magie*; vor allem aber der Name, den er seinem umfänglichsten Buch gab, der schier unerschöpflichen Versammlung von Episoden aus der Zeit des Ersten Weltkrieges: *Die letzten Tage der Menschheit.* 800 Seiten hat das Werk, das während der Kriegsjahre entstand; 13 davon füllt allein das Personenverzeichnis. Seine Aufführung, sagte Karl Kraus, würde zehn Abende in Anspruch nehmen. Nicht deshalb aber war es einem »Mars-Theater« zugedacht, sondern weil – wie er die Empfindlichkeit des Publikums zugleich überschätzend und aufstachelnd – im Vorwort schrieb, »Theatergänger dieser Welt ... ihm nicht standzuhalten« vermöchten. Denn es ist »Blut von ihrem Blut« – nicht von dem, das sie selbst vergossen, sondern das sie oder ihrer Herrscher Übeltaten strömen ließen – »und Spiegel jener wirklichen, undenkbaren, keinem wachen Sinn erreichbaren, keiner Erinnerung zugänglichen und nur im blutigen Traum verwahrten Jahre«. Der Schrecken des Krieges aber war nicht nur in seinen Gewalttaten, seiner Grausamkeit, seinem Gemetzel; er war vor allen in den Besetzungslaunen eines anonymen Regisseurs, der »Operettenfiguren die Tragödie der Menschheit« spielen ließ. Diese Inkonsequenz war das unerschöpfliche Thema von Karl Kraus.

Unsere Phantasie hatte sich zu lange von den Überbleibseln der Renaissance und der Romantik ernährt. Unterwiesen von jener Vergangenheit, nahmen wir an, daß die großen Erhebungen der Geschichte allein von heroischer Größe verursacht wurden, und verließen uns darauf, daß unsere Sicherheit im Mediokren lag und im Trivialen die versicherte Gemächlichkeit unseres Alltags. Karl Kraus' Satire aber erkannte die infernale Dimension der Inferiorität, den gigantischen Schatten, den Zwerge zu werfen verstehen, und fühlte die Eiseskälte, mit welcher die wohltemperierte Banalität Sprache und Welt erfrieren macht.[2] So nahm er das Phänomen Adolf Hitler vorweg, die Vulgärstimme mit der Höllenresonanz, an der die Sprachtaubheit der Nation hellhörig zu werden vermeinte; und lange schon vor 1914 erkannte Karl Kraus an der Blutarmut des Zivilisationsbetriebs, daß ein großes Blutvergießen bevorstand, und hörte der lauten Langeweile der Epoche, der zu jeder Staubaufwirbelei bereiten, das Gestampfe marschierender Armeen ab.

Als es den Krieg in der Wirklichkeit gab, schrieb und sprach er die berühmte Anklage, die mit eben diesem Thema beginnt – und einem Satz, der, wie es scheint, so lang sein wollte, wie es die Pein jener Jahre war: »In dieser großen Zeit, die ich noch gekannt habe, wie sie so klein war«, einer Zeit, »in der eben das geschieht,

2 Dieses Thema behandelt mein Essay über Karl Kraus in *Enterbter Geist* (Suhrkamp Verlag, Frankfurt a. M. 1954) viel ausführlicher (S. 348 ff.): »... daß die Dämonie der Mediokrität die Signatur dieses Zeitalters ist«. Dennoch hat mich die im Titel von Hannah Arendts Buch über Eichmann erscheinende »*Banality of Evil*« sogleich beunruhigt. Banal ist nicht das Böse, sondern die »ihre Pflicht« erfüllenden Bösewichte, die ausübenden Organe des Bösen. In einem meiner letzten Gespräche mit ihr stimmte sie dem zu.

was man sich nicht vorstellen konnte, und in der *geschehen* muß, was man sich nicht *vorstellen* kann, und könnte man es, es geschähe nicht«. Die große Zeit also, welche groß war nur in den Phrasen zahlloser Leitartikler, Volksredner und – Gott sei's geklagt! – Dichter, die Europas schwindligen Abstieg ins Schändliche zum Höhenrausch des Zeitalters emporlogen, war in Wahrheit immer noch so klein, wie der Satiriker sie längst schon kannte. Gewiß, täglich und stündlich geschah das Unvorstellbare, eben das, was die Vorstellungskraft der Täter unsäglich überstieg und nur deshalb geschah. Denn hätte es die Phantasie gegeben, sich das vorzustellen, die Epoche wäre so klein nicht gewesen, es geschehen zu lassen. Dieser Abfall der Tatsachen von der Vorstellungskraft verursachte den Hohlraum, in welchem die Trivialität zur Dämonie gedieh. Karl Kraus maß ihn mit den Maßen der Sprache. Schon der lange erste Satz: »In dieser großen Zeit . . .« kommt fast an das Ziel von Karl Kraus' lebenslänglicher Bemühung: sich der Sprache nicht etwa nur als Ausdrucksmittel des Denkens zu bedienen, sondern sie so zu sprechen, daß *sie selbst* zur Sache zu sprechen scheint, den Rhythmus der Ereignisse, von denen sie berichtet, in ihren eigenen Rhythmus aufnimmt, und eine Wortfolge zum Spiegel der Welt macht, indem sie sie beschreibt – zum Spiegel der Welt sowohl wie zum Urteil darüber. Auch deklariert das Ende dieses Satzes die Methode dieses Sprachverfahrens: ». . . in dieser lauten Zeit, die da dröhnt von der schauerlichen Symphonie der Taten, die Berichte hervorbringen, und der Berichte, welche Taten verschulden: in dieser da mögen Sie von mir kein eigenes Wort erwarten.«

»Kein eigenes Wort«, sondern nur das Zitat jener Berichte, die Taten verschulden, der Berichte der Kriegsberichterstatter und des Geredes der Kriegsgewinnler und des Geschreibes der Journalisten. »Kein eigenes Wort«, nur das Zitat, aber freilich das von *ihm* zitierte Zitat; und das hieß, daß das Wort in eine andere Lebenssphäre und Luft versetzt wurde, aus derjenigen, in welcher es nichts als log, in die, in welcher die Maske seiner Verlogenheit abfiel und die Wahrheit an den Tag kam. Es mag sein, daß dieses ernste Mitternachts-Maskenspiel nur im Deutschen möglich ist: »Es handelt sich in diesem Kriege . . .«, so beginnt in den *Letzten Tagen der Menschheit* der Optimist in einem der chorusartig wiederkehrenden Dialoge mit dem Nörgler eine seiner vielen Rechtfertigungen der von Österreich in die Wege geleiteten Katastrophe, worauf ihm der Nörgler ins Wort fällt: »Jawohl, es handelt sich in diesem Kriege.« Karl Kraus sagte von der deutschen Sprache – im unbewußten Einvernehmen mit Goethe –, sie sei die tiefste aller Sprachen, auch wenn die deutsche Rede die seichteste ist. Goethe meinte, diese »so wunderliche Sprache« (zu Schiller im Brief vom 15. Dezember 1795) sei selbst den subtilsten Regungen der Seele so fügsam, daß sie sich auch in den Geist aller anderen Sprachen einzufühlen vermag. Derjenige, sagte er am 10. Januar 1825, der »das Deutsche gut versteht«, kann »viele andere Sprachen entbehren«, denn Übersetzungen ins Deutsche vermögen besser zu sein als alle anderen. Und es ist gewiß wahr, daß im Vergleich mit der unvermeidlichen sprachlichen Unbeholfenheit von Goethes *Faust* in englischer Übertragung *Hamlet* auf deutsch fast ein deutsches Drama ist; und das Denken irgendeines Philosophen in der Welt im Deutschen wiederzugeben, ist Kinderspiel, gemessen an den unüberwindlichen Hindernissen, die sich etwa einem englischen Übersetzer von Hegel oder gar Heidegger entgegenstellen. Weder die logische Theorie Wittgensteins, daß die Sprache in ihrer strengsten logischen Struktur ein *Spiegelbild der Welt* sei, noch Heideggers Lehre, sie sei »das Haus des Seins« hätten in einer anderen Sprache als der deutschen erdacht werden können. Denn das Deutsche ist »die tiefste« aller Sprachen – oder scheint es zu sein, ein Unterschied, der im Glauben sowohl wie in der Liebe sich verflüchtigt. Karl Kraus ist im ganzen unübersetzbar.

Nüchtern – und also nicht unbedingt verläßlich – betrachtet, mag es sich so damit verhalten, daß das Hochdeutsche, das später als das Französische oder Englische zu einer modernen Literatursprache wurde, ein Jüngling unter den Sprachen ist, bildbar und stets bereit, das noch nicht oder schon nicht mehr Sagbare, das unter *allen* Sprachen begraben liegt, an der Oberfläche seines Sagens sich bemerkbar machen zu lassen: Deutsch ist vulkanisches Sprachland. Auch ist nichts leichter, als diese Sprache zu verführen: Genies, Idioten und Schuften ist es immer wieder gelungen. Freilich ist keine Sprache gefeit gegen die Verderbnis durch lügnerische Rhetorik oder betrügerische Vorspiegelung, die deutsche aber leistet den geringsten Widerstand. Keine Übersetzung von Hitlers rhetorischer Rattenfängerei – die nicht wie diejenige der Sage die Stadt von den Ratten befreite, sondern die Ratten auf die Städte losließ – vermochte die Unterweltstöne seines Redens wiederzugeben. Wäre es gelungen, der Widerstand der Welt hätte vielleicht früher eingesetzt und weniger gekostet. Und wenn es erlaubt ist, jäh vom Infamen zum Sublimen hinüberzuwechseln: lyrischer Dichtung können Übersetzungen sich bestenfalls annähern; Hölderlins späte Gedichte aber sind auf unvergleichliche Art unnahbar. Auch ist jede Sprache der Läuterung durch die poetische Lauterkeit eines Dichters fähig; das Epigramm des Karl Kraus über sein Liebesverhältnis mit der Sprache wäre jedoch exzessiv, wenn es nicht von ihm wäre und deutsch:

> Sie war eine dreiste Dirne,
> die ich zur Jungfrau gemacht.

»Kein eigenes Wort«, sondern nur das Zitat. Sein Zitieren aber war alchimistisch und verwandelte das zitierte Material in den Stoff, aus dem die Kunst gemacht ist. »Die unwahrscheinlichsten Taten, die hier gemeldet werden«, heißt es im Vorwort zu den *Letzten Tagen der Menschheit,*

> ... sind wirklich geschehen; ich habe gemalt, was sie nur taten. Die unwahrscheinlichsten Gespräche, die hier geführt werden, sind wörtlich gesprochen worden; die grellsten Erfindungen sind Zitate ... Das Dokument ist Figur; Berichte erstehen als Gestalten. Gestalten verenden als Leitartikel; das Feuilleton bekam einen Mund, der es monologisch von sich gibt; Phrasen stehen auf zwei Beinen – Menschen behielten nur eines. Tonfälle rasen und rasseln durch die Zeit und schwellen zum Choral der unheiligen Handlung, Leute, die unter der Menschheit gelebt und sie überlebt haben, sind als Täter und Sprecher einer Gegenwart, die nicht Fleisch, doch Blut, nicht Blut, doch Tinte hat, zu Schatten und Marionetten abgezogen und auf die Formel ihrer tätigen Wesenlosigkeit gebracht. Larven und Lemuren, Masken des tragischen Karnevals, haben lebende Namen, weil dies so sein muß und weil eben in dieser vom Zufall bedingten Zeitlichkeit nichts zufällig ist. Das gibt keinem das Recht, es für eine lokale Angelegenheit zu halten. Auch Vorgänge an der Sirk-Ecke sind von einem kosmischen Punkt regiert.

Wo das Soziologische, das Psychologische und neuerdings das

Vulgär-Dialektische im Schwange ist, herrscht Mangel an »kosmischen Punkten«; jedoch ist es keine *façon de parler*, wenn Karl Kraus so spricht. Systematische Theologie war seine Sache nicht; dennoch lebte er sein Leben und schuf sein Werk aus einer Glaubensmitte so fest, daß sie selbst dem schärfsten Definiersinn widersteht. Die Glaubensmitte, der »kosmische Punkt«: für ihn ist es der Schnittpunkt – in der Sprache T. S. Eliots, »*the point of intersection*« –, wo der Geist auf die Natur trifft und die Welt zum Worte kommt. Vage? So vage nicht, bedenkt man die sprachliche Präzision, die diese Perspektive zeitigte: wie da, trotz der scheinbaren satirischen Verzerrung – nein, dank ihrer – die Geschichte seiner Zeit ihr wahres, oder doch ihr anderes Gesicht zeigte, nämlich die Züge des Verrats an jenem undefinierbaren Ursprung, den er bei seltenster Gelegenheit mit dem Namen Gottes benannte:

> Nicht Gott, nur alles leugn' ich, was ihn leugnet,
> und wenn er will, ist alles wunderbar.

Wunderbar sind dann nicht nur die Glockenblumen, Schmetterlinge und wohlgesinnten Täler von Karl Kraus' lyrischen Augenblicken, sondern ist vor allem die unverderbte Sprache. Wer das, was in und mit der Sprache geschieht, nur nach der Grammatik oder Ästhetik beurteilt, hat es schwer, zu verstehen, daß sie für ihn das höchste Organ der Sittlichkeit war, gerade weil sie, wie nichts sonst in der Menschenwelt, zum Werkzeug des böswilligen Verschweigens, der Lüge und der Falschheit taugt. Als lange vor Karl Kraus das Unwesen journalistischer Sprachverhunzung sich zu verbreiten begann und alles zugriff, wie Schopenhauer schrieb, »die Sprache zu demolieren«, machte sich des Philosophen Zorn darüber noch mit der lutherisch-polternden Unmittelbarkeit Luft, nach der Art von »Das Wort sie sollen lassen stahn«, die seinem Temperament sowohl wie jener ersten Zeit des Sprachelends entsprach: Wie die Schuljungen, schimpfte Schopenhauer, müßte man diese gewissenlosen Tintenkleckser züchtigen. Der Grund der großen Empörung aber war bei Karl Kraus derselbe wie bei Schopenhauer, auch wenn der Spät- und Endzeit der »letzten Tage« nicht mehr die einfache Direktheit Schopenhauers zustand. »Zurück mit den Tatzen!« befahl dieser, denn das »ist die deutsche Sprache! in der *Menschen* sich ausgedrückt, ja, in der große Dichter gesungen und große Denker geschrieben haben« (§ 283 des zweiten Teils von *Parerga und Paralipomena*). Dies ist ohne allen Zweifel die eine Seite der Sprachethik: in der Sprache ist die Tradition alles Sprechens, Dichtens und Denkens aufbewahrt. Wir haben sie nicht erworben, wie man eine Ware des Tagesbedarfs erwirbt; geerbt haben wir sie, und zwar mit der unentrinnbaren Auflage, sie weiterzuvererben. Sie ist Gemeinbesitz wie die Erde und die Luft, und wie es ihr bei uns ergeht, bereichert die Erben oder verkürzt, ja verdirbt ihr Erbgut. Grund genug, behutsam mit ihr umzugehen.

Diese ethische Sache hat aber ein »Andererseits«, mit dem es eine höchsteigene Bewandtnis hat – und »höchsteigen« ist das *mot juste*. Denn wenn ein im Lesen Bewanderter Goethe liest oder Karl Kraus, so weiß er im Nu, nicht nur daß er Deutsches liest, sondern eben Goethe oder Karl Kraus. Oft genügt ein einziger Satz. »In keiner Sprache kann man sich so schwer verständigen wie in der Sprache.« Es versteht sich, daß das von Karl Kraus ist, denn es hat das unverkennbare Gepräge seines aphoristischen Schreib- und Denkstils. Stil: das ist das Ergebnis der Spannung zwischen der unbegrenzten Allgemeinheit der Sprache, die jedem gehört, und der unvermeidlichen Abwandlung, sei diese nun Steigerung oder Minderung, die sie durch den Charakter und die Sensibilität des einzelnen erfährt. Wenn einer wie Karl Kraus von sich sagt, die Sprache sei für ihn die Wünschelrute, die zur Quelle des Gedankens führt, so lebt er gewiß auf eine ganz andere Weise in der Sprache als derjenige, dem Worte nichts sind als vorgefundene Chiffren für das, was er sich gerade so denkt. Auch legt sich dieser keine Rechenschaft darüber ab, daß diesseits der Musik, der Mathematik und formalen Logik alles Denken Sprachdenken ist, weshalb er denn oft eilends – besonders wenn er es auf die Erforschung der Gesellschaft oder der Psyche abgesehen hat – in den Wissenschaftlichkeit vortäuschenden Jargon flüchtet, dieses beklagenswerte Fabrikat der Ungeduld, die es verabsäumt, in der Sprache zu Ende zu denken. Nein, das Neue, Besondere, Persönliche – mit einem: der Stil – sei darin wie das in jedem Fall individuell unterscheidbare Gesicht eines Menschen, daß es mit all seinen Unterschieden in der Allgemeinheit des Begriffs »Gesicht« verharrt. Nur weil dem so ist, ist sein Eigentümliches interessant. Wäre aber seine Eigenart so ausgefallen oder monströs, daß man zweifeln müßte, ob es überhaupt noch ein Gesicht ist, wendete man sich mit Verlegenheit oder Widerwillen davon ab.

Dies gilt auch für das individuelle Sprachgebilde: »Das Unverständliche in der Wortkunst«, schrieb Karl Kraus, »darf nicht den äußeren Sinn berühren. Der muß klarer sein, als was Hinz und Kunz einander zu sagen haben. Das Geheimnisvolle sei hinter der Klarheit. Kunst ist etwas, was so klar ist, daß es niemand versteht. Daß über allen Gipfeln Ruh ist, begreift jeder Deutsche und hat gleichwohl noch keiner erfaßt.« So wies Karl Kraus alles zurück, was in der unglücklichen Folge von Symbolismus und Expressionismus mit Geheimnistuerei, Syntaxzersplitterung und Wortklangemanzipation sich dort ansiedelte, wo einstmals die Lyrik wohnte, eben jene, deren unauflösbares Geheimnis hinter der Klarheit des vordergründigen Wortsinns beginnt. Für ihn war diese Originalität der Nichts-als-Originellen – wer weiß denn heute noch, daß Originalität Ursprungsnähe bedeutet? – der Verstoß gegen eben jene Sittlichkeit, die Ethik der Sprache, die ihn als Dichter zum »Epigonen« machte: zu einem, der, wie er es im Vers sagte, im alten Haus der Sprache wohnte. Denn dieses Haus stand »am Ursprung«, der ihm das Ziel war. In seinem berühmten Epigramm »Zwei Läufer« sieht er zweifellos sich selbst als einen der beiden; nicht als den, der dreist wie der Fortschritt selbst läuft: aus dem Nirgendwo der Bindungslosigkeit kommt er und leicht erreicht er sein Ziel. Denn dieses liegt nur noch ein wenig weiter im Nichts. Sondern er sieht sich als den, der vom Ursprung kommt, dem Garten vielleicht, in dem der Mensch so gut war wie alle Werke Gottes und eine Sprache sprach, welche die hohe Vollkommenheit der Schöpfungen des Anfangs hatte, des Baus der Bienen und der Nester der Vögel. Und dieser Läufer, bangen Herzens die Verirrung der Seele und der Sprache ins fortgeschrittene Nirgendwo fürchtend, stirbt am Wege. Die Abschlußzeilen des Epigramms aber sagen von ihm:

Und dieser, dem es ewig bangt,
Ist stets am Ursprung angelangt.

T. S. Eliot, in manchem ein späterer angelsächsischer Verwandter von Karl Kraus, hatte dasselbe im Sinn, als er sein Gedicht »*East Coker*«, das überlieferte Wort der unglücklichen schottischen Königin auf dem Schafott variierend, mit »*In my beginning is my end*« anheben ließ. »Mein Ursprung ist mein Ziel« ist die sinngemäße Übersetzung; und darauf folgen im Eliotschen Gedicht als Gegensatz die dürren Vokabeln der Ursprungsleugnung, des Fortschritts. Da gibt es die Häuser, die schnell in die Höhe schießen und wieder eingerissen werden, damit Platz wird für die Leere oder für eine Fabrik oder für eine Umfahrstraße oder für die Unordnung schlechthin – also das durch und durch Unethische. Denn alle Ethik hat ihren Grund in der Intuition einer naturgegebenen Ordnung, weshalb sie ja Immanuel Kant im »Beschluß« seiner *Kritik der praktischen Vernunft* in Beziehung setzte zum gestirnten Himmel über uns, dem großen Ordnungsgefüge, das auf griechisch Kosmos heißt. Und ist auch die Sprachordnung bei weitem wandelbarer als die kosmische, so hatte sie für Karl Kraus doch die Kraft eines kategorischen Imperativs. »Welch ein Stil des Lebens möchte sich entwickeln, wenn der Deutsche keiner andern Ordonnanz gehorsamte als der der Sprache!«, schrieb er; und auch, daß nichts törichter wäre, »als zu vermuten, es sei ein ästhetisches Bedürfnis, das mit der Erstrebung sprachlicher Vollkommenheit geweckt oder befriedigt werden will.« Nein, ihm war es ein Gebot der Sittlichkeit, obgleich er zugleich auch wußte, daß sie, die Wandelbare und Vielgeliebte, wie Pandora war oder Helena: ein »Wahn« also, ja eine »Chimäre« im Ablauf von Welt und Geschichte, dem ihr Verfallenen aber, dem großen Liebenden, das verpflichtend-unwandelbare Bild der Ewigkeit. Er bezeichnete dieses Paradox von Illusion und Liebe, Wähnen und Treue mit einem Satz: »Die Sprache ist die einzige Chimäre, deren Trugkraft ohne Ende ist, die Unerschöpflichkeit, an der das Leben nicht verarmt. Der Mensch lerne, ihr zu dienen.«

Also verabscheute er die Kunstideologie seiner Zeit, die das Sprachgebilde allein als »ästhetisches Phänomen« ansehen wollte. Im Gegenteil: »Ethik und Ästhetik sind Eins.« Man mag sich darauf verlassen, daß dieser Satz, der im Paragraph 6.421 von Wittgensteins *Tractatus Logico-Philosophicus* findet, so nicht dastünde, wäre der Wiener Philosoph nicht bei Karl Kraus in die Schule gegangen.

Karl Kraus' Sprachsensibilität beruhte auf diesem Einssein von Ethik und Ästhetik. Die ethische Radikalität seiner Satire ist unablösbar mit seiner Sprachkunst verbunden und hat mit aller anderen Kunst gemeinsam, daß sie hoch über ihren Gegenstand hinausreicht. So wie *King Lear* unvergleichlich mehr ist als die

Darstellung der Narrheit und des Leidens eines alten Mannes, so geht die Satire weit über den Anlaß hinaus, der sie reizte. Wäre dem nicht so, sie verschwände mit diesem Anlaß. Ein satirisches Werk aber, dem es gelingt, zum Rächer des Skandals zu werden, erlöst ihn sozusagen vom Zeitlich-Skandalösen durch die Vollkommenheit der satirischen Kunst und überlebt ihn mit dem Leben der Sprache selbst. Nur die Ältesten erinnern sich noch an eine Wiener Kriegsberichterstatterin namens Alice Schalek. Aber in den *Letzten Tagen der Menschheit* lebt sie noch immer als geradezu mythologische Figur, zusammen mit all den anderen Journalisten, Politikern, Industriellen, Bankiers, Generälen, Zeitungsabonnenten, Kriegsgewinnlern, die das Drama bevölkern, nicht zu vergessen die Hinaufgeher, die sich's oben richten: Nicht zu vergessen sind sie, diese Vergessenen, weil Karl Kraus sie in Figuren des satirischen Werks verwandelte.

Ob aber die Negativität, die in der Natur der satirischen Sache zu liegen scheint, diese nicht zu einer ephemeren machen muß? Dies wäre gewiß so, wenn das Nein des Satirikers nicht nur die Kehrseite seiner Bejahung wäre. In Wahrheit war die Alice Schalek für Karl Kraus nur eines der vielen Hindernisse – kleiner Hindernisse an und für sich, aber unübersehbar zahlreicher –, die dem Guten im Wege stehen. Karl Kraus' geistige Existenz war nämlich auf den Glauben gegründet, daß der Mensch die Macht habe, den Schöpfungsgedanken zu vereiteln. Sünde erschien ihm allmächtig und das Heil nicht in der Gnade, sondern allein im gehorsamen Dasein: er war ein großer Jude. Freilich, wenn Gott will, »ist alles wunderbar«; er wurde aber den Verdacht nicht los, daß Gott an solchem Wollen verhindert war, solange die Gottlosigkeit herrschte. So wurde seine Satire immer wieder zur Sprachform jener »*modern ecstasy*«, der zeitgemäßen Ekstase, von der es in Shakespeares *Macbeth* heißt, sie komme aus der großen Trauer, in welche das mörderische Übel das Land, »*the poor country*«, gestürzt hatte. (Es steht all das, nebenbei bemerkt, bei Shakespeare an derselben Stelle, die Bertolt Brechts sehr eindrucksvolle Gedichtworte enthält: diejenigen von dem Lachenden, der nur deshalb noch lacht, weil er die furchtbare Nachricht noch nicht empfangen hat. Bei Shakespeare heißt das: »*where nothing, / But who knows nothing, is once seen to smile*«.) *Modern Ecstasy*: Schiller nannte eine solche Satire »pathetisch«. Sie fließt, schrieb er in der Abhandlung »*Über naive und sentimentali-*

sche Dichtung« »aus einem Gemüte . . ., welches von dem Ideale lebhaft durchdrungen ist«. Der Ursprung der pathetischen Satire sei das »tiefe Gefühl moralischer Widersprüche« und der »glühende Unwille gegen moralische Verkehrtheit«: bei Juvenal, Swift, Rousseau, Haller wird jenes Gefühl und dieser Unwille zur Begeisterung. Und Schiller fügt hinzu, daß »die nämlichen Dichter mit demselben Glück auch in den rührenden und zärtlichen Gattungen gedichtet« hätten, wären sie nicht an der »Erfahrung eines ausgearteten Zeitalters« und der »schauderhaften Erfahrung moralischer Verderbnis« zu pathetischen Satirikern geworden. Davon, daß Karl Kraus auch bei den »rührenden und zärtlichen Gattungen« ein und aus ging, zeugen seine neun *Bände in Versen.* Darin sind nur manche Verse die Fortsetzung der Satire mit anderen – nämlich gereimten – Mitteln. Das meiste sind Gedichte – »Epigonen«gedichte, versteht sich –, in welchen manchmal sogar die Luft des Ursprungs weht und das von weither kommende lyrische Gefühl das rechte Wort findet:

> Nun zieht nach ungewohnter Weise
> die Seele auf die lange Reise
> allein.

»Ursprung« – das klingt nach mystischer Initiation; und meinte dieser »Läufer« auch, daß er dem Ursprung näher war als seine fortgeschrittenen Zeitgenossen, so blieb ihm doch alle Mystik fremd – zum Unterschied von T. S. Eliot. Nein, er war kein Mystiker, insofern das Mystische zuletzt im Schweigen des Unsagbaren endet. Er glaubte vielmehr – Ethiker der Sprache, der er war – an die Sagbarkeit alles dessen, was ist: Krieg, Totschlag, Geld, Hunger, Journalist, Lüge, Maschine, Infamie, aber auch Baum, Wasserfall, Hund, Liebe und die Sommerabendstille über den Bergen. Alles, was jenseits der Sprache lag, mochte es auch den Menschensinn mit undeutlicher Sehnsucht ins Unbekannte und Sprachlose locken, betrachtete er mit Argwohn. Es schien ihm nicht unwahrscheinlich, daß es sich als so dümmlich und kindisch erweisen würde wie die Bubenstreiche der Gespenster, die von jenseits der Gräber den Spiritualisten ihre Aufwartung zu machen pflegen. Er war in seinen späteren Jahren ein Widersacher Stefan Georges; dennoch hätte er wie dieser befehlen können: »Kein ding sei wo das wort gebricht«, nur daß er dem Wort den großen Anfangsbuchstaben gelassen hätte. (Als die deutschen Zustände dieses Verbot überschritten und »unsäglich« wurden, da hatte, wie sich zeigen sollte, für Karl Kraus jener Teil der Welt sich selbst überlebt oder übertötet.)

Viel gibt es, was niemals noch gesagt worden ist; aber doch nur, weil es von der »Wünschelrute« der Sprache noch nicht erreicht wurde. Eines Tages wird sie es finden. Denn jede Wahrheit, die uns wahrhaftig zugedacht ist, ist bereits in der Welt, auch wenn sie sich noch in den Mantelfalten der Sprache verbirgt. Sie wartet nur, glaubte Karl Kraus, auf die große Sprachliebe, die sie entdeckt. Kein Wunder, daß er sich fast ausnahmslos über die Wort-Revolutionäre seiner Zeit entsetzte, all diese Expressionisten und Dadaisten und Surrealisten, die die Worte, die Grammatik und die Syntax spalteten und in gelangweilter Neugier vergeblich darauf aus waren, der verwüstenden Explosion ein paar interessante Sprachpartikel abzugewinnen. Sowohl die Poesie wie die Satire des Karl Kraus ist von seinem Vertrauen auf die natürliche Gnade der überlieferten Sprache, ja die Gleichung von Sprache und menschlicher Natur durchdrungen. Er war überzeugt, daß die Korruption des Menschlichen sich augenblicklich in der Korruption der Sprache zeigt. Darum ist seine Satire – ganz im Sinne Schillers – eine Art von umgekehrter Poesie. Wenn Aristoteles lehrte, daß die einzigen würdigen Protagonisten der tragischen Poesie Könige und Prinzen seien – denn nur im Sturz von den Höhen des Lebens offenbarte sich das Schicksal des Menschen in seiner ganzen Tragik –, so entdeckte eben Karl Kraus die eigentlich moderne Tragödie, indem er die nun mit dämonischen Attributen ausgestattete Mediokrität die verlassenen Königsthrone besteigen sah.

> Meiner Sendung Amt
> Ließ manches mich erleben hier in Wien;
> Ich sah, wie hier Verderbnis dampft und siedet
> und überschäumt.

So steht es in Shakespeares *Maß für Maß*. Das Stück war im Repertoire des »Theaters der Dichtung«, das Karl Kraus gründete, wenn »Gründung« die rechte Bezeichnung ist für den Entschluß, seine große Gabe des dramatischen Vortrags in den Dienst großer Dichtung zu stellen. Er wollte der Sprache der dramatischen

Poesie wieder zu ihrem Recht verhelfen, denn sie war fast unhörbar geworden in der immer geräuschvoller werdenden Maschinerie der kommerziellen Bühne, und bis zur Ohnmacht geschwächt durch die immer »naturalistischere« – das heißt respektlosere – Sprechweise der Schauspieler. Seine Bühne war leer. Nur Vorhänge gab es, die die Wände bedeckten, und dann noch den Tisch, an welchem er saß. Seine Stimme, sein Gesicht und die Gestik seiner Hände war alles, was es an »Inszenierung« gab, und doch war der Raum voll von den Geschöpfen der poetischen Einbildungskraft. Wie der Chorus von Shakespeares *Heinrich V* verließ er sich darauf, daß es Wort und Stimme gelingen müsse, »auf dies unwürdige Gerüst« »solch großen Vorwurf« zu stellen, wie es die Siege und Niederlagen des Menschen in einer Welt sind, in welcher ohne Ende Krieg geführt wird und die doch wieder plötzlich befriedet ist, wenn Liebende in der Poesie ihrer Liebe nicht wissen, ob draußen die Nachtigall singt oder die Lerche.

Karl Kraus begann damit, auf seiner kleinen Bühne seine eigenen satirischen Szenen, Diatriben, Aphorismen und lyrischen Gedichte vorzulesen, aber auch zeitgenössische Werke, die er liebte: Gerhart Hauptmanns frühe Dramen und Frank Wedekinds Stücke; oder Gedichte von Liliencron, Georg Trakl und Else Lasker-Schüler, der exzentrischen jüdischen Dichterin, der Visionen und die Mühen von Sprache und Armut das Leben schwer machten. Als Karl Kraus einmal eine Benefiz-Vorlesung für sie gab, sagte er, daß sie mit ihren eigenen Träumen in einem ganzen Jahr nicht so viel verdient wie ein Psychoanalytiker an einem Tag mit den Träumen anderer. Bald aber herrschte, abgesehen von Goethe und seinem eigenen Urverwandten Nestroy, vor allem Shakespeare in seinem Theater. Die Übersetzungen von Schlegel und Tieck – Deutschlands größte und dauerhafteste Eroberung fremden Gebiets; alle späteren Shakespeare-Eindringlinge wurden, wie der Ablauf der Zeit offenbar machen wird, sogleich in die Flucht geschlagen – richtete er nur hie und da für seine Soloaufführungen ein, und zwar stets mit dem behutsamen Takt eines Dichters. (Was von seiner Vortragskunst im Film zu sehen und zu hören ist, ist wie ein Gespenst der wirklichen. Eine Intensität, die durch die flache, kalte, geradezu tückisch mangelhafte Mechanik die Aura des lebendigen Menschen einbüßt, erweckt unvermeidlich den Eindruck der Hysterie, und ein Pathos, dem seine Welt abhanden gekommen, gerät unversehens in die

Nähe desjenigen, das lachen macht. Die Wirklichkeit war anders.)

Daß seine Satire in solcher Nähe zur Dichtung lebte, erklärt das Schwanken seiner scheinbar politischen Sympathien, eine Unverläßlichkeit, die manche seiner Leser unwillig machte. Es verhält sich aber so, daß er niemandes politischer Bundesgenosse war. Freilich schrieb er vieles, was politisch schien, und niemals ging die Satire auf Kosten seines Mitgefühls mit den Hilflosen und Mißhandelten. Ja, es ereignete sich sogar, daß er seine »Politik« auf den Litfaßsäulen und Anschlagbrettern der Stadt plakatierte und etwa den Wiener Polizeipräsidenten aufforderte, abzutreten; und immer wieder war in der *Fackel* von politischen und quasi-politischen Figuren die Rede: von Herrschenden und Beherrschten, von sadistischen Uniformierten, phrasenstarrenden Schreibern und Rednern, Christen, die nach Macht gierten, und Sozialisten, die sich auch nicht viel christlicher gebärdeten, Soubretten, die von der »Hetz« der Schlachtfelder trällerten, und Schwarzhändlern, die Nibelungentreue schworen – oder auf Shakespearisch: von dampfender und überschäumender Verderbnis, von »Taten, fleischlich, blutig, unnatürlich«, von »zufälligen Gerichten« und von Toden, »durch List und Drang der Not bewirkt«. All das aber erhellte nur das Geheimnis von Karl Kraus' »Politik« – ein so geheimes Geheimnis, daß es ihn selbst manchmal irreführte –: daß er ein Unpolitischer war. Allen Ernstes kam es ihm nur auf eines an; weder auf Revolution noch Reform, weder auf radikale Veränderung noch auf Konservatives, sondern auf die sprachliche Erlösung von dem Übel – und hier kam am allerdeutlichsten das Einssein von Ethik und Ästhetik an den Tag. All die bösartige, formlose, unüberwindliche, undurchdringliche Stupidität, die die ethisch-ästhetische Intelligenz unablässig beleidigt, in Kunst aufzulösen – das war es, worauf er es abgesehen hatte. Denn er war ein Ausbund – nein, nicht von Boshaftigkeit und Eitelkeit, wie seine Feinde meinten, sondern ein Ausbund, weil er in der intimsten Vertricktheit in seine Zeit ihr dennoch entbunden war, und zwar nicht durch eine selbstherrliche Verfügung, sondern dank der Prägung seines geistigen Charakters. Seine Sprachsiege über die Welt waren die Befreiung von der bösen Faszination der dunklen Frau, der »*Dark Lady*«, verwandt, die Shakespeare in der Kunst seiner Sonette gefunden haben mag. Karl Kraus übersetzte diese.

Auch in den Vorlesungen von Karl Kraus gab es Augenblicke, da die Erdenbürde des Übels im Rausch der Sprache leicht wurde, ja sich verflüchtigte, wie in der Musik, die im Finale von Mozarts *Don Juan* beglückt zur Kenntnis nimmt, daß Sevilla einen großen Schurken losgeworden ist. Solches ereignete sich, wenn Karl Kraus Offenbachs Operetten »aufführte«. Er hatte sie als Kind kennengelernt und seine Erinnerung daran im Gedicht »Jugend« aufbewahrt: die Sommerfrischetage in Weidlingau, wo der Himmel der Kindheit blau war und rot der Schmetterling und er, vor der Bühne des Sommertheaters sitzend, in Liebe entbrannte zu Offenbachs schöner Helene, zu Blaubarts Boulotte, und »nicht zu vergessen: Gerolstein, Trapezunt, alle Prinzessen«. Seine Offenbach-Darbietungen waren die Apotheose solcher Erinnerungen. Noch einmal gab es Weidlingau, und noch einmal Unschuld. Das Entzücken, in das ihn Offenbach versetzte, war aber nicht allein kindheitsselig-sentimental. Er fand in diesen Operetten – deren Libretti er teilweise umschrieb und von aller Verstaubtheit reinigte – die ideale Einheit von Satire und *joie de vivre*, jener Heiterkeit, die um so beschwingter ist, als das Echo des großen Zorns darin noch leise hörbar ist. Mauriac sagte einmal, daß ihm das Lachen von Offenbachs Musik vorkomme wie das Lachen der wahnsinnigen Kaiserin Charlotte. Für Karl Kraus aber war es die Gesundheit des Geistes, die sich so in der engsten Nachbarschaft der Satire verlustierte.

Um all das war es geschehen, als Hitler an die Macht kam. 1933 erschien eine *Fackel* von nur vier Seiten. Drei davon enthielten den Text der Rede, die er am Grab seines Freundes, des Architekten Adolf Loos, gehalten hatte. Auf der vierten stand das poetische Manifesto seines Schweigens. »Ich bleibe stumm« war die erste Zeile, und die letzte: »Das Wort entschlief, als jene Welt erwachte.« Es war von äußerster tragischer Folgerichtigkeit. Die Kunst der Satire mußte abdanken in einer Welt, die die satirische Kunst eingeholt, ja überholt hatte. Denn diese Welt war selbst »Kunst« – die gräßliche Kunst, die sich der Wirklichkeit bemächtigte und sich in ihr erfüllte. Es war kein Zufall, daß Hitler ein bankrotter Maler war.

Sagte Karl Kraus auch, daß die »grellsten Erfindungen« der *Letzten Tage der Menschheit* nichts seien als Zitate und der satirische Humor des Dramas nur sein Versuch, vor sich selbst zu bestehen; ja daß, wenn er überhaupt sprach, er damit nur die mögliche Mißdeutung des Schweigens verhüten wollte, so ist es dennoch wahr, daß jene Zeiten noch nicht die schlimmsten waren.

> . . . s'ist nicht das Schlimmste,
> Solang man sagen kann, dies ist das Schlimmste,

heißt es im *King Lear.* Das Schlimmste sollte erst kommen; und es kam, als es in Deutschland gelang, die »grellsten Erfindungen« der Satire zu übertreffen und den Atemraum zu entfernen, dessen die Phantasie bedarf, um das Ereignis zu bedenken, und das Ereignis, um sagbar zu werden. Trotzdem schrieb Karl Kraus und ging sogar so weit, daß für die *Fackel* Geschriebene dem Setzer anzuvertrauen. Dieser aber blieb zu Kraus' Lebzeiten der einzige Leser der *Dritten Walpurgisnacht.* Der Autor beschloß, den Band nicht zu veröffentlichen. Vielleicht hätte es dabei bleiben sollen. Denn schon der Titel deklarierte das Ende der satirischen Kunst: die erste und die zweite Walpurgisnacht hat Goethes Phantasie erfunden und gedichtet; der Schauplatz dieser dritten aber war ein wirkliches Land, auch wenn es schien, als wären seine Szenen aus den Ufern der Wirklichkeit getreten. Zum ersten Mal war des Satirikers Schreiben *out of date.* Denn *dieser* Gerichtstag der Satire war wie der Tag *nach* dem letzten der Menschheit.

Karl Kraus gehörte zu jener erstaunlichen Generation von Männern, die trotz ihrer großen Unterschiedlichkeit unverkennbar den letzten Jahren der Habsburg-Monarchie angehörten. Sie waren Propheten von deren Ende oder Boten eines radikalen neuen Beginnens oder subtile Analytiker der Dekadenz; oder sie trachteten nach einer letzten Klarheit und Überhelligkeit, die, auch wenn sie die Augen schmerzte, allem Staub- und Schnörkelwesen heimleuchten sollte; und Staub und Schnörkel waren es, so meinten jene, womit das Zeitalter die Leere seines Daseins vor sich selbst zu verbergen suchte, die Leere und den Untergang, der bevorstand. Zwei Jahrtausende vorher hatte sich Ähnliches ereignet: daß nämlich der Zerfall eines großen Reiches außergewöhnliche geistige Energien in Menschen auslöste, die von Vorahnungen der Katastrophe erfüllt waren; und so wie damals, als es mit Rom zu Ende ging, waren auch die Zeugen der österreichischen Apokalypse vornehmlich Juden oder doch wenigstens nicht ganz Nicht-Juden: Karl Kraus, Otto Weininger, Franz Kafka, Gustav Mahler, Arnold Schönberg, Hugo von Hofmannsthal,

Arthur Schnitzler, Sigmund Freud, Joseph Roth, Hermann Broch, Ludwig Wittgenstein[3]; und fast wirkt es wie rassische Entrechtung, daß diese Aufzählung nicht auch die Namen von Adolf Loos, Alban Berg und Robert Musil enthält.

Haben diese Männer irgendein Gemeinsames – darüber hinaus, daß alle den Winter ihrer Welt kommen fühlten? Ja, aber es zu definieren ist schwer; und mit Karl Kraus hat man es noch um einiges schwerer. Denn auf manche jener Namen bezieht sich, was er einmal sagte: »Wenn ich sicher wüßte, daß ich mit gewissen Leuten die Unsterblichkeit zu teilen haben werde, so möchte ich eine separierte Vergessenheit vorziehen.« Dennoch ist es wohl möglich, daß die ihnen allen gemeinsame Erkenntnis eben diejenige ist, die in seinem Werk Allgegenwart hat: nämlich des unaufhaltsamen Schwunds von menschlicher Substanz oder Charakter oder »Natur« oder »Tugend« (im lateinischen Sinn von *virtus*) oder »Sein« in einer Zeit, die sich immer hemmungsloser der technischen Versklavung alles Natürlichen anheimgab und den Zurschaustellungen von bloßem Talent und leerer Virtuosität. Im Tun erschöpfte sich das Leben. »Wer nur diese große Entschädigung: zu können, was man nicht ist, in die Welt gebracht hat . . .« Dies ist einer von Karl Kraus' erhellendsten Aphorismen, so erhellend wie seine Behauptung, nie begriffen zu haben, wie es denn möglich sei, daß ein halber Mann einen ganzen Satz schreiben könne. Was diese Äußerungen erhellen, ist der Wesenskern seiner satirischen Kunst: zum Beispiel, warum er es ablehnte, ein »Meister der Sprache« genannt zu werden. Es klang

3 Karl Kraus war einer der wenigen zeitgenössischen Schriftsteller, die Wittgenstein mit größter Aufmerksamkeit las. *Wie* aufmerksam, zeigt der Vergleich zweier Aphorismen:

»Wenn ich nicht weiterkomme, bin ich an die Sprachwand gestoßen. Dann ziehe ich mich mit blutigem Kopf zurück. Und möchte weiter.« (Karl Kraus, *Nachts*, 1918.)

»Die Ergebnisse der Philosophie sind die Entdeckung irgendeines schlichten Unsinns und Beulen, die sich der Verstand beim Anrennen an die Grenze der Sprache geholt hat. Sie, die Beulen, lassen uns den Wert jener Entdeckung erkennen.« (Wittgenstein, *Philosophische Untersuchungen*, 1953.)

Das aber ist nur ein auffälliges Beispiel für Wittgensteins Verwandtschaft mit Kraus. Sie zeigt sich überall in Wittgensteins Stil. Als Wittgenstein seinen *Tractatus* an Karl Kraus' ersten Verleger geschickt hatte (später erschien *Die Fackel* zusammen mit allen seinen Werken im eigenen Verlag), versuchte er sogar in unbelehrter Neugier ausfindig zu machen, wie Karl Kraus darüber urteilte; unbelehrt, weil Karl Kraus das Manuskript gewiß nicht gelesen hätte. Er behauptete immer wieder, daß er von Philosophie im technischen Sinn nichts verstand.

ihm nach »Können« und Herrschaft«. »Ich beherrsche nur die Sprache der andern«, erwiderte er darauf: »Die meinige macht mit mir, was sie will.«

Es versteht sich, daß ihm bloße Meinungen wenig bedeuteten, und am wenigsten politische Gesinnungen und Ideologien, diese billige Ersatzware für Glauben und Weisheit. In Versen, die er »Mein Widerspruch« überschrieb, nannte er sich einen Revolutionär, wo immer die Lüge das Leben zu unterjochen drohte oder Normen sich an der Natur vergingen; wo aber die Freiheit »hochgehalten« wurde, damit darunter die Phrase gedeihe und zügelloses Machen und Können die Kunst erniedrige, war er Reaktionär, einer, der »bis zum Ursprung zurückgeschritten«.

Als im Jahr 1914, kurz vor dem Ausbruch des Krieges, liberale Kritiker ihm vorwarfen, daß er mit österreichischen Aristokraten freundschaftlich verkehre, schrieb er die Glosse »Sehnsucht nach aristokratischem Umgang«. Sie ruft – wieder einmal – die ihm so verderblich erscheinende Welt des fortschrittlichen Radikalismus herauf, in der die ältesten Träume, die die Menschheit vom Paradies geträumt, zu Alpträumen werden, indem man sie psychoanalysiert und politisch organisiert und finanziert und annonciert; am Schluß aber heißt es:

> Ich weiß, was auf dem Spiel steht: Rettet unsere Seelen! Ich weiß und bekenne – und auf die Gefahr hin, fortan ein Politiker zu sein oder gar ein Ästhet, oder beides –: daß die Erhaltung der Mauer eines Schloßparks, der zwischen einer fünfhundertjährigen Pappel und einer heute erblühten Glockenblume alle Wunder der Schöpfung aus einer zerstörten Welt hebt, in Namen des Geistes wichtiger ist als der Betrieb aller intellektuellen Schändlichkeit, die Gott den Atem verlegt!

Das Schloß und der Park gehörten der Frau, die er liebte, damals und bis zu seinem Tod: Sidonie Freiin Nádherný von Borutin. Im satirischen Werk von Karl Kraus die Gegenwart der Mauer zu spüren, die die »Wunder der Schöpfung« gegen den rabiaten Zugriff einer in Auflösung begriffenen Zivilisation verteidigt, bedeutet, seine »Negativität« zu verstehen und zu bejahen.

VIII.
Thomas Mann in Venedig

Zum Thema Autobiographie
und Literatur

1

Das Autobiographische im *Tod in Venedig* liegt so offen zutage, daß es kaum der Mühe wert wäre, viel Aufhebens davon zu machen. Wenn wir dennoch darauf eingehen, so deshalb, weil es unmittelbar zur Betrachtung eines bedeutenderen Gegenstandes führt: nämlich der Kunst Thomas Manns und deren Verhältnis zu seinem Leben, und damit zugleich zur Erwägung mancher Aspekte der Literatur, insbesondere der neueren, wo die Beziehungen zwischen dem individuellen Leben und seiner Darstellung in der Sprache – im Vergleich etwa mit *Dichtung und Wahrheit* – immer düsterer und problematischer wurden. Was Thomas Mann betrifft, so ist es vergnüglich wie auch erhellend, ihn dabei zu beobachten, wie er das Leben, sein Leben, in ein – mit Nietzsche zu sprechen – »ästhetisches Phänomen« verwandelt, ein Kunstgebilde, sinnvoll dadurch, daß jeder Teil darin seinen ihm anscheinend vorbestimmten Platz einnimmt, und also zu einer Art Schadensersatz dafür wird, daß die bloß gelebte Erfahrung meistens nur als Stückwerk aus Zufall und Willkür empfunden wird. Solche »Vergütung«, ja Metamorphose des Zufälligen ins Sinnvolle, des Willkürlichen ins Geformte bewirkt der Künstler auf verschiedene Weise: bald dadurch, daß er, während er sich nur als Quasi-Berichterstatter seiner Erfahrungen gibt, deren Erhöhung in den Rang der Kunst dem Tonfall seines Erzählens überläßt, dem Duktus seiner Sätze, ihrer rhythmischen, lautlichen und gedanklichen Gliederung, den wortlosen magnetischen Kräften zwischen den Worten, mit einem: seinem Stil; oder er verschmilzt, was sich in seinem eigenen Leben ereignet hat, mit Begebenheiten im Dasein anderer, in Lebensläufen, die dem seinen entweder ähnlich sind oder die er sich als »mythologische« Vorbilder anverwandelt hat und denen Mythos oder Geschichte längst schon die Würde des Repräsentativen oder des Symbols verliehen hatte, so daß es dem Leser mit dem Autor ergeht wie in Weimar Thomas Manns Lotte mit Goethe, da sie ihn vierundvierzig Jahre nach ihrer berühmten Werther-Zeit wiedersieht: Sie »erkannte ihn und erkannte ihn nicht«.

Dieses autobiographische Maskenspiel muß aber allmählich die persönliche Erfahrungsweise des Künstlers verändern: die Kunstübung färbt darauf ab; und am Ende kann keiner mehr so genau wissen, wie weit denn das *so* Erlebte überhaupt noch der künstlerischen Umbildung bedurfte. War es nicht fast schon Kunst, als es dem Künstler widerfuhr? »Sie wissen«, schrieb Goethe einmal (1777) an Charlotte von Stein, »wie symbolisch mein Dasein ist«, und drückte damit ein Lebensgefühl aus, daß Thomas Mann einundeinhalbes Jahrhundert später parodierte, indem er seinen Hochstapler Felix Krull sich rühmen läßt, daß er, obgleich er sich ja dem Militärdienst aufs Amüsanteste entzogen hatte, dennoch ein soldatisch diszipliniertes Leben führe. »Lebte ich folglich soldatisch«, bekennt da der Schlingel Krull am Ende des 5. Kapitels des 2. Buches, »so wäre es doch ein tölpelhaftes Mißverständnis gewesen, wenn ich darum als Soldat leben zu sollen geglaubt hätte, ja, wenn es gälte, ein so erhabenes Gefühlsgut wie dasjenige der Freiheit für die Vernunft zu bestimmen und zuzurichten, so ließe sich sagen, daß eben dies: soldatisch, aber nicht als Soldat, figürlich, aber nicht wörtlich, daß im Gleichnis leben zu dürfen eigentlich Freiheit bedeute.« Gewiß, auch Schriftsteller wie Thomas Mann oder Proust oder Joyce erfahren ein gut Teil dessen, was für andere Menschen einfach »Leben« wäre, auf eine nicht ganz geheure Weise als ästhetische Erfahrung, als stellvertretend, »mythisch« oder symbolisch, kurz, als »Literatur«. Franz Kafka äußerte sich einmal im Brief an Felice vom 14. August 1913 mit indignierter Ironie über einen Amateur-Graphologen, der aus seiner Handschrift geschlossen hatte, er habe »literarisches Interesse«. Nein, meinte Kafka dazu, »ich habe kein literarisches Interesse, sondern bestehe aus Literatur, ich bin nichts anderes und kann nichts anderes sein.« Daran mag man sich zu einigem Nutzen erinnern, wenn das Gespräch über Thomas Manns Werk – und viele andere Werke der neueren Literatur – den unumgänglichen Punkt erreicht, an welchem Leben und Kunst als unversöhnliche Gegensätze sichtbar werden. »Ich bestehe aus Literatur«: es geht wohl ein wenig mit solchen Kafkaschen Dingen zu, wenn Thomas Mann, der sich sein Lebtag von der Unvereinbarkeit der Kunst mit dem Leben plagen ließ, vom *Tod in Venedig* bei ein und derselben Gelegenheit – von den Vorträgen ist die Rede, die er Anfang Mai 1940 in Princeton über sein Leben und sein Werk hielt – zu sagen vermochte, daß diese Novelle die »moralisch und formal zugespitzteste und gesammeltste Gestaltung des Decadence- und Künstlerproblems« sei (eines Problems also, welches es nicht gäbe, wenn keiner je Leben und Kunst als feindliche Gegensätze empfunden hätte) und zugleich auch, daß in dieser Erzählung »kein Zug erfunden« werden mußte, weil alles darin »durch die Wirklichkeit gegeben« war: »der verdächtige Gondolier, der Knabe Tadzio und die Seinen« (der Knabe, der übrigens vor ein paar Jahren in von der Zeit veränderter Gestalt, als älterer, ehemals adeliger Herr in Warschau sich mit einiger Glaubwürdigkeit zu der schönen Identität bekannt hat), der Knabe Tadzio also, und weiter »die durch Gepäckverwechslung mißglückte Abreise, die Cholera, der ehrliche Clerk im Reisebüro, der bösartige Bänkelsänger«.

Der Tod in Venedig erzählt die Geschichte Gustavs von Aschenbach, eines Schriftstellers, womit denn das Autobiographische schon unvermeidlich ist; und nach dem unverhohlen autobiographischen *Tonio Kröger*, Thomas Manns »*Portrait of the Artist as a Young Man*«, wäre es gewiß überraschend, wenn sich die Kenn- und Erkennzeichen der Identität zwischen dem Autor und seinem Helden etwa darauf beschränkten, daß beide demselben Beruf obliegen oder in Städten geboren sind, deren Namen mit L beginnen. Das zweite Kapitel von *Tod in Venedig* ist ganz einem kurzen Lebenslauf Aschenbachs gewidmet: seinem Dasein als Schriftsteller; und daß er wie Tonio Kröger nur als solcher existiert, ist ja Vorbedingung der erzählten Geschichte. Gleich zu Beginn dieses biographischen Kapitels stellt sich heraus, daß Thomas Mann seinen Helden durch Werke berühmt werden ließ, die er selber zu dieser oder jener Zeit zu schreiben gedachte und dann Aschenbach – sozusagen ersatzweise – veröffentlichen ließ. Wie man aus Thomas Manns Notizbüchern, die jetzt im Thomas Mann-Archiv in Zürich versammelt sind, weiß, wollte er selbst sowohl den Roman »Maya«, eines von Aschenbachs fiktiven Meisterwerken, schreiben, wie auch die Erzählung »Der Elende«, eine Geschichte, von der es heißt, sie habe »einer ganzen Jugend die Möglichkeit sittlicher Entschlossenheit jenseits der tiefsten Erkenntnis« bewiesen, das heißt, einer trotz aller relativierenden, auflösenden, psychologischen Einsichten ethisch bestimmten Existenz. (Ironischerweise wird dann gerade diese Art von sittlicher Entschlossenheit von der Novelle selbst tragisch verneint.)

Von Aschenbachs zugleich passionierter und gelehrter Abhandlung über »Geist und Kunst«, dem großen Essay, den »ernste Beobachter« »unmittelbar neben Schillers Raisonnement über naive und sentimentalische Kunst« stellten, gibt es ein Fragment von Thomas Mann selbst, das unter dem Titel »Der Künstler und der Literat« im zehnten Band der Gesammelten Werke steht; und aus Aschenbachs »klarer und mächtiger Prosa-Epopöe vom Leben Friedrichs des Großen« nahm Thomas Mann, nachdem er selbst den Plan, einen Friedrich-Roman zu schreiben, aufgegeben hatte, soviel für sich selbst, als in dem glänzenden und streitbaren Essay über »Friedrich und die Große Koalition« unterzubringen war.

Alles in allem erfahren wir von Aschenbachs Schriften nichts, was nicht verriete, daß er literarisch mit Thomas Mann aufs engste verwandt ist. Die Helden von Aschenbachs Welt sind Thomas Manns eigene Helden: jene »Moralisten der Leistung«, die, stets ein wenig nach der Art seines preußischen Friedrichs, »modern« sind, weil sie ein fast abstrakter Wille zu Leistungen antreibt, deren »Sinn« sie mit der gleichen Skepsis betrachten wie den »Sinn des Lebens« selbst. Wenn etwa Thomas Mann von einem der Charaktere Aschenbachs sagt, daß er »mit eleganter Selbstbeherrschung« »bis zum letzten Augenblick eine innere Unterhöhlung, den biologischen Verfall vor den Augen der Welt verbirgt«, so hat er dabei zweifellos seinen eigenen Thomas Buddenbrook im Sinn. Auch denkt er gewiß an die beiden Hauptfiguren seiner eigenen dramatischen Novelle *Fiorenza*, an Lorenzo de' Medici und Savonarola, indem er vorgibt, zwei Geschöpfe von Aschenbachs Phantasie zu beschreiben: den einen, Lorenzo, der, obgleich ihn die Natur mit »gelber Häßlichkeit« und »benachteiligter Sinnlichkeit« ausgestattet, über seine Natur triumphierte und sich zum Herrscher »im Reiche der Schönheit« aufschwang, und den andern, Savonarola, ein bleiches und schwächliches Wesen, das es dennoch mit ungeheuer angespannten Geisteskräften vermochte, »ein ganzes übermütiges Volk«, das Volk von Florenz, sich und dem Kreuz zu unterwerfen. Und unverkennbar ist es der junge Prinz, Held von Thomas Manns Märchen-Komödien-Roman *Königliche Hoheit*, auf den angespielt wird, wenn im *Tod in Venedig* die Rede ist von einer Figur Aschenbachs, die mit »liebenswürdiger Haltung« sich aristokratisch bewährt »im leeren und strengen Dienste der Form«, wie es zweifelsohne der damals gerade von Thomas Mann vorläufig beiseite geschobene Felix Krull ist, der das von Aschenbach dargestellte gefährliche und künstliche Feuerwerk-und-Balanceakt-Dasein eines »geborenen Betrügers« führt.

Thomas Manns Bedürfnis, unter der Hand das Pseudonym zu lüften und dem Quasi-Beichtvater-Leser zu bekennen, daß der Autor mit dieser oder jener seiner Gestalten identisch ist, nimmt bei ihm oft die Form einer schalkhaften Verspieltheit an, die wohl auf Jahre hinaus jene akademische Industrie, deren Mühlen das ihnen dargereichte literarische Endprodukt wieder zu Rohstoff zermahlen, vor Arbeitslosigkeit bewahren wird. Thomas Mann spricht zum Beispiel in jenem biographischen zweiten Kapitel von Aschenbachs Überzeugung, daß »beinahe alles Große, was dastehe, als ein Trotzdem dastehe, trotz Kummer und Qual, Armut, Verlassenheit, Körperschwäche, Laster, Leidenschaft und tausend Hemmnissen zustande gekommen sei«. Schön und gut, wir kennen das Thema, wenn nicht schon von Thomas Manns *Schwerer Stunde*, so von Nietzsche oder gar von Sigmund Freud. Weshalb aber wird pedantischerweise erwähnt, daß Aschenbach dies einmal »an wenig sichtbarer Stelle unmittelbar ausgesprochen« habe? Nun, weil Thomas Mann selbst etwa sechs Jahre vorher, im Berliner »Literarischen Echo« vom 15. Oktober 1906, die genauen Worte Aschenbachs gebraucht hatte, als er die Umfrage der Zeitung beantwortete, die wissen wollte, was »Schöpfer« über den »Alkohol als schöpferisches Stimulans« dächten.

Während aber solche in die Kulisse und doch zum Publikum gesprochenen »Beiseite«-Äußerungen verkünden oder auch nur flüstern: »*Ich* bin's!«, mag das Geständnis sogleich wieder zurückgenommen werden, gerade so, als hätte der Autor es in einem unbedachten Augenblick allzu großer Intimität gemacht, oder auch, weil keiner glauben soll, daß das Ich in einem Kunstwerk je wirklich ganz identisch sein könnte mit dem Ich der wirklichen Person. Nein, »auch persönlich genommen, ist ja die Kunst ein erhöhtes Leben«, wie es im *Tod in Venedig* heißt, und zwar am Ende des Kapitels, welches auf so schillernde Weise die fiktive Biographie Aschenbachs mit der wahren Autobiographie Thomas Manns in eins setzt; und so bricht denn dieser die autobiographische Linie, die er soeben gezogen, mit einer entschlossenen und sozusagen irreführenden Geste ab. Es ist, als wollte er sagen: Freilich, die Geschichte da wäre wohl niemals erfunden worden, hätte ihr Verfasser in seinem wirklichen Leben nicht gewisse Erfahrungen gemacht; dennoch wäre es Narrheit, anzunehmen, daß er sie in seinen Werken einfach berichtet. Das Ich der Literatur gehört nicht der Domäne der Wirklichkeit an; es ist ein Bürger im

Reich der Kunst. Hatte also Thomas Mann gerade erst angedeutet, daß er und Gustav von Aschenbach dieselbe Person sind, so beschreibt er jetzt die Gesichtszüge Aschenbachs nach dem Bild eines Künstlers (ja, nach dem Bild: Thomas Mann schnitt es für seine Zwecke aus einer Zeitung aus, welche es mit der Nachricht vom Tode dieses Künstlers veröffentlichte) – eines Künstlers, der sich in Aussehen und Werk gar sehr von ihm selbst unterschied; und beschreibt es so präzise, daß eine Graphik, die zehn Jahre später ein völlig uneingeweihter Illustrator von Aschenbachs Kopf machte, fast zu einer Porträtskizze von – Gustav Mahler wurde.

»Als ich die Zeichnung zum ersten Mal sah, war ich tief erschrocken«, schrieb Thomas Mann im Brief vom 18. März 1921 an eben diesen Illustrator Wolfgang Bonn. Warum Gustav Mahler? Die Antwort fällt paradoxerweise wieder autobiographisch aus, obgleich das Versteckspiel doch wohl dem Zweck dienen sollte, vom Autobiographischen abzulenken, damit die *allgemeine* Bedeutung der Geschichte um so klarer werde. Nun verhält es sich aber so, daß Thomas Mann ungefähr zur Zeit, da er den Plan faßte, diese Geschichte zu schreiben – im Frühling 1911 – vom Tod des Komponisten erfuhr. Ein Jahr vorher hatte er in München die Bekanntschaft Mahlers gemacht und war tief beeindruckt, wie er sagte, von dessen »verzehrend intensiver Persönlichkeit«. Und jetzt vermischte sich die Bestürzung über des Musikers Tod mit den Eindrücken und Ideen, die die Geschichte hervorbrachten. So gab er denn seinem Helden, der in ekstatischer Selbstverlorenheit sterben sollte, nicht nur den Vornamen Mahlers, sondern auch seine Gesichtszüge, darauf vertrauend, daß seine Leser, unkundig des schöpferischen Zufalls, die Ähnlichkeit niemals erkennen würden.

Der Tod in Venedig entstand in der Zeit zwischen dem Sommer 1911 und dem Sommer 1912 und wurde im Herbst 1912 in der *Neuen Rundschau* veröffentlicht. Wir werden wohl nie erfahren, was die genauen »Eindrücke«, waren, »aus denen die Novelle hervorging«. Jedoch ist es fesselnd und instruktiv, das Spiel nachzuspielen, welches Thomas Mann, das Autobiographische bald offenbarend und bald verhüllend, im Grenzland zwischen der empirischen und der künstlerischen Wahrheit spielt.

Thomas Manns Tonio Kröger hatte bitter Klage geführt darüber, daß die äußerste Distanz des Gefühls, ja daß Gefühlskälte notwendig sei, damit einer schreibend Gefühl und Leidenschaft darstellen könne. Dies ist das Hauptthema von *Tonio Kröger.* Sich der Literatur zu widmen, bedeutet, seine eigenen Empfindungen aufs Eis zu legen, weshalb es nur recht und billig war, oder, wenn nicht recht und billig, so doch konsequent, daß Tonio ein Gedicht, das sich ihm während einer nächtlichen Meeresreise bilden wollte, als, wie es in der Erzählung heißt, endlich einmal »sein Herz lebte«, sogleich als unbrauchbar erkannte; und das Gedicht war unbrauchbar, *weil* er fühlte. *Der Tod in Venedig* aber ist die Geschichte von den erstarrten Gefühlen eines Künstlers, die dann in einem plötzlichen Tausturm zerstörend seine Seele überfluten und ihn vernichten.

Eine kleine Szene im dritten Kapitel vom *Tod in Venedig* gemahnt an jenes Tonio-»Dogma«, das Verhältnis zwischen persönlichem Gefühl und überpersönlichem Werk betreffend. Aschenbach war gerade nach einer von manchen ominösen Vorkommnissen beschwerten Meeresüberfahrt aus einem andern, ihn enttäuschenden Ferienort an der Adria in seinem Lido-Hotel angekommen. Noch am selben Abend erblickte er hier den polnischen Knaben Tadzio. Mit Erstaunen sah er, daß dieser »vollkommen schön« war: er erinnerte an »griechische Bildwerke aus edelster Zeit«. Während des ausgedehnten Diners, das Aschenbach allein und in einigem Tisch-Abstand von der polnischen Familie einnahm, überließ er sich allerlei Gedanken über Schönheit, Form und Kunst, um zuletzt zu entdecken, daß sie nur »gewissen scheinbar glücklichen Einflüsterungen des Traumes glichen, die sich bei ernüchtertem Sinn als vollständig schal und untauglich erwiesen«. Es erging ihm also ähnlich wie Tonio Kröger auf seinem Schiff: bewegt von Tadzios Schönheit, erwachten seine Gefühle, weshalb seine ästhetischen Spekulationen flach und wertlos waren. Es mag sogar Thomas Manns Absicht gewesen sein, den Leser auf den anhebenden leidenschaftlichen Zustand Aschenbachs vorzubereiten, indem er die Banalität seiner in diesem Augenblick angestellten Betrachtungen erwähnte.

Dann aber zeigt Thomas Mann auch wieder (im 4. Kapitel der Novelle) – geradeso, als wolle er jene Tonio Kröger-Lehre widerlegen –, wie Aschenbach später, da seine Leidenschaft für Tadzio auf ihrem Höhepunkt war, plötzlich von einem unwiderstehlichen Verlangen, zu schreiben, ergriffen wurde, und wie er in seinem Strandkorb und im Anblick Tadzios dieser Schreiblust nachgab, indem er sich die Schönheit des Knaben zur Inspiration sowohl wie zum Maßstab ästhetischer Vollkommenheit werden ließ. Emotionelle Distanz scheint also nicht immer die Bedingüng literarischen Gelingens zu sein, denn Aschenbach schrieb ein zwar kurzes, aber exquisites Stück Prosa in der Gegenwart der geliebten Erscheinung. Schließlich hat ja auch Goethe eines seiner größten Gedichte, die Marienbader Elegie, im unmittelbaren Schmerz des Abschieds von Ulrike geschrieben, und bezeichnete es (zu Eckermann, am 16. November 1823) als das »Produkt eines höchst leidenschaftlichen Zustandes«; und das schönste Glück des Schriftstellers ist jetzt – so liest man es in diesem 4. Kapitel – »der Gedanke, der ganz Gefühl, ist das Gefühl, das ganz Gedanke zu werden vermag«. Die Leidenschaft wird hier also eins mit ihrer geformten Darstellung. (Es ist ein sonderbarer Zufall der Literaturgeschichte, daß T. S. Eliot in seinem berühmten und folgereichen Essay über die »Tradition und das individuelle Talent«, den er, ohne die Novelle zu kennen, im Jahr 1917, 15 Jahre nach *Tonio Kröger* schrieb, mit jenem fiktiven und doch nicht ganz so fiktiven deutschen Schriftsteller einer Meinung war darin, daß er ein strikt antithetisches Verhältnis zwischen der privaten Emotion und der künstlerischen Arbeit statuierte, während er im Jahr 1921, ungefähr nach dem *Tod in Venedig*, in seinem Essay über die »Metaphysischen Dichter« Thomas Manns gegensätzliche Idee auf seine Art und ohne jede Kenntnis des Werks entwickelte, indem er von den Dichtern sagte, sie müßten »ihre Gedanken genauso unmittelbar empfinden wie die Farbe einer Rose.«)

War Thomas Mann selbst auf dem Lido, als *Der Tod in Venedig* in ihm Gestalt anzunehmen begann? Ja, im Frühling des Jahres 1911; und hatte sich wie sein Aschenbach dahin begeben, nachdem er es zuerst mit einer andern adriatischen Insel, Brioni, versucht hatte (wo ihn die Nachricht von Gustav Mahlers Tod erreichte). War auf dem Lido ein Knabe anwesend, der auf einen Namen wie »Tadzio« hörte? Höchstwahrscheinlich; denn nicht nur sagte Thomas Mann selbst, er habe die Gestalt nicht erfunden, nicht nur meldete sich jener Warschauer Adlige als Tadzios Modell, es hat sich auch unter seiner Korrespondenz der Brief einer polnischen Dame gefunden, die – zweifelsohne auf seine Bitte hin – die Ableitung des Namens »Tadzio« erklärt, den er offenbar zuerst nur als merkwürdigen Ruflaut wahrgenommen hatte.

Schrieb er damals auf dem Lido ein kurzes Prosastück? Das tat er; und, was er im *Tod in Venedig* von Aschenbachs kleinem Essay sagt, trifft genau auch auf den seinen zu. Aschenbach, so heißt es, war gebeten worden, sich zu einer »gewissen Erscheinung der Kultur« zu äußern. Er war vertraut mit dem Gegenstand, der ihm viel bedeutete, und es verlangte ihn plötzlich, in Tadzios Gegenwart über dieses Thema abzuhandeln und ihm alle Lichter aufzusetzen, deren sein vielgerühmter Stil mächtig war. Thomas Manns eigener Essay, ihm von einem Journal abverlangt, war »Über die Kunst Richard Wagners« und trug das Datum »Lido-Venedig, Mai 1911«. Zur Niederschrift verwendete er Papier mit dem Briefkopf »Grand Hotel des Bains, Lido-Venise«. Venedig und Wagner: *Tristan und Isolde*, die Liebestod-Oper entstand zum Teil in Venedig, der Stadt, in welcher Wagner starb.

Indes ist die Beziehung zwischen Thomas Manns kurzem Essay und seinem *Tod in Venedig* von noch intimerer Art. Daß seine Liebe zu Wagner, so sagt er im Essay, stets »eine Liebe ohne den Glauben« gewesen sei, eine Bezauberung, die der Zustimmung des sittlichen Urteils ermangelte. Daß aber diese Liebe ohne Glauben war, tat ihrer Heftigkeit keinen Abbruch: ». . . denn stets«, so heißt es, »schien es mir pedantisch, nicht lieben zu können, ohne zu glauben.« Worauf er versucht, sein Verhältnis zum Komponisten genauer zu bestimmen; und diese Definition wird mehr und mehr zur lyrischen Beschwörung. »Skeptisch« sei dieses Verhältnis immer gewesen, »skeptisch, pessimistisch, hellsichtig, fast gehässig« (»gehässig« – man erinnert sich bei diesem auffälligen Wort an das 3. Kapitel, wo Aschenbachs Zusammentreffen mit Tadzio im Aufzug des Hotels geschildert wird: der Liebende schließt da von den aus solcher Nähe schwächlich und schadhaft wirkenden Zähnen des Geliebten, er werde nicht lange leben, und bei dieser Beobachtung überkommt ihn ein Gefühl der Genugtuung oder Beruhigung); »fast gehässig« also war Thomas Manns Verhältnis zu Wagner, »dabei durchaus leidenschaftlich und von unbeschreiblichem Lebensreiz«. Und da wird die Beschreibung auch schon zum Hymnus: »Wunderbare Stunden tiefen, einsamen Glückes inmitten der Theatermenge, Stunden voller Schauer und kurzer Seligkeiten, voll von Wonnen der Nerven und des Intellekts, von Einblicken in rührende und große Bedeutsamkeiten, wie nur diese nicht zu überbietende Kunst sie gewährt.«

Spricht man so von Theaterbesuchen, und sei's auch den genußreichsten und erregendsten? Und nicht viel eher von Darreichungen des Eros? »Rührend und groß« – diese bewußt inkongruente Verbindung der zwei Adjektive sollte Thomas Mann noch einmal benützen, und zwar im unmittelbaren Zusammenhang mit dem *Tod in Venedig.* In einem Brief vom 4. Juli 1920 an Weber, Lehrer in Wynekens Freier Schulgemeinde Wickersdorf, nannte er »rührend und groß« die Geschichte der leidenschaftlichen Liebe des vierundsiebzigjährigen Goethe zu dem Mädchen von neunzehn, eine Geschichte, die Thomas Mann im Jahr 1911 unter dem Titel »Goethe in Marienbad« zu schreiben gedachte und die dann – nach seinem eigenen Notizbuchvermerk – *Der Tod in Venedig* wurde. Was aber die besagten »wundervollen Stunden« betrifft, von denen der auf dem Briefpapier des Lido-Hotels geschriebene Aufsatz über Wagner spricht, so gehen sie, setzt man »Strand« ein, wo »Theater« steht, fast bruchlos in die Stunden über, die »gefährlich köstlichen Stunden«, die Aschenbach mit dem passionierten Anschauen Tadzios verbrachte, des Knaben, der, wie er dastand gegen den Horizont von Wasser und Himmel, für Aschenbach zuletzt in eins verfloß mit rührenden, großen und bedeutsam mythischen Erinnerungen: an Hermes, der schön die Toten in die Unterwelt geleitet (Erinnerungen an den Gott also, der nachher eine Art von Allgegenwart in den Romanen Thomas Manns gewann).

Es gibt aber nicht nur diese Gefühlsbeziehung zwischen Manns kleinem Aufsatz über Wagner und der Novelle; ebenso eng ist die intellektuelle Nachbarschaft zwischen den beiden; ja, diese würde allein schon genügen, die Zeit zu erraten, in welcher der Essay geschrieben wurde. Denn Manns Liebe zu Wagner war ja, wie der Essay es sagt, nicht nur skeptisch, hellsichtig, leidenschaftlich; es fehlte ihr auch der Glaube – der Glaube vor allem an die Zukunft dieser Kunst. Wagner, so heißt es, war »neunzehntes Jahrhundert durch und durch«, ja, er war »der repräsentative deutsche Künstler dieser Epoche, die vielleicht als groß und gewiß als unglückselig im Gedächtnis der Menschheit fortleben wird«. Und was, so fragt man wohl, versprach sich Thomas Mann damals, am Anfang des neuen Jahrhunderts von diesem zwanzigsten? Nun, wenn er versuchte, sich das säkulare Meisterwerk der Zukunft vorzustellen, so unterschied es sich sehr von dem Wagnerischen, und zwar, wie er meinte, vorteilhaft; es sollte sich durch Logik, Form und Luzidität auszeichnen, würde streng und doch heiter sein, kühler, vornehmer und gesünder als Wagners Musikdramen, und würde »seine Größe nicht im Barock-Kolossalischen und seine Schönheit nicht im Rausche« suchen. Unverkennbar ist es Aschenbachs ästhetisches Ideal, welches Thomas Mann hier beschreibt, indem er sich so kritisch von Wagner distanziert; ist es Aschenbachs Absage an jegliche »Sympathie mit dem Abgrund«, an die Laxheit der sittlichen Gesinnung, wie sie sich mit der Pflege psychologischen Verständnisses einstellen muß – »*Tout comprendre, c'est tout pardonner*« –; ist es Aschenbachs schöpferisches Bekenntnis zu einer neuen Klarheit und Ebenmäßigkeit der Form, einer »wiedergeborenen Unbefangenheit«, Würde und sittlichen Entschlossenheit; zu allem also, was Aschenbachs Schriften, wie es von ihnen im 2. Kapitel gesagt wird, den Stempel der Meisterschaft und Klassizität gab, zu allem auch, wie man, da nun einmal gegen Wagner die Rede geht, hinzuzufügen versucht ist, was sich Nietzsche – im 99. Abschnitt des 2. Bandes von *Menschliches, Allzumenschliches* – vom Kunstwerk der Zukunft erhoffte: »Kraft, Güte, Milde, Reinheit und ungewolltes, eingeborenes Maß in den Personen und deren Handlungen: ein geebneter Boden, welcher dem Fuße Ruhe und Lust gibt: ein leuchtender Himmel auf Gesichtern und Vorgängen sich abspiegelnd: das Wissen und die Kunst zu neuer Einheit zusammengeflossen.« Und Thomas Manns Aufsatz über Wagner endet mit der Prognose: ». . . eine neue Klassizität, dünkt mich, muß kommen.« – Kein Zweifel: *Der Tod in Venedig* ist wie *Tonio Kröger* eine autobiographische Geschichte, die eine wichtige Entwicklungsstufe in Thomas Manns Leben widerspiegelt.

2

Eine neue Klassizität; und da zeigt sich denn, wie tief widersprüchlich und problematisch das Verhältnis ist zwischen der Zukunftshoffnung, die Thomas Mann im Aufsatz über Wagner als die seine äußerte, und dem tragischen Sinn, dem er in seiner Geschichte die unwiderrufliche Gestalt gab. Vielleicht war es wirklich seine bewußte Absicht gewesen, mit dem *Tod in Venedig* allen Ernstes ein klassizistisches Werk zu schreiben. Das Werk aber wollte es anders und weigerte sich mit der ganzen Renitenz der wahrheitsliebenden schöpferischen Phantasie, auch nur im geringsten ein Beispiel dafür zu werden, wie der »Abgrund« besiegt, die klassische »Einfachheit« wiedergewonnen, oder das »Wunder der wiedergeborenen Unbefangenheit« bewirkt wird. Gustav von Aschenbach, so liest man es im »biographischen« Abschnitt der Novelle, hatte dies, wie er selbst und wie die Welt wähnte, in seiner Kunst erreicht, nachdem er sich aus allen Untiefen des Wissens gerettet hatte und allen Irrsalen der Psychologie, in welchen die klassisch-sittliche Entschlossenheit so oft ihren Weg verliert, entwichen war. In Aschenbachs Kunst. Gilt das aber, ganz zu schweigen von Aschenbachs *Leben*, auch für die Kunst des Schriftstellers, der Aschenbachs Geschichte schrieb, den *Tod in Venedig*? Keineswegs. War es Thomas Manns Wille, mit seiner eigenen Kunst und in eigener Person dahin zu gelangen, so scheint ihn das Ergebnis nicht wenig erstaunt und verwirrt zu haben; und daß er es auf ein solches Ziel abgesehen hatte, dafür spricht nicht nur der Essay über Wagner, sondern auch manche seiner Briefäußerungen aus dieser und auch späterer Zeit. Ja, selbst im bereits zitierten Brief an Weber, geschrieben fast ein Jahrzehnt nach der Novelle, spricht er von einem »Gleichgewicht von Sinnlichkeit und Sittlichkeit«, das er damals anstrebte, ein »klassisches« Gleichgewicht also, wie er es »in den *Wahlverwandtschaften* ideal vollendet« sah, einem Buch, das er, als er den *Tod in Venedig* schrieb, fünfmal gelesen haben will.

Drei Jahrzehnte später, im Mai 1940, als er den Studenten von Princeton aus seinem Leben erzählte, wußte er freilich längst Bescheid und sprach ohne Zögern von der »absichtlichen Ironie«, mit der er in Stil und Diktion seiner Novelle »jene Würden- und Meisterhaltung zur Schau trägt, die darin als Lüge und Narrentum gebrandmarkt wird«. Eine »sonderbare moralische Selbstzüchtigung« nannte er das, zumal er ja – und er bezog sich damals auf seinen Essay »Goethe und Tolstoi« – zu wiederholten Malen auch von der pädagogischen Wirkung sprach, welche die Dichter ausüben, besonders diejenigen, in deren Werken das Autobiographisch-Bekenntnishafte ein wichtiges Element ist; ein solcher Dichter, meinte er, könne gar nicht umhin, zur »Würde eines ... Menschenbildners wie von ungefähr zu gelangen«. Worauf dann bald der Satz folgt, der unser gegenwärtiges Problem genau bezeichnet: »Nehmen Sie es«, sagte er seinen Hörern in Princeton, »als Beispiel einer seltsamen *Doppelgleisigkeit* dichterischen

Denkens, wenn derselbe Autor, der sich im Essay solcherart vernehmen ließ, in der Erzählung allem Künstler- und Dichtertum die Berufung zu irgendwelcher pädagogischer Wirkung mit fast flagellantischem Pessimismus abspricht.« Ist auch die Doppelgleisigkeit im Manuskript unterstrichen, so ist mit der unfreundlichen Benennung das vertrackte Problem doch gewiß nicht gelöst. Auch wir werden es hier nicht lösen. Jedoch ist, es zu erkennen, unvergleichlich geistgefälliger als die vergebliche Mühe der Dummheit oder der Blindheit, die sich so gern daran macht, Dichterwerk im Sinne oder Unsinne dieser oder jener entdeckten oder wiederentdeckten *Meinungs*äußerung des Dichters zu deuten oder umzudeuten, oder gar im Auftrag des vom Kopf auf die Füße gestellten Weltgeists Zensuren auszuteilen, wobei es dann nicht ausbleiben kann, daß einer als Dichter durchfällt, weil er dem Fortschritt dann und wann ein Bein stellte, und ein anderer in die untere Klasse dialektisch aufzusteigen für würdig befunden wird, weil er sich einmal mit der Herrschaft, die gerade herrschte, unzufrieden erklärte. Zu lesen, was etwa das Hölderlin-Jahr 1970 an die Finsternis der Öffentlichkeit gebracht hat, läßt einen glauben, daß manche glauben, Hölderlin sei eben jener Bertolt Brecht gewesen, der Bertolt Brecht nicht war.

Thomas Mann also sagte, er habe Goethes *Wahlverwandtschaften* damals fünfmal gelesen, und zwar wegen des in diesem Roman ideal vollendeten Gleichgewichts zwischen Sinnlichkeit und Sittlichkeit, einer klassischen Harmonie, welcher er mit dem *Tod in Venedig* nacheifern wollte. Nur des »Gleichgewichts« wegen und nur, um vielleicht dem Geheimnis von Goethes Altersstil auf die Spur zu kommen? Nein, gewiß muß auch das *Thema* der *Wahlverwandtschaften* für ihn damals die größte Anziehungskraft gehabt haben: die tragischen Zerrüttungen, welche die erotische Verfallenheit in wohlgeordneten und beherrschten Existenzen anzurichten vermag, und überhaupt der Widerstreit zwischen der Kultur und dem Unbehagen der von ihr gefesselten Leidenschaften, zwischen der Parklandschaft und der Wildheit der Natur. Denn dieses Zentralmotiv der *Wahlverwandtschaften* ist ja auch dasjenige der Novelle Thomas Manns. In fast jede ihrer Szenen dringt der Widerhall des Krieges zwischen Gepflegtheit und Urwald, göttlicher Schöne und indischer Cholera, luzider Ordnung und den wild-verlockenden Klängen der Flöte Pans – kurz, zwischen Apollo und Dionysos, um Thomas Manns geistigen Ahnherrn, Nietzsche, zu nennen; und sowohl *Die Wahlverwandtschaften* wie der *Tod in Venedig* beweisen, daß die beiden Gottheiten der *Geburt der Tragödie* ihre Entgötterung durch eine mythenlose Epoche sehr wohl zu überleben wußten. (Es ist eine auffällige und vielsagende Koinzidenz der Literaturgeschichte, daß Rilke zu fast derselben Zeit, da Thomas Mann den *Tod in Venedig* schrieb, die dritte seiner *Duineser Elegien* begann, die sich ganz im Spannungsfeld zwischen Garten und Dschungel bewegt, während mit »Ich« und »Es«, *Ego* und *Id,* Dr. Freud seine ersten Ordinationen abhielt, ohne freilich das kranke Europa davor bewahren zu können, sich in den Maschinen-Urwald des Krieges zu verirren.)

Was aber das »autobiographische« Erlebnis Thomas Manns betrifft, die Keimzelle der Erzählung, so muß es »dionysischer« Herkunft gewesen sein. »Hymnisch« nannte Thomas Mann in jenem Brief an Weber den Anlaß, der ihn zum *Tod in Venedig* inspirierte; jedoch, so fuhr er fort, zwang ihn sein Künstlertum, das Erlebnis zu »objektivieren« und auf diese Weise Distanz dazu zu gewinnen. Was er in jener autobiographischen Skizze, die er für Princeton schrieb, vom Thema seiner Novelle sagte – daß darin ein »scheinbar endgültig gemeistertes Leben« »durch den ›fremden Gott‹, durch Eros-Dionysos entwürdigt und ins Absurde gestoßen wird« – nun, er muß damals wohl selbst in die Gefahrenzone des Einbruchs solcher Mächte geraten sein. Denn wie hätte Weber in Wickersdorf den an ihn gerichteten Brief lesen sollen, ohne zu vermuten, daß Thomas Mann selbst zu jener Zeit vom »Dionysischen« angerührt war, einem in seinem »lyrischen Subjektivismus« gesellschaftlich verantwortungslosen Geist; daß »ein außerordentlich Fühlen«, ein berauschendes und überwältigendes, sein Inneres bewegte, und daß er versuchte, diesen Emotionen »hymnischen« Ausdruck zu geben. Im »Gesang vom Kindchen«, dieser Miniatur-Bemühung um ein Vers-Epos, die, wie er bei anderer Gelegenheit meinte, »geradezu den Charakter der Persiflage« annahm, weil eben die »Liebe zu einem Kunstgeist, an dessen Möglichkeit man nicht mehr glaubt, die Parodie zeitigt« – im »Gesang vom Kindchen« steht das alles hexametrisch aufgeschrieben und wird im Brief an Weber zitiert:

> Weißt du noch? Höherer Rausch, ein außerordentlich
> Fühlen

Kam auch wohl über dich einmal und warf dich danieder,
Daß du lagst, die Stirn in den Händen. Hymnisch erhob sich
Da deine Seele, es drängte der ringende Geist zum Gesange
Unter Thränen sich hin. Doch leider blieb alles beim Alten.
Denn ein versachlichend Mühen begann da, ein kältend Bemeistern –
Siehe, es ward dir das *trunkene Lied* zur *sittlichen Fabel.*

Goethe sprach einmal ähnlich – freilich nicht in persiflierenden Hexametern – von einer »moralischen Fabel«, als er glaubte, er müsse seine *Wahlverwandtschaften* gegen den Vorwurf der Unsittlichkeit verteidigen; und als Thomas Mann im Juli 1911 in einem Brief an Philipp Witkopp von seiner Arbeit am *Tod in Venedig* sprach, meinte er, die Geschichte sei trotz ihres »sonderbaren« Gegenstands »sehr anständig« und »ernst und rein im Ton«.

Das Übergewicht des Apollinischen über das Dionysische, eine neue Klassizität, Objektivität, Beherrschtheit, das »ideale Gleichgewicht«, das Goethe in seiner »sittlichen Fabel«, den *Wahlverwandtschaften*, erreichte –, all dies wurde damals im Werk Thomas Manns sowohl wie in den Briefen, die er schrieb, bejaht und gepriesen; und das, so möchte man glauben, legt Zeugenschaft ab für die ernsten »klassischen« Absichten, die er mit dem *Tod in Venedig* hatte. Der Zeuge aber ist von wankelmütiger Unverläßlichkeit. Ungefähr ein Jahr vor seinem Brief an Weber, der doch diese klassische Annahme zu stützen scheint, hatte er – am 6. Juni 1919 – an Josef Ponten geschrieben: »Unter uns gesagt ist der Stil meiner Novelle etwas *parodistisch.* Es handelt sich da um eine Art von Mimikry, die ich liebe und unwillkürlich übe.« Merkwürdig, dieses »Unter uns gesagt«! War ja doch die Novelle bereits sieben Jahre alt. Bedurfte es dennoch der vertraulichen Eröffnung? Hatte niemand den parodistischen Charakter des Werks erkannt, den Thomas Mann in den folgenden Jahren bei mancher Gelegenheit betonte, sich dagegen verwahrend, daß der »hieratische« Vortrag der Geschichte, der klassisch-gemessene Stil, für sein legitimes Eigentum angesehen wird? Nein, Parodie sei es.

Seit dem *Tod in Venedig* hat Thomas Mann sich dieser parodistischen Methode immer wieder und mit immer größerer Kühnheit bedient. Ihr Geheimnis ist die klug vorbedachte und meisterhaft überwachte Inkongruität zwischen der Botschaft und dem Tonfall der Stimme, welche sie vorträgt, zwischen der skandalösen Erzählung und dem ganz und gar unschockierten Gebaren der Sprache, die sie erzählt. Die Geste des Stils scheint herausfordernd zu fragen: »Wer will nach diesem Zeugnis noch behaupten, daß die klassische Tradition der Literatur ernstlich gestört ist?«, während die mit solch marmorner Eleganz dargereichte Geschichte unhöflich zur Antwort gibt: »Ich.«

Diese Art von Parodie ist nirgendwo erfolgreicher als im *Tod in Venedig,* wo Inhalt und Form sich nach den Anordnungen eines großen Inszenators aufs kunstvollste befehden. Es gibt in der neueren Literatur kaum etwas »Klassischeres«, als die Komposition dieser Novelle, eines Ordnungsgebildes von äußerster Genauigkeit. Sie steht im Dienste der Kunst Aschenbachs, von der *gesagt* wird, daß sie über alles, was in seiner Zeit die Auflösung der Form und den Zerfall des sittlichen Gehalts beförderte, mit klassischer Gewißheit triumphierte. Was aber mit dieser Komposition *gezeigt* wird, ist die völlige Niederlage, die der klassische Krieger in seiner so katastrophal unzeitgemäßen Kampagne erlitt. Durch die Ironie dieser Situation – einer Ironie von höchst sittlichem Charakter und frei von jeglichem Spott – will Thomas Mann den zwei ihm innewohnenden und ganz und gar unvereinbaren Kräften künstlerisch gerecht werden: der konservativen Liebe zur klassischen Überlieferung der Literatur und der auflösenden Einsicht, daß der Geschichtstag dieser Tradition vorbei ist. Es ist der umgekehrte Fall jener ungläubigen Liebe, die, wie wir ihn sagen hörten, sein Verhältnis zu Richard Wagner bestimmte. So geschieht es denn, daß *Der Tod in Venedig* wieder und wieder die Erinnerung an das klassische Altertum beschwört – durch Variationen über Platons Liebeslehre, die das ganze Werk durchziehen und dessen gewichtigstes Leitmotiv sind; durch ungezählte Anspielungen auf Homer zum Beispiel, auf Xenophon, auf griechische Skulpturen, und in immer neuen Abwandlungen auf Antik-Mythologisches; ja sogar durch den gelegentlichen Hexameter, der in die ihn willig aufnehmende Prosa einfließt (». . . ruhte die Blüte des Hauptes in unvergleichlichem Liebreiz«: so heißt es von Tadzios Schönheit, als Aschenbach seiner zum ersten Mal ansichtig wird); all das aber nur, damit sich davon in tragisch-ironischem Kontrast das Schicksal eine Künstlers abhebe, der dem Schönen in seiner fatalen Ambivalenz zum Opfer fällt. So stirbt denn Aschenbach seinen Liebestod gegen den Hintergrund einer See, die so blau ist wie die des Archipelagos, jedoch in der Nachbarschaft der unvergleichlichen, von Kunst und Tod gezeichneten Stadt, in welcher die zerstörerische asiatische Krankheit wütet, die Thomas Mann auf demselben Weg nach Europa gelangen läßt, auf welchem einst (in Nietzsches nicht unbestrittener Darlegung) der östliche Gott Dionysos nach Griechenland reiste.

Hätte Thomas Mann die Novelle geschrieben, die er schreiben wollte, ehe er auf den *Tod in Venedig* verfiel, nämlich die Geschichte von Goethe in Marienbad, »diese peinliche, rührende und große Geschichte, die ich eines Tages vielleicht doch noch schreibe«, wie er im Brief an Weber sagte, so hätte auch sie vom Schicksal eines Dichters gehandelt, eines größeren als Aschenbach, den eine »unmögliche« Leidenschaft überwältigt, eine Passion, die Geist und Seele mit fiebernden Ekstasen befällt und dem Menschen schmerzlichste, ja groteske Demütigungen zuzufügen imstande ist. Es wäre in dieser Novelle vom vierundsiebzigjährigen Goethe die Rede gewesen, wie er auf der Höhe seines Ruhmes – eine europäische Legende von Dichtung und Weisheit, Verkünder der Entsagung und Exempel klassischer Würde – leidenschaftlich und also verzweifelt sich in ein neunzehnjähriges Mädchen verliebt und ihr allen Ernstes die Ehe anträgt. Es ist offensichtlich, wieviel »Goethe in Marienbad« mit dem *Tod in Venedig* gemeinsam gehabt hätte. Jedoch ergab sich zuletzt für Thomas Mann, daß die junge Ulrike von Levetzow doch nicht so recht als der amouröse Anlaß taugte, einen hohen Geist mit absurden Vorgaukelungen von Glück und Liebeserfüllung in äußerste Verwirrung zu setzen. Es mußte der Knabe Tadzio sein. Warum? Thomas Manns Brief an Weber sucht zu erklären, warum er »Goethe in Marienbad« sein ließ und statt dessen den *Tod in Venedig* schrieb, obgleich er es sich, so scheint es, nicht verkneifen konnte, hie und da in seiner Venezianischen Novelle leise anzudeuten, daß zwischen dem Dichter in Marienbad und dem Schriftsteller in Venedig – zumindest nach seinen eigenen Autoren-Dispositionen – nachbarliche Beziehungen obwalten. So ist es zum Beipsiel nicht unwahrscheinlich, daß die zwei

Wachskerzen, die Aschenbach, wie es im 2. Kapitel heißt, stets zu Häupten seines Manuskripts aufstellte, wenn er zu schreiben begann, eben jene sind, welche nach Eckermanns Bericht (27. Oktober 1823) feierlich zu beiden Seiten der Reinschrift der Marienbader Elegie standen, als er sie zum ersten Mal sehen durfte; oder daß der Brief, den Goethe am 24. August 1832 an Zelter schrieb, von der ungeheuren Macht berichtend, die während jenes Marienbader Sommers die Musik über ihn hatte – sie falte ihn auseinander »wie man eine geballte Faust freundlich flach läßt« – verantwortlich ist für die Charakterisierung Aschenbachs im selben Kapitel durch einen »scharfen Beobachter«: »›Sehen Sie, Aschenbach hat immer so gelebt‹, und er ballte die Finger seiner linken Hand zur Faust; ›niemals so‹, und er ließ seine offene Hand bequem über den Arm des Sessels fallen.«

Was Thomas Mann dazu bewog, den Schauplatz seiner Geschichte von Marienbad nach Venedig zu verlegen, also eine andere Geschichte zu schreiben, war, wie er Weber erklärte, »ein persönlich-lyrisches Reiseerlebnis«, das »damals hinzukam und mich bestimmte, die Dinge durch Einführung des Motivs der ›verbotenen‹ Liebe auf die Spitze zu stellen«. So unmißverständlich diese Erklärung ist, so wenig leuchtet sie ein. Denn die nahe Verwandtschaft der beiden Stoffe läßt es doch wohl so gut wie gewiß erscheinen, daß die Idee zu »Goethe in Marienbad« demselben »Reiseerlebnis« entspringt wie *Der Tod in Venedig*. Wahrscheinlicher ist es wohl, daß Thomas Mann zuerst daran dachte, die autobiographische Heikelkeit mit dem Mantel Goethes zu bedecken, dann aber einsah, daß der Vorsatz mißlingen würde. »Persönlich-lyrische Erlebnisse« gestatten zwar ihre Erhöhung und ihre Verwandlung durch die Kunst, bestimmen aber nach ihrem eigenen Willen, wieviel darin enthüllt, wieviel verkleidet werden darf. Im *Werther* vermochte Goethe kaum mehr an Maskierung oder vielmehr Vermischung des Wirklichen, als Lottes blaue Augen in schwarze zu verwandeln (zu schweigen freilich vom Tod, der im wirklichen Wetzlar sowohl wie im wirklichen Venedig gottlob vermieden wurde).

Wie kein anderer Schriftsteller seiner Zeit hat sich Thomas Mann mit den Problemen abgemüht, die das Verhältnis zwischen »Leben« und »Kunst« bedrängen. Sein Werk zeigt die Dauerhaftigkeit dieser Sorge; fast niemals ließ er das gegensätzliche, offenbar feindliche Paar aus den Augen. Von den *Buddenbrooks* über

Tonio Kröger und den *Tod in Venedig* zu den Altersromanen *Doktor Faustus* und – auf komische Weise – *Felix Krull*: es ist kein Ende dieser Gegensatz-Plage, der durch die Kunstübung dennoch Ergötzliches abzugewinnen, der Sinn seiner Arbeit war. Was immer das Wesen jenes spannungsreichen Verhältnisses sein mag, das Bewußtsein davon hat sich im Lauf der Geschichte – und, wenn Hegel recht hat, unter dem Zwang historischer Notwendigkeit – ungemein gesteigert; und es ist gewiß kein bloßer Zufall, daß die Beziehung zwischen der Lebenserfahrung und ihrer sprachlichen Darstellung, zwischen Biographie und Literatur, die längste Zeit schon soviel ästhetisches Philosophieren auf sich gelenkt hat. Und so mühselig wurde das Zusammenleben, so zweifelhaft und so problematisch, daß immer mehr Künstler sich auf die Flucht in eine Sphäre begaben, die nicht diejenige des Lebens ist, wie es nun einmal gelebt und erfahren wird, und die kaum eine erkennbare Verbindung mehr mit der Konkretheit der menschlichen Existenz hat. Indem die Kunst in zunehmendem Maße versucht war, das gestörte und schwierige Bündnis mit dem »Wirklichen« aufzukündigen, strebte sie dahin, wo sie endlich mit sich allein sein konnte: in den Bereich der Abstraktion und der »reinen« Form. Thomas Manns *Doktor Faustus* handelt von der Kühnheit, dem Elend und dem fatalen Ausgang dieser Emigration. Sein eigenes Werk war wohl von der tiefen Vertrautheit mit dieser historischen Versuchung bestimmt, zugleich aber von der sittlichen Entschlossenheit, ihr nicht zu erliegen. Denn es schien ihm, als wäre eine solche Absage der Kunst ans gelebte Leben die Deklaration von dessen Sinnlosigkeit. War es ja doch die Meinung dieser neuen, ins Abstrakte ausgewanderten Kunst, daß dieses Leben jegliches Verlangen nach Sinn, sinnvoller Ordnung und also nach Beherbergung der Menschlichkeit von sich weist, und darum der Aufmerksamkeit des schöpferischen Geistes unwürdig geworden ist. Thomas Mann brachte es nicht über sich, diesen Totenschein zu unterschreiben.

»Doppelgleisigkeit«? Es ist kein gutes Wort, das Thomas Mann auf sein »dichterisches Denken« anwandte; eher ist es ein Symptom der moralischen Hypochondrie, die ihn nicht unselten befiel. Gerechter wäre es, zu sagen, daß diesem Doppel-Bewußtsein die ironische Traditionstreue dieses Schriftstellers entspringt, dessen Werk sich unverkennbar an den klassischen Modellen der Literaturgeschichte bildete, zugleich aber nicht umhin konnte, sie zu parodieren – das Wort so verstanden, wie er es meinte, als er die Parodie in einem Atem mit der Liebe nannte, der »Liebe zu einem Kunstgeist, an dessen Möglichkeit man nicht mehr glaubt«. Erschreckt und gebannt von dem »Abgrund«, der sich zwischen der Wirklichkeit und der Kunst aufgetan, zwischen dem Selbst des Künstlers, das im Dasein da ist, und demjenigen, das im Schöpferischen schafft, ist es Thomas Mann auf seine ironische und parodistische Weise doch gelungen, ein nach altem Herkommen solid gebautes Haus auf einem mit metaphysischem Bauverbot belegten Grund zu errichten. Es war ein Unterfangen kühn bis zur Tollkühnheit – oder auch, wer will es wissen? – bis zum äußersten Mut der sittlich-bewahrenden Vernunft. Daß es nicht leicht war, wußte er selbst. In einem Brief, ein Jahr vor seinem Tod geschrieben, sagte er, er wünsche manchmal, man möge ihm Goethes Sprüchlein in den Grabstein ritzen:

So kamst du durch, so ging es allenfalls,
Machs einer nach und breche nicht den Hals.

IX.
Improvisation über den Begriff des Klassischen

Zu Thomas Manns »Lotte in Weimar«

1

Beginnen wir, da nun einmal ein Anfang gemacht sein will, obgleich das Thema keinen hat, sondern alles von unübersehbar weither kommt und sodann auf eine Überfülle von Problemen hinausläuft, die unausschöpflich und daher ohne Ende sind, – beginnen wir bei Lessing. Wo sonst sollte man beginnen, wenn es geboten ist, von deutscher Klassik zu reden? Bei Gottsched etwa, nur weil er sich für die klassischen Alexandriner-Franzosen ins Zeug legte? Oder bei Winckelmann, weil er ein ganzes Zeitalter der Literatur von der Vorbildlichkeit des griechischen Altertums überzeugte? Jedoch könnte von ihm das Wort gelten, mit welchem in Thomas Manns *Lotte in Weimar* Goethe im 7. Kapitel, *dem* siebenten Kapitel, seinen Faust bezeichnet, den Faust der »Gelehrten-Spelunke, der Grübel-Grube«: einen »sehnsuchtsvollen Hungerleider« nennt er ihn. Freilich, Winckelmann hatte das klassische Wort über die klassische Kunst geprägt, und ehe Nietzsche es anders wußte, wurde es ihm bis zum Überdruß nachgesprochen: das Wort von der »edlen Einfalt und stillen Größe«.

Thomas Mann läßt Winckelmann aber auch die Worte sprechen, die nicht von Winckelmann stammen, sondern von Goethe selbst im Abschnitt »Schönheit« seines Aufsatzes über Winckelmann geprägt wurden: »Das letzte Produkt der sich immer steigernden Natur ist der schöne Mensch.« Ist das klassisch gedacht? »Der schöne Mensch« – gewiß ja; aber ein »Produkt der sich immer steigernden Natur«? Die *klassische* Natur steigert sich nicht. Der Begriff der Steigerung ist alchimistisch-romantischer Provenienz. Novalis weiß manches davon zu sagen und spricht einmal hochromantischerweise in einem Atem von Steigerung und Krankheit, ein Gedanke, der auf Thomas Manns *Zauberberg* einigen Eindruck gemacht.[1] Lange vor Nietzsche äußerte Novalis den sublim-heimtückischen Verdacht, daß der Mensch das kranke Tier sei; denn das folgt doch mit logischer Notwendigkeit aus des Novalis Spekulation, daß das Pflanzliche eine Krankheit der Steine ist und das Tierische eine Krankheit der Pflanzen. Steigerung, sei sie klassisch gesund oder romantisch krank: bei Goethe erfährt diese Idee ihrerseits ihre höchste spirituelle Steigerung, um dann bei Darwin ganz im Naturgeschichtlichen aufzu-

1 Novalis, *Fragmente*, herausgegeben von Ernst Kamnitzer, Dresden 1929, 986f.

gehen. Winckelmann also und das Klassische: Ist der schöne Mensch für ihn – das heißt: für *Goethes* Winckelmann – das höchste Steigerungsprodukt der Natur, so spricht ihm doch derselbe Goethe-Winckelmann zugleich die klassisch-ruhende Dauer ab: »Genau genommen«, so heißt es da, »kann man sagen, es sei nur ein Augenblick, in welchem der schöne Mensch schön sei.«

Auch über diesen von Goethe gedichteten Winckelmannschen Satz läßt Thomas Mann seinen Goethe während der erinnerungsvollen, aphoristischen und zitatenfreudigen Morgentoilette raisonnieren (eine Morgenstund', die ganz sicher mehr Gold im Mund hat als irgendeine andere von Geschichte oder Dichtung überlieferte). »Der Augenblick ist Ewigkeit« – auf sein eigenes Gedicht »Vermächtnis« bezieht Goethe da den »Winckelmannschen« Aphorismus, auf jene Verszeile, die, indem sie die Ewigkeit mit dem erfüllten Augenblick in eins setzt, genau das tut, was den Dr. Faust, täte *er* es, der Hölle überantworten würde. Den Winckelmann selber aber nennt Goethe, indem er sich jenes »merkwürdigen Satzes« erinnert, dieses unstillen, uneinfältigen, wahrscheinlich von der raschen Vergänglichkeit der eben darum im Marmor festzuhaltenden Jünglingsschönheit inspirierten Ausspruchs, – diesen Winckelmann nennt er »einen schmerzlich scharfsinnigen Schwärmer und Liebenden, ins Sinnliche geistreich vertieft«. Schwärmer, schmerzlich, sinnlich, scharfsinnig: es ist eine treffende Charakterisierung Winckelmanns und eine in hohem Maße unklassische. Nun, das sagen wir so, ohne auch nur den geringsten Anspruch darauf zu erheben, genau zu wissen, was ›klassisch‹ ist. Sicher scheint nur, daß das Klassische, was immer sonst es bedeuten mag, nicht im Schmerzlich-Schwärmerischen liegt. Beginnen wir also nicht mit Winckelmann, sondern mit Lessing, und zwar nicht einmal mit »Thomas Mann und Lessing«, sondern eben nur mit Lessing, und vermeiden wir dabei, vom Hundertsten ins Tausendste zu kommen. Dies ließen wir geschehen, um zu zeigen, wie schwer einem der Begriff »das Klassische« das Definieren macht; fast so schwer wie das Romantische.

Es gibt einen die fragmentarische *Laokoon*-Abhandlung ergänzenden Brief von Lessing an Nicolai (26. Mai 1769), der mit naiver und pädagogisch vorbildlicher Klarheit von *dem* Laokoon-Thema handelt, nämlich von den Kunstmitteln, die idealerweise einerseits den darstellenden Künsten und andererseits den literarischen gemäß sind, nämlich von den »Zeichen«, deren sie sich jeweils bedienen. Diese Zeichen, meint Lessing, sind entweder »natürlich« oder »willkürlich«. »Natürlich« nennt er die Zeichen, welche Skulptur und Malerei setzen. Wenn nämlich ein Maler oder Bildhauer einen Menschen vorführen will, ist das »Zeichen«, das er zu diesem Zweck verwendet, dem natürlichen Menschen sozusagen wie aus dem Gesicht geschnitten, wobei nicht einmal jenes Pygmalions gedacht werden muß, der die von ihm gebildete Galatea so inständig zur Geliebten begehrte, daß die Liebesgöttin ihm willfahrte und das Elfenbein in Fleisch und Blut verwandelte; oder des gemalten Obstes des Apelles, welches, wie bekannt, das Naturprodukt so erfolgreich simulierte, daß die Vögel herbeiflogen, um davon zu kosten. Wir zitieren diese Kunstmeinung Lessings, ohne uns dabei aufzuhalten, daß eine Zeit kommen sollte, eine sehr nach-Lessingsche und postklassische, die von solchen »Wintermärchen« nichts mehr wissen wollte und in der die Künstler ihr Bestes – und manchmal ihr Abscheulichstes – taten, um Menschen- und Vogelsinn vor solchen Verwechslungen von Kunst und Natur zu bewahren. Geht es also bei den darstellenden Künsten, die Lessing im Auge hatte, so »natürlich« zu, so stehen der Literatur, sofern sie nicht die dramatische ist, in der Hauptsache nur »willkürliche« Zeichen zur Verfügung: Worte.

Wieder nehmen wir zum begrenzten Zweck eine fragwürdige Meinung hin, in diesem Fall eine Sprachtheorie, die in ihrer rationalistischen Aufgeklärtheit einen weiten Bogen um das Geheimnis schlägt, damit sie von ihm nicht berührt und verwirrt werde. Denn wenn es pure Willkür sein soll, daß eine Herbstzeitlose Herbstzeitlose und ein Rosengarten Rosengarten heißt und die syntaktisch-grammatikalischen Normen, nach welchen zum Beispiel dieser Satz gegliedert ist, einer zufälligen Übereinkunft entstammen, so erhebt sich allsogleich die Frage, auf welchen Vollversammlungen der Völker denn diese Sammelsurien aus Willkür und Zufall zum Gesetz erhoben wurden. Nein, da will einem eher noch Hamanns frommer Glaube einleuchten, daß die Sprache eine Gottesgabe ist, ein Glaube, der sich mit moderneren Theorien über dieses fesselnde und vertrackte Problem eher verträgt als die Annahme von »willkürlichen Zeichen«, nämlich mit jenen Theorien, die eine natürliche Affinität zwischen der Struktur des Bewußtseins und der Struktur der Sprachen postulieren. All dies aber bleibe dahingestellt, zumal es unbestreitbar ist, daß ein Porträt von Rembrandt mehr wie ein menschliches Gesicht aussieht als das Wort ›Herbstzeitlose‹ wie eine Herbstzeitlose. – Willkürlich also sind nach Lessing die Zeichen, über welche die Literatur verfügt. Jedoch ist es das Bestreben der Poesie, der Willkür den Anschein von Natur und Notwendigkeit zu geben – »die Poesie muß schlechterdings ihre willkürlichen Zeichen zu natürlichen zu erheben suchen«, heißt es in jenem Brief Lessings –, weshalb für ihn das Drama unter den Kunstgattungen der Sprache den höchsten Rang einnimmt, weil hier sinnfälligerweise wirkliche Menschen einigermaßen wie wirkliche Menschen agieren. Wenn einer auf der Bühne den Arm hebt, so tut er es nicht nur in der Sprache, sondern gemäß der sichtbar-konkreten Natur des Armhebens, und tut er den Mund auf, und sei es auch, um kunstvoll »unnatürliche« Verse hören zu lassen, so ist doch der Mund, den er auftut, ein von der Natur geschaffener und präsentiert sich der Anschauung nicht, wie etwa im Epos, erst dank den vereinigten Bemühungen von Sprache und Imagination.

Alle Kunst zielt also in einem noch zu erklärenden Sinn auf Realistisches ab; auch das lyrische Gedicht, und sei es das allerlyrischste. Dies freilich steht so nicht mehr in jener Lessingschen Skizze zu einer Fortführung seiner Ästhetik. Wir nehmen uns aber die Freiheit, Lessings Schema aufzulockern und weiterzuführen. Wie alles Lautmalerische in der Sprache, alles, was summt und brummt, zischt und gischt, säuselt, rauscht und braust, sich *onomatopoetisch* dem Naturlaut anzunähern sucht, so ist der Dichtung überhaupt der Trieb eingeboren, die Wort-Willkür zu überwinden (was immer es mit dieser Willkür auf sich hat). Im geglückten Gedicht streift die Sprache jeglichen Anschein des Zufalls ab und scheint mit den Dingen, die sie bezeichnet, zu verschmelzen. Solches zu sagen, ist mehr als nur eine *façon de parler*, auch wenn die »positivistisch« lizenzierte Wahrheit, die keine Wahrheit, sondern bestenfalls eine Ansammlung von Faktischem ist, darüber den Kopf schüttelt. In jenem Nachtlied des Goetheschen Wanderers zum Beispiel schließt sich die Lücke zwischen dem Wort »Gipfeln« und den »wirklichen«, über welchen die Ruh ist, ganz zu schweigen von den Vögelein, die im Walde schweigen. Und wenn einmal ein Herausgeber von Hölderlins Gedichten die erste Zeile von »Hälfte des Lebens« als »Mit gelben Blumen hänget« drucken ließ und sie damit zerstörte, wohl weil er in der sehr klein gedruckten Vorlage »Blumen« statt

»Birnen« las, so ist man versucht, ihn dafür zu tadeln, daß er die gelben Birnen nicht *sah,* wenn er sie schon nicht lesen konnte.

So sind wir denn, ausgehend von Lessings Auffassung der sprachlichen Zeichen als »willkürlichen« – einer extrem nominalistischen Position – auf dem Weg über die höchsten Ausprägungen des Dichterischen paradoxerweise in die Nähe des mittelalterlichen Realismus geraten, einer Philosophie, die den Ideen und Begriffen eine Realität zuspricht, von welcher sich ja wenigstens ein Abglanz den Worten mitteilen muß, auch wenn manche heilige oder unheilige Sprachauffassung der damaligen Zeit dieses »Scheinen« nicht sehen wollte. Die Worte und Namen aber verächtlich als »*words, words, words*« oder »Schall und Rauch« abzutun, blieb einer Epoche vorbehalten, die vielleicht gerade deshalb ihren Hamlets und Fausts zu einem Labyrinth von Problemen wurde. Goethe selbst freilich sprach einmal vom Stil, also vom Umgang eines Schriftstellers mit der Sprache, ganz »realistisch«; denn er meinte, daß der Stil »auf den tiefsten Grundfesten der Erkenntnis« beruhe, »auf dem Wesen der Dinge, insofern uns erlaubt ist, es in sichtbaren und greiflichen Gestalten zu erkennen«[2]. Und wo sich, wie in vielen der neueren Abenteuer des Dichtens, das Verhältnis von Wort und Ding, von Zeichen und Bezeichnetem, dermaßen verrückt (»Noch unverrückt« beginnt das Gedicht »Auf eine Lampe«, eines der schönsten Gedichte Mörikes), daß nur noch die Lücke spürbar ist zwischen Ding und Wort, die Lücke schlechthin, die absolute Lücke, und niemals mehr, weil die Sprache nichts mehr »bezeichnet«, die klassische Deckung des einen mit dem andern, dort ist es auch bis zur Unmöglichkeit schwierig zu entscheiden, was dichterisch gelungen ist und was nicht. Wenn aber von Goethe bis zu Thomas Mann mehr und mehr die Ironie sich dem Dichten beigesellt, so mag das allein schon daran liegen, daß der Glaube an die Einheit von Wort und Wirklichkeit zwar noch *fühlbar* ist – wäre dem nicht so, gäbe es Goethes, gäbe es Hölderlins Gedichte nicht, ja auch nicht die Romane Thomas Manns –, jedoch kaum mehr *gedacht* werden kann. Dies aber ist ein Sachverhalt, der unter dem Druck des epochalen Bewußtseins und seines Reflexionszwangs die Ironie zeitigt.

2 »Schriften zur Kunst – Einfache Nachahmung der Natur, Manier, Stil«.

2

Anhand des langen Fadens, den uns Lessing reichte und den wir weiterspannen, sind wir also endlich bei Thomas Mann angelangt – endlich, aber ohne uns für die lange Zufahrt entschuldigen zu wollen; denn zog sich der Weg auch, so führte er schließlich doch *in medias res,* in die Mitte des Themas jedenfalls, wie wir es verstanden haben wollen. Wäre es doch sehr langweilig – so langweilig, wie wohl das Geschäft sein mag, Eulen nach Athen zu tragen – nur zu rekapitulieren und zu resümieren, was Thomas Mann selbst über die Dichter der deutschen Klassik geäußert hat; und er äußerte sich ausführlichst über sie, und nicht nur, wenn es galt, dezimaler Geburts- oder Sterbetage von Goethe und Schiller zu gedenken. Freilich fällt dabei auf, daß er, der so viel über Goethe und Schiller schrieb, sich kaum je auf den literaturgeschichtlichen Begriff der Klassik einließ, sondern – rechtens kategorial unbeschwert – so von ihnen sprach, als seien sie die bedeutendsten deutschen Erscheinungen in einer europäischen Tradition, die dann eben auch mit den Namen Lessing, Kleist, Stifter, Storm, Fontane, ja auch Flaubert, Tolstoi, Dostojewskij, Zola zu bezeichnen ist. Interessanter als etwa das inzwischen ein wenig sklerotisch gewordene Gegensatzpaar von »klassisch« und »romantisch« war Thomas Mann, wenn es schon Kategorien geben mußte, das Schillersche von »naiv« und »sentimentalisch« – und dieses gewährt ja wirklich viel interessantere und bedeutendere Einsichten in den Charakter jener literarischen Tradition, die er als einer ihrer »klassischen« Schriftsteller fortgesetzt und vielleicht abgeschlossen hat. Klassisch – da ist das befragte Wort also wieder. Wir wollen es im Sinne unserer Abwandlung der Lessingschen These gebrauchen und auf eben diese Tradition anwenden, weil sie, bewußt oder unbewußt, Beziehungen zu jenem *Realismus* unterhält, der anderes und mehr bedeutet als die literaturgeschichtliche Kategorie gleichen Namens; nämlich nicht, daß das, was gemeinhin als Wirklichkeit gilt, in der Kunst ›wirklichkeitstreu‹ dargestellt wird, so daß auch die Phantasie nur das zu erfinden sich erlaubt, was zur Not als wirklich hingenommen werden könnte, sondern daß die hergebrachte *Sprache* der wahren Realität *entspricht.* So also verstehen wir hier »das Klassische«; und ein solches Verständnis entfernt sich ja nicht allzu weit von zumindest *einer* klassischen Begriffsbestimmung der klassischen

Kunst: derjenigen Hegels, der die Kunst der griechischen Klassik als die einzig »reale« Kunst ansah, als Kunst »ihrer höchsten Bestimmung nach«, da nur in ihr die Einheit zwischen dem Zeichen und dem Bezeichneten, zwischen der sinnlichen Gestalt und dem geistigen Sinn erreicht ist.[3]

Dem klassischen Realismus ist der Sprach-Argwohn fremd, der zum Beispiel Nietzsche am Ende des 5. Aphorismus im »Die ›Vernunft‹ in der Philosophie« überschriebenen Abschnitt von *Götzen-Dämmerung* sagen ließ, wir können Gott nicht »loswerden«, weil wir noch an die Grammatik glauben (nämlich daran, daß die grammatikalischen Formen der Sprache ihre Entsprechung im Wirklichen haben, so daß die Welt als wirkliches und nicht bloß grammatikalisches Objekt eines wirklichen und nicht nur grammatikalischen Subjekts als ihres Schöpfers bedarf); und fremd auch alles, was in der Folge – und oft in unmittelbarer Nachfolge Nietzsches – als Sprachphilosophie den Umgang der Sprache mit der Wirklichkeit argwöhnisch bespitzelte oder als Literatur radikal experimentierend die Sprache aufs Rad flocht (wovon das Wort »radebrechen« kommt). Nein, Thomas Mann sprang niemals mit der Sprache um, wenn er auch hin und wieder fürchtete, dies könnte ihn – etwa im Vergleich mit James Joyces verbaler Unternehmungslust – in den Geruch der Unzeitgemäßheit bringen. Thomas Manns Furcht aber war unbegründet. Die ironische Brechung brachte immer deutlicher an den Tag, daß »die tiefsten Grundfesten der Erkenntnis«, auf welchen, wie Goethe sagte, der Stil eines Schriftstellers ruht, so fest nicht mehr waren. Dennoch bewahrte Thomas Manns Stil, allen Erdrutschen und allen bös lärmenden Spielen der Zeit zum Trotz, seine ironisch-klassische Miene, die freilich keine nur aufgesetzte war.

Wo von der klassischen Tradition der Sprache und der modernen Literatur die Rede ist, fragt man wohl nebenbei (nebenbei, und doch gehört es zur Sache), ob von Franz Kafkas sprachlicher Sonnenklarheit, die so hell das Dunkel einer Sonnenfinsternis beleuchtet, ähnlich die Rede gehen dürfte. Keineswegs. Obgleich auch Kafkas »Traditionalismus« ironisch ist, so ist er es auf ganz andere Weise als derjenige Thomas Manns. Kafkas Sprache – und also sein Wesen – hat nichts von der ironischen Konzilianz, die Thomas Manns Verhältnis zur Überlieferung kennzeichnet.

3 Hegel, *Ästhetik*, herausgegeben von Friedrich Bassenge, Berlin 1955, 57.

Die paradoxe Klassizität der Ausdrucksmittel, die Kafka auf die Darstellung einer in ihrer Absurdität unerschütterlich von sich selbst überzeugten Welt verwendet, ist verzweifelt und fromm. Wenn es je diese Verbindung gab, so bei ihm. Wie zerbrechliches Glas liegt seine Sprache über Abgründen von Entsetzen und Trauer, sie bedeckend und zugleich sichtbar machend. – Thomas Mann erwies Kafka seine Reverenz, ohne auf ihn einzugehen. Er durfte es nicht.

»Oder nehmen Sie seine Prosa.« Mit diesen Worten geht Thomas Manns Dr. Riemer im 3. Kapitel des Romans *Lotte in Weimar* zu einem neuen Thema über, da er der soeben in Weimar angekommenen »Hofräthin Witwe Charlotte Kestner, geb. Buff« im Gasthof »Zum Elephanten« seine Aufwartung machte, und unversehens und genau wie zwei andere Besucher – Adele Schopenhauer und Goethe filius – in einen jener langen, herzausschüttenden Vorträge über Goethe geriet, mit welchen *Lotte in Weimar* geistreich, halb essayistisch, halb traumhaft-surrealistisch anhebt, wenn »anheben« das rechte Wort ist für einen Teil des Buches, der, wie man nachher mit Erstaunen feststellt, fast zwei Drittel des ganzen ausmacht. »Oder nehmen Sie seine Prosa«, sagt also Dr. Riemer. Wessen Prosa? Goethes natürlich: die Prosa, deren »Reiz und Verdienst« oft nur »in der endgültigen, der heiter treffenden und erquicklich genauen Formulierung von längst Gedachtem und Gesagtem« – also Unoriginellem – liegt, »womit sich denn freilich ein Neuigkeitszug und -reiz, eine träumerische Kühnheit und hohe Gewagtheit verbindet, die den Atem benimmt«; die Prosa, die dem Roman – ist wirklich nur Goethes Roman *Wilhelm Meister* gemeint? – oft mit Gespinsten »von unbedeutenden Gedankenfasern« zum imposanten Volumen verhilft, jedoch gerade durch diesen »Widerspruch von artiger Convenienz und Verwegenheit« fasziniert: »Da ist nicht Pomp noch Hochgefühl, nichts von Gehobenheit im äußerlichen Sinn . . ., von Feierlichkeit nichts und priesterlicher Gebärde, nichts von Verstiegenheit und Überschwang, kein Feuersturm und Geschmetter der Leidenschaft . . . Man möchte von Nüchternheit, von purer Nettigkeit reden, besänne man sich nicht, daß diese Sprache allerdings immer zum Äußersten geht, aber sie tut es auf einer mittleren Linie, mit Gesetztheit, mit vollkommener Artigkeit, ihre Kühnheit ist diskret, ihre Gewagtheit meisterlich.« Sie trägt sich vor, diese Prosa, »in gesitteter Verwegenheit«. So sagt es Dr. Riemer, und später, im siebenten Kapitel, hört man es aus Goethes eigenem Mund: »Wie ich . . . die verrückte Genialität und Halbgenialität und schon das Pathos, die excentrische Gebärde, die Lautheit verachte und in der Seele meide, ich kanns nicht sagen, es ist unaussprechlich. Kühnheit – das Beste und Einzige, unentbehrlich – aber ganz still, ganz schicklich, ganz ironisch, in Convention gebettet, so will und bin ichs.«

Es ist also Goethes Prosa gemeint. Meint aber der, der es Dr. Riemer sowohl wie Goethe selbst sagen läßt, *nur* Goethes Prosa? Meint Thomas Mann nicht *auch* die seine, und insbesondere vielleicht den Stil von *Lotte in Weimar*? Nicht absichtslos nimmt er, wenn auch indirekt, die Indigniertheit vorweg, mit welcher die adorierende Goethe-Gemeinde auf seines Goethe-Romans »Kühnheit« und »Gewagtheit« reagieren würde. »Es scheint nutzlos und inadäquat«, sagt sein Dr. Riemer im 3. Kapitel, als er merkt, daß er Werthers Lotte mit seiner grundgescheiten und hilflos verbitterten, zwischen Liebe und Ressentiment oszillierenden Laudatio auf Goethe verstimmt hat, »es scheint nutzlos und inadäquat, vom Großen nur immer zu sagen ›Groß! Groß!‹ und beinahe läppisch, vom Gipfel der Liebenswürdigkeit lieblich zu reden.« Womit denn diese Goethe-Komödie – »ein Lustspiel in Romanform« nannte es Thomas Mann selbst einmal[4] – befestigt scheint gegen alle zu erwartenden Anwürfe dürren Philologen-Ernstes. Ein Lustspiel: gewiß, es ist das Erstaunlichste an diesem durch und durch alexandrinischen Werk, daß sein Autor es zuwege brachte, ein ungeheures Maß von Wissensstoff mit Komödien-Leichtigkeit zu präsentieren, und zahllosen ungeformten Bildungsblöcken auf Meister-Schleifer- und Goldschmied-Weise feine Formen und funkelnde Facetten abzugewinnen.

Bedürfte es eines allerletzten Beweises für die Legitimität von Thomas Manns Aufenthalt im Haus der Tradition, er wäre erbracht von der beschwingten Leichtigkeit der Darstellung, die kaum eine Spur zeigt von der Mühsal der stofflichen Aneignung. Darum verriet ja auch das meiste, was dieses Buch an Kritik provozierte, die äußerste Humorlosigkeit. Gewiß, es war ein ungemein riskantes Unterfangen, ein so durch-und-durch dokumentiertes Dasein, wie es das Leben Goethes ist, mit Zutaten aus der

4 *On Myself*, Blätter der Thomas Mann Gesellschaft, Nr. 6, Zürich 1966, 18.

eigenen Werkstatt zu versehen, so daß anno dazumal in einem Nürnberger Prozeß-Plädoyer unfreundliche Goethe-Worte gegen die Deutschen zitiert wurden, die von Thomas Mann waren. Nur »das« siebente Kapitel, das vor allen andern schon durch den der Überschrift hinzugefügten bestimmten Artikel ausgezeichnet ist, ist »unmöglich«; aber das ist eine Unmöglichkeit, die jenseits der Grenzen des höchsten Könnens liegt; und am Wege zu diesen Grenzen blüht aufs üppigste wissender Witz und amüsable Weisheit. Zuletzt aber hat dieses Siebente-Kapitel-Dichten über den Dichter, von dem ja selbst so ungeheuer viel Gedichtetes und Gesagtes überliefert ist, doch sein Ängstliches, so daß einem am Ende oder auch nur, wenn auf Thomas Manns Geheiß Goethe »Hm« sagen muß, ein wenig zumute ist wie einst in Prag dem »Onkel Hahn«, dem Onkel des Schauspielers Ernst Deutsch, in einer von Friedrich Torberg herrlich tradierten Geschichte. Als nämlich dieser Onkel Hahn den von Cecil B. de Mille angefertigten Bibel-Film *Die zehn Gebote* sah, rief er, da die kolossalen Wogen des Roten Meeres sich hinter den trockenen Fersen der Kinder Israels wieder schlossen, laut in die Finsternis des Kinos hinein: »Also *so* war das *nicht*!«[5]

Bis zum Äußersten gehen, wenn auch auf einer mittleren Linie; Kühnheit, wenn auch diskret; Verwegenheit, wenn auch gesittet: es ist wohl gewiß, daß mit diesem Urteil über Goethes Prosa Thomas Mann zugleich die seine charakterisiert; ja, es ließe sich sogar mit einigem Recht sagen, daß all dies, auf Goethe bezogen, zwar stimmt, aber doch nur stimmt auf die Art des Hochinteressanten: nämlich als die Einsicht eines Geistes, der sich zwar in die Betrachtung Goethes vertieft hat, jedoch mit besonderer Animiertheit sieht, was Goethe ihm als Spiegel des eigenen Genies zeigt. Man möchte dieses Verfahren »entoptisch« nennen, im Sinne jener Doppelspiegel-Farbenphänomene, die Goethe beobachtete und zum Symbol erhob, indem er schrieb: »Bedenkt man . . ., daß wiederholte Spiegelungen das Vergangene nicht allein lebendig erhalten, sondern sogar zu einem höheren Leben emporsteigern, so wird man der entoptischen Erscheinungen gedenken, welche gleichfalls von Spiegel zu Spiegel nicht etwa verbleichen, sondern sich erst recht entzünden, was in der Geschichte der Künste . . . sich mehrmals wiederholt hat und noch

5 Die Geschichte ist inzwischen von Friedrich Torberg in sein Buch *Die Tante Jolesch* 1975 im Langen-Müller Verlag erschienen, aufgenommen worden.

täglich wiederholt.«[6] Auch in einem Gedicht hat Goethe das symbolträchtige Phänomen besungen; es beginnt:

Spiegel hüben, Spiegel drüben,
Doppelstellung, auserlesen . . .

und endet mit der Strophe:

Und der Name wird ein Zeichen,
Tief ist der Krystall durchdrungen:
Aug' in Auge sieht dergleichen
Wundersame Spiegelungen.

Jedoch wäre es sehr unrecht, den Eindruck zu erwecken, daß Thomas Mann in *Lotte in Weimar* Goethe ganz nach seinem eigenen Schriftsteller-Ebenbild erschaffen habe. Denn deutlich zeigt dieses Goethe-Porträt auch die Züge des noch ungebrochenen »Klassikers«, des unironischen, zeigt den Erzkonservativen, der sich eher mit einer Ungerechtigkeit abfinden will als mit Unordnung und, wäre er in England zur Welt gekommen, bestimmt nicht, wie er zu Soret im März 1830 apropos des »radikalen Narren« Bentham bemerkte, sich über die sozialen Mißstände der Zeit erregt, sondern von ihnen profitiert hätte (er, Goethe, hätte wohl kaum »die Sottise« begangen, dort nicht als Reicher oder zum »Bischof« geboren zu werden); zeigt den Bewunderer Bonapartes, den das kriegerisch-liberale Befreiungspathos seiner Deutschen schon deshalb anwiderte, weil ihm die Freiheit, wie sie die Mediokrität meinte, tief suspekt war, und der dafür zu sorgen wußte, daß sein August nicht völkerbefreiend gegen Napoleon zu Felde ziehen mußte; und zeigt auch der Verächter jeglicher egalitären Bestrebung, der wußte, daß ein irgend bedeutender Mensch »nur in Gesellschaft . . . Ähnlicher wirken könne«, so wie Grillparzer es gehört hat: wenn nämlich Schiller und er, Goethe, so hatte er gesagt, »das geworden waren, als was die Welt sie anerkennt, verdankten sie es großenteils dieser fördernden und sich ergänzendsten Wechselwirkung«. (Grillparzers Schilderung seines Besuchs bei Goethe – eine Schilderung, welche dies und jenes zur Frauenplan-Empfangsszene in *Lotte in Weimar* beigetragen –

6 »Schriften zur Literatur – Wiederholte Spiegelungen«.

fand Thomas Mann anscheinend nicht im entsprechenden Band von Grillparzers Werken[7], sondern abgedruckt in einem Programmheft der Münchner Volksbühne – Mai 1920 ist es datiert –, das sich mitsamt Thomas Manns Anstreichungen erhalten hat und im Thomas-Mann-Archiv aufbewahrt ist. Dies sei als Beispiel dafür erwähnt, wie selbst im feinstorganisierten Werk dann und wann der reinste Zufall, der »schöpferische«, etwas einzusagen vermag.) – Auch läßt es Thomas Mann an nichts fehlen, damit wir des geistigen Tyrannen Goethe gewahr werden, der das Romantische verabscheute und etwa angesichts der späteren Bilder Caspar David Friedrichs ausrief »Das soll nicht aufkommen!«[8], und vom Exzessiv-Phantastischen, dem Mittelalterlich-Gotischen, das nun bei den Romantikern hoch im Kurs stand, schrieb:

Hier soll meist das Fratzenhafte,
Das ein düstrer Wahnsinn schaffte,
Für das Allerhöchste gelten.

Er selbst war ja längst von deutscher Art und Straßburger Münsterei ins Mittelmeerisch-Heitere geflohen.

Auch der »Realpolitiker« Goethe tritt in Erscheinung, der innerlich unangefochten im Bündnis mit Macht und Wirklichkeit lebt und von der Hoffnung, als quasi-politischem Prinzip aufgefaßt, so wenig wissen will wie vom »Möglichen«, dem spekulativen Widerpart des Wirklichen: Da im Roman von Regieproblemen des Theaters die Rede ist, entwirft Goethe (gegen Ende des siebenten Kapitels) vor dem seine Morgenvisite abstattenden August das große Mummenschanz-Spektakel. Zwei Frauengestalten sollen da nebst vielen andern allegorischen Figuren auftreten, und zwar in Ketten; der Herold müsse ihre »Bedeutung amtsgemäß ... entfalten«, »denn es sind Furcht und Hoffnung, in Ketten gelegt von der Klugheit, welche sie beide dem Publico als arge Menschenfeinde, dar- und bloßstellen müßte«. »Die Hoffnung auch?« fragt da der erstaunte August; worauf sein Vater antwortet: »Unbedingt.« Mindestens mit so viel Recht wie die Furcht würde sie bloßgestellt. »Bedenke doch, wie läppisch süß und entnervend sie die Menschen illusioniert und ihnen

7 *Grillparzers Sämtliche Werke*, Stuttgart (Cotta), 1887, XV, 150.
8 Biedermann, *Goethes Gespräche*, Leipzig 1909–1911, II, 337.

einflüstert, daß sie sorgenfrei und nach Belieben werden leben dürfen und das Beste sicherlich irgendwo zu finden sein müsse.« Es klingt, als hätte Thomas Mann gerade den marxistischen Romantiker Ernst Bloch gelesen, was er nicht getan haben konnte, weil es das bewußte Buch damals noch gar nicht gab, und auch und vor allem, weil die Attacke auf die Hoffnung wirklich von Goethe ist: »die Hoffnung wie die Frucht sind zwei leere Wesen«, schrieb er am 9. April 1782 an Charlotte von Stein, und im Mummenschanz von *Faust II* bewahrt die »Klugheit« die »Gemeinde« vor Furcht und Hoffnung, »zwei der größten Menschenfeinde«.

Die Meditation über das Wirkliche und das Mögliche erreicht in jener halluzinatorisch-tiefsinnigen Szene des Goethe-Romans ihren Höhepunkt im letzten, dem 9. Kapitel, da Lotte nächtlicherweise in Goethes Wagen vom Theater in den Gasthof zurückkehrt und mit dem bis zur Wirklichkeitsvortäuschung ihrem Geist gegenwärtigen Goethe endlich ihr jahrzehntelang geübtes und nie zustandegekommenes Alkmene-Gespräch führt. Sie sei nach Weimar gekommen – »eine recht curiose Vorfallenheit« sei das, hatte Goethe gesagt, als August ihm im Morgenaudienz-Teil des siebenten Kapitels ihre Ankunft meldete; und auch, daß dieses Auftauchen der Vergangenheit in der Gegenwart wohl »recht schön im Gedicht« wirke, »in der Wirklichkeit aber doch was Apprehensives habe« – sie sei also nach Weimar gekommen, sagt Lotte, um sich »nach dem Möglichen umzusehen, dessen Nachteile gegen das Wirkliche so sehr auf der Hand liegen, und das doch als ›Wenn nun aber‹ und ›Wie nun erst‹ immer neben ihm in der Welt bleibt und unserer Nachfrage wert ist«. Jedoch weiß sie zugleich, daß diese Nötigung, dem Möglichen nachzufragen, »das Werk der Entsagung«, ja manchmal sogar der Verkümmerung sei, und ohne zu ahnen, daß auch Goethe in diesen Jahren sich immer wieder als Entsagenden sah, fügte sie, doch auch wieder auf Goethe-Art das Erfüllt-Wirkliche hoch über das Mögliche stellend, hinzu, daß *sein* Wirkliches sich nicht um versäumte oder gar verkümmerte Möglichkeiten zu scheren brauche; sondern lauter Erfüllung sei es und habe eine »Imposanz, daß niemand sich untersteht, dem Möglichen davor auch nur nachzufragen«.

Nichts »Klassischeres« läßt sich denken als dieser Wirklichkeitsbezug, und nichts »Romantischeres« als die Neigung, sich ins »Mögliche« zu vertiefen, wenn es erst einmal vom Wirklichen überholt ist, oder gar als das Märchenhafte oder Utopische schlechthin niemals die geringste Aussicht auf Verwirklichung hatte. Der klassischen Sensibilität gilt das Mögliche nur, wo es die ihm einzig gemäße »Verwirklichung« zu finden vermag: in der Kunst. Die Staatskunst aber meide das Träumerisch-Utopische, denn es läßt ihr nur allzu leicht die Wirklichkeit zum Alptraum entarten.

Solche »Realpolitik«, allem Ideologisch-Revolutionären abhold, dem »verunnaturenden Drang nach Weltverbesserung«, wie Thomas Manns Goethe es im Siebenten-Kapitel-Gespräch mit John nennt, empfindet sich leicht als »unpolitisch«; und unpolitisch ganz im Sinne seiner alten »Betrachtungen« – ist es als späte Rechtfertigung jenes Buches gedacht? – läßt Thomas Mann seinen Goethe sich denn auch gebärden: ob er vom »großen Dämpricht« Schiller meint, er habe gut reden gehabt, wenn er darauf drängte, daß Faust ins »Tatleben«, ins »menschheitsdienliche Leben« geführt werden müßte, denn ihm, Schiller, verzog »dies Wort ›Politik‹ nicht Mund und Seele . . ., wie sauer Obst«; oder ob er dem John erklärt, daß »Politiker und Patrioten . . . schlechte Dichter« sind, weil »die Freiheit kein poetisches Thema« sei; oder ob ihm der Kopf heiß wird, wenn er daran denkt, was er sich damals beim *Werther* grünschnäbelig alles geleistet im »Motivierungsraptus«: »Gesellschaftsrebellion, Adelshaß, bürgerliche Gekränkheit«, – mußte er »das hineinmengen, Tölpel, ein politisch Gezündel, das alles herabsetzt?« »Unpolitisch« bedeutet auch, wieder wie in Thomas Manns *Betrachtungen*, anti-liberal; und der anti-liberale Unpolitische ist es, der einmal – jetzt ist die Rede vom wirklichen Goethe – im Brief an Zelter vom 6. April 1825 klagte, daß »die gebildete Welt« auf »alle möglichen Facilitäten der Communication« aus sei, »um dadurch in der Mittelmäßigkeit zu verharren«, mit dem Ergebnis, »daß eine mittlere Cultur gemein werde«.

Von demselben »Unpolitischen« berichtet Eckermann unter dem Datum 21. März 1838 (und Eckermann zitierend, Thomas Mann), daß er sich »über den Wahn der jungen Leute« ausgelassen habe, die »in die höchsten Angelegenheiten des Staates mit einwirken« wollen; oder daß er am 19. Februar 1831 sagte, er selber sei immer dafür gewesen, »strenge auf ein Gesetz zu halten, zumal in einer Zeit, wie die jetzige, wo man aus Schwäche und übertriebener Liberalität überall mehr nachgibt als billig«, denn man werde eben »mit zu großer Güte, Milde und moralischer Delikatesse auf die Länge nicht durchkommen«, wo es darum geht, »eine gemischte und mitunter verruchte Welt zu behandeln und in Respekt zu erhalten«; worauf – immer noch wörtlich nach Eckermanns Bericht vom 19. Februar 1831 – die Rede darauf kam, »daß man jetzt auch in der Zurechnungsfähigkeit der Verbrecher anfange, weich und schlaff zu werden, und daß ärztliche Zeugnisse und Gutachten oft dahin gehen, dem Verbrecher an der verwirkten Strafe vorbeizuhelfen. Bei dieser Gelegenheit lobte Vogel (Goethes damaliger Hausarzt) einen jungen Physikus, der in ähnlichen Fällen immer Charakter zeige und der noch kürzlich bei dem Zweifel eines Gerichtes, ob eine gewisse Kindsmörderin für zurechnungsfähig zu halten, sein Zeugnis dahin ausgestellt habe, daß sie es allerdings sei.«

Um wenigstens ein Exempel, ein freilich ungewöhnlich vorbildtreues, von Thomas Manns Knüpf- und Webe- und Flecht-Arbeit vorzuführen, sei hier die Passage aus *Lotte in Weimar* zitiert, die den Brief an Zelter, die Exzerpte aus Eckermanns Gesprächen und manches andere einflicht in des siebenten Kapitels Morgenmonolog, der nur manchmal zum Zwiegespräch Goethes mit kaum zu Wort kommenden dienstbaren Geistern, einschließlich des Sohnes August, wird[9]:

»Freilich sieht's auch wieder gar sehr danach aus, als wollte eine mittlere Cultur gemein werden, um nicht zu sagen eine mittelmäßige, zu deren Gepräge es unter anderm gehört, daß viele, denen es nichts angeht, sich ums Regiment bekümmern. Von unten haben wir den Wahn der jungen Leute, in die höchsten Angelegenheiten des Staates mit einwürken zu wollen, und von oben die Neigung, aus Schwäche und übertriebener Liberalität überall mehr nachzugeben als billig. Lehrt mich aber die Schwierigkeiten eines zu großen Liberalismus kennen, der die Anforderungen des einzelnen hervorruft, so daß man vor lauter Wünschen zuletzt nicht weiß, welche man befriedigen soll. Man wird immer finden, daß man von oben herab mit zu großer Güte, Milde und morali-

9 Die fleißigste und ausführlichste Materialforschung, die mir in bezug auf *Lotte in Weimar* bekannt wurde, ist die Bonner Doktor-Dissertation (aus dem Jahr 1954) von Gerhard Lange: *Der Goethe-Roman Thomas Manns im Vergleich zu den Quellen.* »Material«: Bei allem hohen intellektuellen Vergnügen, das der Roman bereitet, ist doch das Unbehagen nicht ganz vermeidlich, welches daher kommt, daß dieses »Material« oft eben nicht Material, sondern schon Gedichtetes ist – und zudem von Goethe Gedichtetes.

scher Délicatesse auf die Länge nicht durchkommt, bei Nötigung, eine gemischte und mitunter verruchte Welt in Ordnung und Respect zu halten. Mit Strenge auf dem Gesetze zu bestehen, ist unerläßlich. Hat man nicht sogar angefangen, in Dingen der Zurechnungsfähigkeit von Verbrechern weich und schlaff zu werden, indem ärztliche Zeugnisse und Gutachten oft dahin gehen, dem Übeltäter an der verwirkten Strafe vorbeizuhelfen? Es gehört Charakter dazu, in solcher allgemeinen Erweichung fest zu bleiben, und so lob' ich mir den jungen Physicus, den man mir neulich recommandierte, Striegelmann mit Namen, welcher in ähnlichen Fällen immer Charakter zeigt und noch kürzlich bei dem Zweifel eines Gerichtes, ob eine gewisse Kindsmörderin für zurechnungsfähig zu halten, sein Zeugnis dahin ausgestellt hat, daß sie es allerdings sei.«

Daß auch dabei – genau wie bei der Charakterisierung von Goethes Prosa – der *Autobiograph* Thomas Mann seine Hand im Spiel hat, ist um so bemerkenswerter, als hier so gut wie jedes Wort von Goethe selbst ist oder von Eckermann als Goethes Rede berichtet wurde. Freilich bezieht sich das *Auto*biographische in diesem Fall auf eine viel frühere Lebensepoche Thomas Manns, die Zeit eben, in welcher er die *Betrachtungen eines Unpolitischen* schrieb; das aber tut um so weniger zur Sache, als es ja auch damals nicht ohne Ironie abgehen wollte. Denn nach Seiten und Seiten konservativen Aufwands stellt Thomas Mann dort die Frage, ob er nicht, weil er Schriftsteller, *dieser* Schriftsteller war, *nolens volens* durch sein Wesen das förderte, was er haßte und und was er mit jenem Buch bekämpfte: die literarisch-aufklärerische Demokratisierung Deutschlands. Es ist eben in allem und jedem so, daß Thomas Mann seiner *Lotte in Weimar* als Leitspruch hätte mitgeben können, was er 1932 in seiner Adresse bei der Eröffnung des Goethe-Museums in Frankfurt zitierte – nämlich den Satz von Pfuels, wie ihn Biedermann aufgezeichnet hat: »Ich staune nicht vor Goethe, sondern er gefällt mir darum so unendlich wohl, weil ich ihn begreife, mich in ihm spiegele, mich in ihm beständig wiederfinde, und zwar klarer und deutlicher und gefälliger als in mir selbst.« »Das«, meinte Thomas Mann dazu, »ist eines der kostbarsten und richtigsten und erlebtesten Worte, die über Goethe gesprochen worden sind. Dies vertraute und unendliche Wohlgefallen ist es, zu dem ich mich bekenne . . .« Ob Thomas Mann wohl auch noch zwei Jahrzehnte später »unendliches Wohlgefallen« an solchen illiberalen Meinungen Goethes gefunden hätte? Dazu ist – und nicht nur der Pikanterie wegen – anzumerken, daß *Lotte in Weimar* eben auch ein Zeitroman ist und Thomas Mann die »Schwäche und übertriebene Liberalität« »von oben« bei den Macht- und doch auch Nicht-Macht-Habern der Weimarer Republik erfuhr, damals, als der »Wahn der jungen Leute« anderes als nachher – aber doch auch wieder nicht ganz so anderes – von jenen Dächern pfiff, aus denen bald die Flammen schlagen sollten.

3

Ist das Konservative der politische – oder, was dasselbe ist, der im Sinn des früheren Thomas Mann »unpolitische« – Aspekt des Klassischen? Man muß die Frage nur stellen, um mit einiger Ängstlichkeit das Dornengestrüpp zu gewahren, in welches sie führt. Versuchen wir aber, uns nur an dessen Rosen zu halten, so stellt sich heraus, daß auch diese ihre Kriege haben. Womit wir bei Shakespeare wären und wieder dort, wo wir begannen: Lessing war es, der Shakespeare zum Klassiker machte, und gewiß nicht, weil dieser Legitimist war und konservativ. Das aber war er. Alle seine Bastarde und Usurpatoren sind Bösewichte, sein Prinz von Dänemark geht an dem Auftrag zugrunde, die aus den Fugen gegangene Welt wieder ins Rechte zu bringen, und zwar ins naturrechtlich Rechte, und sein Ulysses warnt mit leidenschaftlichen Metaphern und zweifellos auch in Namen seines Dichters vor dem Umsturz der Ordnung:

Take but degree away, untune that string,
And, hark, what discord follows! each thing meets
In mere oppugnancy: the bounded waters
Should lift their bosoms higher than the shores,
And make a sop of all this solid globe:
Strength should be lord of imbecility,
And the rude son should strike his father dead:
Force should be right; or rather, right and wrong,
Between whose endless jar justice resides,
Should lose their names, and so should justice too.
Then every thing includes itself in power,

Power into will, will into appetite;
And appetite, an universal wolf
(So doubly seconded with will and power)
Must make perforce an universal prey,
And last eat up himself.

Wir ersparen es uns und den Klassikern, diese Revue passieren zu lassen und auf Herz und Nieren zu prüfen, ob sie denn auch wirklich klassisch und konservativ seien. Täten wir es, wir gerieten in problem-verdüsterte Bezirke, nämlich in jene, wo der substanzielle Charakter eines Menschen, ihm oft unbewußt, im Kampf liegt mit dem, was er als seinen Glauben und seine Meinung äußert. Bertolt Brecht, der sich der Welt der Politik als Revolutionär präsentierte, war, wie sein Freund Karl Kraus, ein Bewahrer der Republik der Sprache; und als T. S. Eliot einmal auf den Widerspruch zwischen seiner konservativen Politik und seiner umstürzlerischen Dichtpraxis hingewiesen wurde, soll er geantwortet haben, daß seine Sprache nur deshalb den Anschein des Revolutionären habe, weil sie – als Sprache, nicht etwa nur als Meinungsäußerung – gegen die Sprache jener rebelliere, deren Sprechen zur Auflösung jeglicher überlieferten Ordnung führen müsse. So erhitzt von Paradoxen also ist das Land, in dem das Bestehende erhalten oder umgestürzt wird, und zuletzt ja doch nur das Überstehende überstehen wird – und wahrscheinlich nicht einmal das. Weil aber von Thomas Mann und Goethe die Rede ist und davon, daß dem Thomas Mannschen Goethe seine eigene quasi-revolutionäre Vergangenheit sowohl wie seines Erdteils revolutionäre Gegenwart ein Greuel ist, so sei nur noch mit wenigen zaghaften Worten der Beziehung gedacht, die zwischen dem Klassischen (im Sinn dieser Betrachtungen) und dem Konservativen (im Sinn von Thomas Manns Goethe-Bild) obwalten.

Im 18. Buch von *Dichtung und Wahrheit* gedenkt Goethe eines »merkwürdigen Wortes« seines mephistophelischen Freundes Johann Heinrich Merck, eines Wortes, das er sich oft wiederholte und »oft im Leben bedeutend fand«. »Dein Bestreben, deine unablenkbare Richtung«, so hatte Merck ihm einmal gesagt, ist es, »dem Wirklichen eine poetische Gestalt zu geben«, während »die andern das sogenannte Poetische, das Imaginative zu verwirklichen suchen«, »und das gibt nichts wie dummes Zeug«. Bezeichnet dies nicht den Grund, warum Goethe dem »Romantischen«, von welchem seine Zeit so viel Aufhebens machte, dermaßen abgeneigt war, daß er es zu Eckermann (2. April 1829) »das Kranke« nannte: weil, wie er offenbar meinte, »das Romantische« das »Wirkliche« schwächte, entwertete, poetisch proletarisierte, in eine Art von spirituellem Invalidenstand versetzte und abergläubisch dem Glauben anhing, daß das eigentlich Poetische nur in den alle Wirklichkeit transzendierenden Aufschwüngen der Phantasie und des inneren Gesichts zu finden sei. Sieht man, wie bedeutend diese Mercksche Unterscheidung ist? Nicht nur ist sie Schillers Polarität zwischen naiver und sentimentalischer Dichtung verwandt, sondern sie gilt auch – jenseits aller ästhetischen Spekulation – für das pseudopolitische »dumme Zeug«, das sich unvermeidlicher- und lästigerweise einstellt, wenn das »sogenannte Poetische, das Imaginative«, will sagen, das Dialektisch-Spekulative, das Utopische, das Sozial-Phantastische aus spiritueller Verdrießlichkeit über das ach so unpoetische »Wirkliche« seinen unrealisierbaren Anspruch auf Verwirklichung erhebt. »Dem Wirklichen eine poetische Gestalt zu geben« – und zwar dem von Natur und Geschichte erschaffenen Wirklichen, und nicht einmal von der ganzen Natur und der ganzen Geschichte: das Vulkanisch-Eruptive in beiden Bereichen bleibt ausgeschlossen: Ist es nicht einleuchtend, daß eine solche Idee des Klassischen sich dem Konservativen verbünden muß? Da man zugleich aber doch weiß, daß der »Vulkanismus« in Natur und Geschichte immer wieder seinen Anteil und seine Opfer fordert, kommt es unvermeidlicherweise zu jener ironischen Brechung, von der sich im Sinne Goethes sagen ließe, daß ohne sie nur schlechte Geschichte und schlechte Gedichte geschrieben werden. Denn das Verhältnis von Tat und Betrachtung bleibt spannungsreich und voll von Ironien.

Daraus folgt denn, daß Thomas Manns Goethe nicht nur der »klassische« Goethe in der Unversehrtheit seiner Substanz ist, nicht nur der politisch-»unpolitische« Goethe in seiner realistischen Bündnis-Existenz mit der Fürstenmacht (wobei freilich zu bedenken ist, daß ein solcher Bund nicht mit *irgendeiner* Macht denkbar wäre, zum Beispiel nicht mit einer plebejisch-despotischen Macht neueren Gepräges), sondern auch der *ironische* Goethe, der – ein wenig zurechtgemachte – Vorläufer oder Weissager aller Thomas Mannschen Ironien. Es ist nicht verwunderlich, daß Thomas Mann dort, wo er nicht nur Authentisches zitiert und verwebt, sondern geistreich im Geiste Goethes erfindet, sich als Schriftsteller am wohlsten zu befinden scheint. Wie denn auch nicht? Es mußte ihm ja Freude machen, mit einer solchen *imitatio* ernst zu spielen und über das schaffende Einfühlungsvermögen des Künstlers zu verfügen, der sich selbst auf das Vorbild hin wandelt, noch indem er das Vorbild sich selber anpaßt (und ein wenig von solcher Wechselwirkung gibt es ja immer, wo Exemplarischem nachgeeifert wird).

Zum Beispiel: Hochbewußt und überbewußt ist die Kunst Thomas Manns, die in jedem Sinn erlesene Kunst einer alexandrinischen Spätzeit. Was soll da das »naive Genie« als Vorbild? War Goethe aber wirklich so »naiv«, wie Schiller es wollte und für seine Polarität zwischen dem Naiven und dem Sentimentalischen brauchte? »Bin wie ich bin und lebe, des Wortes gedenk, daß wir unbewußt stets am weitesten kommen, frisch ins Blaue«, läßt Thomas Mann seinen Goethe bei der Morgentoilette meditieren, da der ihn frisierende Carl schmeichelnd seines feinen Haares Erwähnung tut. »Bin aus dem Holz, aus dem Gott mich geschnitzt hat«, und meint wohl, daß es ungut sei, sich zu sehr auf Reflexionen über das eigene Sein einzulassen. Warum aber dann der »autobiographische Furor«, die »insistenteste Neugier nach dem Um und Auf deines physisch-sittlichen Seins, nach den weitläufig-verschlungenen Wegen und Dunkel-Laboratorien der Natur, die zu dem Wesen führten, das du bist . . .?« So fragt Thomas Manns Goethe im selben Kapitel bei sich selber an; es klingt aber doch mehr, als richtete Thomas Mann diese Frage ans »naive Genie«, und schon sind wir mit dem Zweifel des Selbstgesprächigen: »Und all das inständig autobiographische Betreiben? Stimmt nicht just zum resoluten Princip« – schon sind wir damit an der Grenze angelangt, die in Zeit und Wesen zwischen Goethe und Thomas Mann verläuft, und überschreiten sie im Nu. Denn an dieser Stelle läßt Thomas Mann seinen Vorbild-Helden sagen: »Denken die Denker doch über das Denken«, obschon ihm das in seiner historischen Wirklichkeit eine unleidige Neugier war: reimte er ja einmal mit kühner Eitelkeit, daß er so groß nur wurde, weil er nie über das Denken nachgedacht. Hier aber soll es im Gegenteil die »große Konfession« rechtfertigen, deren Bruchstücke die Werke sind, ein autobiographischer Sachverhalt, den Thomas Mann, indem er Goethe von der »insistentesten Neugier« nach dem eigenen Wesen monologisieren läßt, der eigenen

Sphäre, der »interessanteren«, »nervöseren«, nicht zu sagen dekadenteren, angenähert hat. Die Thomas Mannsche Goethe-Meditation geht dann so weiter: »Denken die Denker doch über das Denken, – wie sollte der Werkende nicht über den Werker denken, wenn wieder Werk daraus wird . . .«; und sogleich kommt die Weissagung, die keine ist, weil sie nicht von Goethe stammt, sondern von Thomas Mann und zu seiner Zeit – und nicht zuletzt durch ihn – das Geweissagte bereits geschehen war: ». . . und wohl einmal all Werk nur hocheitle Vertiefung sein mag ins Phänomen des Werkes, – ein egocentrisch Werk.«

Ist dies auch nicht Voraussage von Zukünftigem, sondern Diagnose des Gegenwärtigen, so ist es doch als solche überaus einsichtig und klug; und obgleich die Diagnose nicht wirklich von Goethe stammt, so ist es doch nicht ungoethisch, denn Goethe war der erste große Autor des modernen autobiographischen Bildungsromans, dessen »Egozentrizität« bei ihm – und auch bei Thomas Mann – freilich noch Hand in Hand ging mit der weit ausholenden Kraft, Gestalten zu schaffen, die ganz nach dem ihnen innewohnenden Gesetz existieren und keineswegs, wie so oft in der neuesten Literatur, allein nach ihrer subjektiven Bezüglichkeit zur Autobiographie ihres Autors.

Es wäre so leicht kein Ende des Zitierens, wollte man alles anführen, was in diesem Roman in potenziertem Sinn nicht – oder eben gerade nicht zur Gänze mehr – aus der Sphäre Goethes kommt, sondern aus derjenigen Thomas Manns, in potenziertem Sinn, weil ja im einfachen Sinn alles, einschließlich der wörtlichen Goethe-Zitate, von Thomas Mann ist. Oder *könnte* der Dichter der *Römischen Elegien* und so mancher erotischen Derbheit nicht gesagt haben, was Thomas Mann ihn im siebenten Kapitel klassisch-unklassisch sagen oder denken läßt, da ihm ein gewagter literarischer Vorwurf durch den Kopf geht: »Ach, was könnte man Starkes und Merkwürdiges anbieten, wenn man in einer freien geistreichen Gesellschaft lebte! Wie ist die Kunst gebunden und durch matte Rücksichten eingeschränkt in ihrer natürlichen Kühnheit! Das ist ihr aber vielleicht auch wieder gut, und sie bleibt geheimnisvoll-mächtiger, gefürchteter und geliebter, wenn sie nicht nackend geht, sondern schicklich verhüllt und nur hie und da ihre angeborene Verwegenheit erschreckend und entzükkend einen Augenblick offenbart.« Nein, *so* hätte Goethe es wohl kaum gesagt, obgleich dieser antizipierte Einwand gegen eine Literatur, in welcher idiotischer- (und nicht etwa verwegener-) weise das Pornographische fast zur Norm wurde, nicht ungoethisch gedacht ist. Dennoch ist das gewiß nicht von Goethe, sondern vom Schriftsteller, der *Wälsungenblut* schrieb, den *Tod in Venedig,* den inzestuösen *Erwählten* und den von Madame Houpflé verführten *Felix Krull.* Auch ist es eben dieser Schriftsteller, und nicht der Autor der *Wahlverwandtschaften,* welcher über die Grausamkeit als »Haupt-Ingrediens« der Liebe meditiert und dann sich selber fragt: »Wäre die Liebe aus lauter Perhorrescibilitäten zusammengesetzt, das Lichteste aus lauter uneingestandenen Dunkelheiten«, wozu ihm dann witzigerweise einfällt, Goethe fragen zu lassen: »Nil luce obscurius? Sollte Newton doch recht haben?«

An keiner Stelle des Buches aber geht Thomas Mann so weit in der auf sich selbst bezogenen Abwandlung Goethes (oder ist so weithintreffend, wie man es auf homerisch-apollinisch zu nennen versucht ist, weil es ihm so wohl geriet, daß es sich nur wie in die spätere Zeit hinein ›Gesteigertes‹ von Goethisch-Vorgeprägtem ausnimmt) – an keiner Stelle spricht Thomas Mann so unverhohlen von sich selbst, wie dort, wo Goethes Morgenmonolog vom Vorhaben der klassischen Walpurgisnacht handelt, welche den »höfischen Mummenschanz gewaltig überbieten soll«. Alles werde dort auf »mythologischen Humor, auf Travestie« zu stellen sein; und sind wir damit nicht nur in der klassischen Walpurgisnacht, sondern auch bei Thomas Manns Joseph-Roman, so geht es bei diesem »Nicht nur – sondern auch« doch mit rechten, wenn auch verblüffenden Dingen zu. Jedoch folgt auf manches, was den legitim-geistreichsten Äußerungen über den »grandiosen Spaß«, über die klassische Walpurgisnacht, zuzuzählen ist, diese fast schon hymnische Lobpreisung der Parodie: »Parodie . . . Über sie sinn ich am liebsten nach . . . und bei allen Besinnlichkeiten, die die Kunst begleiten, ist diese die seltsamst-heiterste und zärtlichste. Fromme Zerstörung, lächelnd Abschied nehmen . . . Bewahrende Nachfolge, die schon Scherz und Schimpf. Das Geliebte, Heilige, Alte, das hohe Vorbild auf einer Stufe und mit Gehalten zu wiederholen, die ihm den Stempel des Parodischen verleihen.« Hier spricht Goethe unverkennbar von Thomas Manns Roman *Lotte in Weimar* und nicht nur von diesem Roman, sondern von Thomas Manns Lieblingsgedanken, welcher seit dem *Tod in Venedig* (der Novelle, die er, wie wir Grund haben zu glauben, einmal allen Ernstes als klassizistisches Werk konzipiert hatte und die dann zur großen Parodie der Klassizität wurde) – von dem Gedanken, der seit jener Novelle das gesamte Werk Thomas Manns durchwirkte und *literarisch* sein Verhältnis zur deutschen Klassik prägte: fromme Zerstörung, lächelnd Abschied nehmen, bewahrende Nachfolge, die, wenn auch nicht gerade immer Schimpf und Scherz, so doch stets Ironie ist und Parodie.

Riemer zeichnete unter dem Datum des 1. Februar 1813 die folgende Beobachtung Goethes auf: »Das Ungeheure in der Kultur ist dies, daß wir unser Publikum ... zur Ironie erheben, indem wir seine Leidenschaften reinigen.« *Lotte in Weimar* erschien in eben dem Jahr, in welchem sehr ungereinigte und unironische Deutsche den Zweiten Weltkrieg begannen. So ist es wohl kaum verwunderlich, daß der deutsche Emigrant Thomas Mann das elend fehlgeschlagene Kulturexperiment Goethes, es mit dem eigenen in eins setzend, ins Nationale abwandelte und den monologisierenden Goethe aus seiner »Antipathie gegen das Sackermentsvolk«, dem er »im Grund ... zur Last ist«, fragen läßt: »Wie versöhnt man sie? ... Es müßte doch gehen – und ging zuweilen, da doch von ihrem Mark, dem Sachs'schen, Luther'schen so vieles auch in dir, woran du dich in breitem Trotze freust, aber nach deines Geistes Form und Siegel nicht umhin kannst, es in Klarheit und Anmut und Ironie emporzuläutern.« Sowohl die Versöhnung wie das Emporläutern mißglückte, und zwar in einem die Grenzen des Deutschen weit, weit übersteigenden Maße. Es scheiterte an der Welt und mußte an ihr scheitern, denn es gibt keine Völkererziehung, es sei denn in der ästhetischen Utopie, und gewiß keine »emporläuternden« Revolutionen, es sei denn in den Heilsillusionen von in die Politik verirrten Adventisten. Goethe wußte es und sprach bescheiden vom »Publikum«, seinem Publikum, wie unsereines – ziemlicherweise noch viel bescheidener – von seinen Studenten sprechen mag. Die Betrachtung des Klassischen aber, dieses von Fragen beschwerten und von Zweifeln umstellten, immer wieder versuchten und kaum jemals erreichten Friedensschlusses zwischen dem Subjektiven und dem Universellen, zwischen der lauteren Sprache und der unlauteren Wirklichkeit, bleibe der Lohn unserer pädagogischen Mühen.

X.
Die Zurücknahme der Neunten Symphonie

Zu Thomas Manns »Doktor Faustus«

Um vom Allgemeinen, von der größten Bezüglichkeit, zum Besonderen auf einem Abkürzungsweg zu gelangen, beginnen wir, auf das Beziehungsvolle des Themas deutend, mit Goethe, der ohnehin stets mitgedacht wird, wenn von Faust die Rede ist.

Im 6. Buch von *Dichtung Wahrheit* steht der Satz: »Gewiß, es ist keine schönere Gottesverehrung als die, die aus dem Wechselgespräch mit der Natur in unserem Busen entspringt«; und der Sinn solcher Rede ist in Hunderten von Äußerungen Goethes wiederzufinden; zum Beispiel, wenn er an Frau von Stein (am 10. Juli 1786) schreibt, er müsse nicht mehr angestrengt über die Natur »sinnen«, vielmehr »simplifiziere« sich in seiner Seele das ungeheure Reich der Natur so sehr, daß er darauf hoffen könne, es werde sich für ihn auch die schwerste Aufgabe »der Naturbetrachtung« von selber lösen. Hingegen wird man über Adrian Leverkühns Vater Jonathan ein und ein halbes Jahrhundert später von Thomas Mann – sehr im Gegensatz zu solcher »Simplizität« – im 3. Kapitel des *Doktor Faustus* erfahren, daß er mit ominöser, schon ans Schwarzmagische grenzenden Faszination (»mit einer gewissen verschleierten Bemühtheit«, heißt es im Roman) – »sinniert« und »die elementa spekuliert«, und mit Vorliebe dort, wo sich die Natur aufs zweideutigste, ja betrügerischste verhält, wie etwa bei dem Schmetterlings-Glasflügler Hetaera esmeralda, der mit seinen zwei Farbflecken, rosa und violett, auf sonst durchsichtigen Schwingen sich wie ein vom Wind getriebenes Blütenblatt gibt, unbeachtet von seinen freßlustigen Widersachern, oder bei jenen in üppigster Farbigkeit langsam dahinschaukelnden Faltern, von denen es sich in der Vogelwelt herumgesprochen hat, daß sie abscheulich schmecken, und die daher unbehelligt bleiben.

Jonathan Leverkühns Aufmerksamkeit auf solche Unaufrichtigkeiten der Natur ist gewiß grundverschieden von Goethes Naturenthusiasmus, wie er sich in einem der schönsten und berühmtesten Monologe Fausts, dem in »Wald und Höhle« gehaltenen, äußert. Da preist Faust den »erhabnen Geist«, der der Erdgeist, der Geist der Natur selbst ist, dafür, daß er ihm alles gab, worum er gebeten, vor allem »die herrliche Natur zum Königreich«, und nicht nur zum Königreich, sondern zur Vertrauten, die wie das Herz »eines Freundes« zu kennen ihm vergönnt ist. *Dramatisch* hatte Goethe es mit diesem Blankvers-Gedicht freilich nicht leicht; im *Fragment* von 1790 kam es unpassenderweise gleich hinter Gretchens Klage am Brunnen zu stehen und im vollendeten ersten Teil ein wenig schicklicher nach ihrer Liebesbeteuerung im Gartenhäuschen, und ist doch an beiden Stellen, ja im ganzen Drama scheinbar fehl am Ort, denn es straft den Helden Lügen, der sich eben erst »Unmensch ohne Zweck und Ruh« gescholten hat, vom Erdgeist zurückgewiesen und gedemütigt wurde und überhaupt zu ewigem Ungenüge verpflichtet ist.

> Erhabner Geist, du gabst mir, gabst mir alles,
> worum ich bat . . .

Hat in diesem lyrischen Augenblick, auf den sich sozusagen »Verweile doch! du bist so schön! . . .« reimt, Mephistopheles die Wette nicht schon gewonnen, die er am Ende auf so vertrackte Weise verlieren soll?

Was Goethe mit diesem Monolog nicht alles aufs Spiel setzte! Vor allem die Gültigkeit jener Weltenentzweiung, der Faust in der zweiten Studierzimmerszene die Schuld daran zuschreibt, daß ihm das Leben »nicht einen Wunsch erfüllen wird, nicht einen«; denn die unerfüllten und unerfüllbaren Wünsche, die er meint, kommen aus einer *inneren* Verfassung, die im *äußeren* Dasein keine Entsprechung hat. Deshalb vermag sich Faust mit so großer Zuversicht auf eine Wette einzulassen, die er nur gewinnen kann, wenn sein »Streben« niemals ans Ziel kommt, also, so will es scheinen, gewinnen *muß*, denn

> der Gott, der mir im Busen wohnt,
> kann tief mein Innerstes erregen,
> der über allen meinen Kräften thront,
> er kann nach außen nichts bewegen.

Der Gott des Außen hat also die Macht nicht, dieses so zu ordnen, daß es das Innerste dieses Menschen je zu befriedigen vermag. Wie sollte da das Streben nicht ewig sein?

Man sieht, daß der Monolog »Wald und Höhle«, der erst am Ende, ein wenig zu plötzlich und äußerlich, sich Fausts Charakter anbequemt, indem er die Gaben des »erhabnen Geistes« an Mephistopheles, dem schon unentbehrlich gewordenen Gefährten, zunichte werden läßt, – daß dieses Hohelied auf den seligen Frieden zwischen Außen und Innen, Welt und Menschengeist, der

Grundsituation des Dramas zu widersprechen scheint. Dies ist nicht der Ort, sich auf dieses problembeschwerte »scheint« einzulassen. (Ich habe es an anderer Stelle ausführlich getan.[1]) Dennoch wollen wir hier auf dem bloßen »Scheinen« beharren und Goethe recht geben: Er mochte mit gutem Grund diesen Monolog im Drama bewahren und nicht nur deshalb, weil er da ein so schönes Gedicht gemacht hatte, sondern weil Fausts Lobpreisung des »erhabnen Geistes« die Wahrheit hinter der Wahrheit von Fausts ewigem Streben an den Tag bringt und damit auch die Rechtfertigung von Fausts schließlicher Erlösung. Denn betrachten wir es genau, so ist der dramatische Knoten von Goethes *Faust* schon gelöst, noch ehe er in der Paktszene geknüpft wird, eben der Szene, die den Dichter verständlicherweise so lange auf sich warten ließ. Der Teufel kann ja diese Wette gar nicht gewinnen, weil Fausts Seele des Erlösers nicht bedarf. Trotz all seiner Rast- und Ruhelosigkeit ist es dem Gott, der ihm im Busen wohnt, von Anfang an vorbestimmt, eins zu werden mit jenem, der für die Ordnung des Seins einsteht. Wie sollte auch Faust, Goethes Schmerzenskind, mit dem sich der Dichter sechzig Jahre lang abmühte, *nicht* teilhaben an dem in ungezählten Wirrnissen dennoch bewahrten Glauben seines Autors: dem Vertrauen auf eine von der Gnade durchwirkte Welt.

Dieser Glaube wurde immer wieder Pantheismus genannt; es ist jedoch, wenn von Goethe die Rede ist, aufschlußreicher, an die prästabilierte Harmonie zu denken, eine Weltordnung, in der es auf die Dauer unmöglich ist, daß der Gott des Innen nichts wissen will von dem Gott des Außen. Nein, sondern es *muß* sich am Ende eben erweisen, daß das geistige und sittliche Streben des Menschen im Einklang ist mit der wahren Natur des Seins, daß dieses jenem entspricht und »zuspricht«. Deshalb wäre es für Goethes Faust die einzig denkbare Verdammnis, wenn er *nicht* nach jener *Selbst*erfüllung strebte, durch die er in sich das tiefste Einverständnis mit der Weltschöpfung verwirklicht. Und sieht es auch im Drama, dessen Entstehung sich über so viele Jahre von Goethes Existenz erstreckt, oft so aus, als sei Fausts Rettung arg im Frage gestellt – durch seine Weltverfluchung zum Beispiel, die die Geisterwelt veranlaßt, ihn lamentierend zu beschuldigen, er

1 Im Essay »Goethe und die Vermeidung der Tragödie« in *Enterbter Geist*, Suhrkamp Verlag, 1954, und in *Essays über Goethe*, Insel Verlag, Frankfurt a. M. 1970.

habe »die schöne Welt« zerschlagen und müsse nun in seinem Innern wieder aufbauen, was »draußen« in Trümmern liegt; oder wenn er, Herrscher über das durch Teufelswerk gewonnene Land, gegen eine Weltordnung tobt und wütet, in welcher außer ihm noch andere leben, etwa Philemon und Baucis –, *so soll es doch sein*, daß das in seinem Wesensgrund »edle Glied« erlöst wird in jener Unvergänglichkeit, von welcher alles Sterbliche nur ein Gleichnis ist.

»*Es soll nicht sein*«, sagt Doktor Faustus-Leverkühn im 45. Kapitel des Romans in jener erschütternden Szene, da das Kind Nepomuk, unschuldiges Opfer der vom Bösen verbotenen Liebe Adrians, im Sterben liegt und Serenus Zeitblom seinem Freund vergeblich Tröstendes zu sagen versucht. Und wenn Serenus sich schließlich zum Gehen wendet, hält ihn Adrian zurück und spricht eben diese Worte: »Es soll nicht sein . . . Es wird zurückgenommen. Ich will es zurücknehmen.« Was es denn sei, das er zurücknehmen wolle, fragt Serenus, der nicht versteht, was er meint: »Die Neunte Symphonie«, erwidert er. »Und dann kam nichts mehr.« Es ist fast, als zitierte Thomas Mann hier den kleinen Hanno Buddenbrook, der (im 7. Kapitel des 8. Teils von *Buddenbrooks*) die kindliche Missetat begeht, unter dem bis zu ihm gediehenen Familien-Stammbaum einen Doppelstrich zu ziehen und, vom Vater dafür gescholten, stammelnd erklärt: »Ich glaubte... Ich glaubte... es käme nichts mehr...«. Und wenn auf Hanno wirklich nichts mehr folgt, so kommt im Fall Adrian Leverkühns nach diesem Abschied das größte seiner Werke, die Faust-Kantate »D. Fausti Weheklag«, die Zurücknahme des Finales der Neunten Symphonie, das wie kein anderer symphonischer Jubel das ausführlichste musikalische Äquivalent des Dankes ist, den der Goethesche Faust dem »erhabnen Geist« zollt.

Zwar ist das »Seid umschlungen, Millionen« so sehr von Schiller, daß nur der Kuß, der der ganzen Welt gegeben wird, noch schillerischer ist; dennoch hat das Lied an die Freude mit Fausts Monolog das »Dionysische« gemeinsam, die ekstatische Gewißheit, daß das Individuum im Ganzen der Welt geborgen ist und dort trotz seines metaphysischen Schicksals als »dividuum«, als eines vom Ganzen abgesonderten Wesens, sein wahres »In« besitzt, um von Nietzsches witzig-falscher Etymologie Gebrauch zu machen. (Das Ekstatische tut aber auch schon dar, wie gefährdet diese Gwißheit ist. Zeiten und Geister, die ihrer Seinsbezogenheit gewisser sind – »wir nennen's fromm sein« –, gebärden sich weniger überschwenglich in ihrer solches bezeugenden Kunst.)

»Es kann dir ja nix g'schehn«, so spricht auf volkstümlich-nüchterne Art der Steinklopferhans in Anzengrubers *Kreuzelschreibern* von dieser Sicherheit; und damit hängt es wohl zusammen, daß Ludwig Wittgenstein von dem Stück religiös dermaßen betroffen war, daß er das Erlebnis noch viele Jahre nachher einem Freund und Schüler berichtete[2], derselbe Wittgenstein, dessen *Tractatus Logico-Philosophicus* der letzte große Versuch ist, diese Entsprechung von Mensch und Welt *logisch-philosophisch* zu erweisen – und zwar am Menschlichsten, an der Sprache. Er selbst nahm übrigens dieses Werk später auf seine Weise zurück und umzingelte in den *Philosophischen Untersuchungen* die Sprache mit allen erdenklichen Zweifeln, um ausfindig zu machen, ob sie sich nicht in Wahrheit »absurd« zu der Welt verhalte, die zu bezeichnen sie vorgibt. Dazu sei angemerkt, daß mir stets Wittgenstein vor Augen kommt, wenn ich mir Adrian Leverkühn vorzustellen suche, physiognomisch und im Gehaben. Auch stellte Wittgenstein auf Leverkühnsche Art so hohe Anforderungen an sein Werk, daß er oft wie gelähmt schien von seiner philosophischen Aufgabe, die deshalb so schwer war, weil auch er genau wie Thomas Manns Komponist argwöhnte, Werk und Echtheit vertrügen sich nicht mehr miteinander: die Echtbürtigkeit des Geschaffenen stelle sich nur dann nicht in Frage, wenn die kälteste mathematisch-logische Präzision obwaltet. Wo es die »Kuhwärme« des Gefühls gibt, droht auch schon die Lügenhaftigkeit des Ungenauen, und wo die Seele sich vordrängt, die Verführung zum Falschen.

Die Neunte Symphonie also will Adrian Leverkühn zurücknehmen, so wie sein Autor Fausts Erlösung zurücknimmt, denn diese war ja nur möglich, weil Faust mit all seinem ruhelosen Streben anstrebte, was er schon besaß: die Gaben, mit denen der »erhabne Geist« nur aufwarten konnte, weil Fausts Seele ihrer so gewärtig war wie die Bienen des Nektars der Blüten. Nur metaphorischerweise kann hier von Gaben die Rede sein; denn was gegeben ist, ist die vorbestimmte Entsprechung zwischen dem Hunger der Kreatur und der Nahrung, mit der die Natur dafür sorgt, daß er gestillt werde. Freilich gibt es in der Natur von Zeit

2 Norman Malcolm, *Ludwig Wittgenstein. A Memoir.* London 1958, 70.

zu Zeit katastrophale Unfälle und zeitlich ausgedehnte Mißstände, vernichtende Erdrutsche, vulkanische Verschüttungen, Überschwemmungen, Trockenheiten, die nichts wachsen lassen, Hungersnöte, klimatische Revolutionen, diejenigen insbesondere, die ganzen Gattungen von Tieren zum Verhängnis werden. Die wachen dann – sozusagen – eines Morgens auf und finden nicht mehr, wessen sie zu ihrer Ernährung bedürfen. Ob es in der Geschichte der menschlichen Seele ähnliche Katastrophen gibt? Wollen wir Nietzsche glauben, so gibt es sie, und der Tod Gottes war eine der größten. Dieses von ihm – wenn auch nicht zuerst und nicht nur von ihm – diagnostizierte Ereignis ließ ihn so leidenschaftlich vor dem heraufkommenden Nihilismus warnen, ja warnend prophetisch das Ende der Gattung Mensch heraufbeschwören, zumindest jener bedeutenden Subspezies, deren Geist und Seele sich über viele Jahrtausende hin vom Glauben an Götter, Gott, Ideen und kategorische Imperative nährte, das heißt: im Gleichgewicht lebte zwischen den Ansprüchen der inneren Seele und dem von ihr angesprochenen Dasein. Nur der Übermensch, meinte Nietzsche, würde ohne solche Speise sein im Wortsinn *selbst*genügsames Auskommen finden, ja sogar herrlich bestehen nach diesem geistlichen Entzug.

Thomas Manns Doktor Faustus legitimiert sich als Nietzsche-Roman vor allem durch die Zurücknahme der Neunten Symphonie, deren Finale eben von der Entflammbarkeit der Menschenseele durch den »schönen Götterfunken« zeugt. Und es ist ein *humanistischer* Nietzsche-Roman, weil darin der humane Serenus Zeitblom, ganz gegen seine humane Gesinnung und erfüllt von Angst und Schrecken, das von Leverkühn aufgezeichnete Zwiegespräch mit dem Teufel abschreibt – nämlich die Ratifizierung des Vertrages, der den schönen Götterfunken auslöscht und durch die höllische Anfeuerung ersetzt. Deshalb parodiert auch in diesem Dialog der Teufel Nietzsches Autobiographie, die selbst blasphemisch-parodistischerweise »*Ecce Homo*« heißt, und zwar genau die Stelle, wo Nietzsche von seiner Zarathustra-Inspiration spricht, und damit von der kaum mehr glaubhaften Möglichkeit, daß einer im Raptus des Schaffens nichts ist als der Mund höherer Mächte. Daß es eine *göttliche* Inspiration nicht mehr geben kann, ist der Sinn dieser Nietzsche-Parodie, die lautet:

> Bin selig! Bin außer mir! Das nenn ich neu und groß! Siedende Wonne des Einfalls! Meine Wangen glühen wie geschmolzenes Eisen! Bin rasend, und ihr alle werdet rasend werden, wenn dies zu euch kommt! Gott helfe dann euren armen Seelen!

Ist dies ernste Parodie – ernst, denn genau diese Begeisterung und Verzückung verspricht der Teufel an Gottes oder der Götter Stelle seinem Vertragspartner Leverkühn –, so ist es in der unverstellten Wörtlichkeit des Zitats blasphemischer Hohn, wenn der Böse sich im 25. Kapitel des Romans, dem Teufelsdialog- und Vertragskapitel, erbötig macht, mit dem aufzuwarten, »wofür der klassische Dichter, der höchst Würdige, sich so schön bei seinen Göttern bedankt«, und dann Goethes Verse aufsagt:

> Alles geben die Götter, die unendlichen
> Ihren Lieblingen ganz...

Nicht mehr die Götter also geben die Gaben, vor allem die Gabe der großen Kunst, sondern die Hölle. Das aber bedeutet, daß der Mensch nicht mehr imstande ist, sich ins Einvernehmen mit dem Schöpfungsgedanken zu setzen, ihn nachzudenken oder sich daran zu begeistern. Im Gegenteil, will er inspiriert sein, muß er sich Mächten verschreiben, die die Weltschöpfung verneinen oder, wie es in Leverkühns Fall die Spirochäten tun und in anderen Fällen pharmakologisch erzeugte Räusche, das Bild des Lebens verfärben, verschieben, »verrücken«. (»Noch unverrückt«, beginnt eines der klassisch-schönsten Gedichte Mörikes: »Auf eine Lampe«.)

»Wir möchten uns den Unterschied einprägen: harmonische Subjektivität, polyphonische Sachlichkeit«, verlangte Wendell Kretzschmar, der stotternde Musiklehrer Adrian Leverkühns, von seiner kleinen Zuhörerschaft in dem im 8. Kapitel enthaltenen Vortrag über das die Kaisersascherner so wenig interessierende Thema, warum Beethoven zu der Klaviersonate Opus 111 keinen dritten Satz geschrieben habe. Zwar meinte Kretzschmar, der späte Beethoven sei über diesen Gegensatz – harmonische Subjektivität, polyphonische Sachlichkeit – hinaus, der Beethoven der fünf letzten Klaviersonaten, aber gewiß nicht der Komponist der Neunten Symphonie. Zeitblom hält sich offenbar an

Kretzschmars pädagogische Forderung, denn er erinnert sich des damals in Kaisersaschern so sehr betonten gegensätzlichen Begriffspaars bei den viel späteren »quälend gescheiten« Gesprächen im Münchner Intellektuellen-Zirkel in der Martiusstraße. Dort nämlich, so erzählt Serenus im Schlußteil des 34. Kapitels, sprach man viel vom Ende der »harmonischen Subjektivität«, auch wenn man das Gemeinte nicht bei diesem musikalischen Namen nannte, der nach Wendell Kretzschmar die Musik einer ganzen Epoche kennzeichnet. Deren Künstler vertrauen darauf, daß sich in ihrer Subjektivität, und sei sie noch so radikal, die Gesetzmäßigkeit des Weltganzen spiegelt, weil das Individuum sich in Stande der prästabilierten Harmonie mit dem All befindet: der Kuß, der der ganzen Welt gilt, ist ein ehelicher, und eine Art von kosmischer Mitgift sind die Gaben, die der Geist der Natur dem erwählten Genie darbringt.

»Rühmen, das ists!« Der Ausruf stammt von Rilke, dem genauen Zeitgenossen Thomas Manns. »Rühmen, das ists!« Das orphische Sonett-Wort läßt sich auf alle Kunstwerke der »harmonischen Subjektivität« anwenden. Also hat diese noch Geltung? Doch wohl nur sehr bedingterweise; und wir erfahren die Bedingung, wenn wir uns mit der Vorgeschichte von Rilkes Rühmung vertraut machen, den Ängsten und Seelenabstürzen der Malte-Laurids-Brigge-Zeit: »daß diese ins Bodenlose gehängte Welt unmöglich ist«, heißt es da; und dann bedenken, daß dieser Dichter eine Zeitlang die völlige Tilgung alles Individuell-Persönlichen wollte, weil dieses, Störenfried jeglicher denkbaren Harmonie, den Blick auf die Welt verzerrt. Diese Eliminierung der Subjektivität ist das Programm von Rilkes *Neuen Gedichten* und das Hauptthema seiner Briefe über Cézanne, ein Vorhaben, welches erst in der Umkehr, dem *Duineser-Elegien*-Rückzug in die reinste Innerlichkeit, widerrufen wird, aber so, daß die äußere Welt im Widerruf verschwindet: »Nirgends, Geliebte, wird Welt sein als innen.« Gewiß, Rilke hat überstanden (»Überstehn ist alles«, dichtete er einmal), wo Leverkühn unterlag, und läßt man sich auf den unsinnigen Vergleich zwischen einem realen Dichter und einem fiktiven Komponisten ein, so war der Preis, den Rilke entrichtete, ehe es zum orphischen Rühmen kam, zwar kein Teufelspreis, aber doch kein geringer, wozu dann noch zu bedenken ist (noch immer innerhalb der extravaganten Gegenüberstellung), daß Leverkühns Klage-Kantate vom Dr.

Faust nach dem Imaginations-Willen Thomas Manns gewiß ein gewaltigeres Werk ist, als es die Sonette an Orpheus sind.

Thomas Mann hat am Ende des 6. Abschnitts seines »Romans eines Romans«, *Die Entstehung des Doktor Faustus*, als Grundmotiv seines motivreichen Buches die in dieser Zeit stets gegenwärtige und bedrohliche Nähe der künstlerischen Sterilität bezeichnet und damit »die eingeborene und zum Teufelspakt disponierende Verzweiflung«. Da die Götter nicht mehr »gabenselig« sind, klopft die Kunst beim Teufel an, und es erblühen die *fleurs du mal*, die Blüten des Bösen.

Bleibt die Frage, was es mit dieser Zeit auf sich hat, daß sie nach der Meinung unseres Buches – und nicht nur dieses einen – der großen Kunst den Atemraum versagt. Sind es, wie soviel und so gern geglaubt wird, die sozialen Verhältnisse? Der Teufel, dem bekanntlich viel bewußt ist, meint sogar im Dialog mit Leverkühn, daß dieser zu sagen pflegt, die gesellschaftlichen Zustände gewährleisteten nichts, was verbindlich und bestätigt genug wäre, die Harmonie des selbstgenügsamen Werks zu sanktionieren. Hier aber irrt der Teufel. Nach allem, was der Leser über Adrians Meinungen erfährt, kann von einer solchen Gewohnheit kaum die Rede sein. Nur am Ende, in der Wahnsinnsrede des 47. Kapitels, wird Adrian es sich als Schuld auslegen, daß er in »höllischer Trunkenheit« niemals fragte, »was vonnöten auf Erden, damit es dort besser werde«, und nichts dazu beitrug, »daß unter den Menschen solche Ordnung sich herstelle, die dem schöpferischen Werk wieder Lebensgrund und ein redlich Hineinpassen bereite«.

Diese Äußerung wirkt jedoch wie ein Fremdkörper in der Rede, denn sie entspricht nicht im geringsten Adrians Charakter. Kein Wort gegen den Unwillen, den soziale Ungerechtigkeit im sittlichen Gemüt erregt; aber es ist doch äußerst zweifelhaft, ob sich von dem Verhältnis der Kunst zur Gesellschaft so simpel sprechen läßt, oder ob es nach allem, was wir von Leverkühn wissen, auch nur überzeugend ist, daß er es sich an dieser Stelle mit seiner schweren Schuld so leicht macht. (R. H. Tawney, in der Nachfolge Max Webers wohl der bedeutendste und nicht ganz unmarxistische Soziologe der vergangenen Jahrzehnte, wußte es besser, als er im Jahre 1949 in seinem englischen Vortrag über »Sozialgeschichte und Literatur« sagte: »In Wahrheit wissen wir gegenwärtig, von ein paar Gemeinplätzen abgesehen, so gut wie nichts von den Beziehungen, wenn es welche gibt, zwischen den Leistungen der Kunst in einer Epoche und dem Charakter ihres wirtschaftlichen Lebens; seien wir aufrichtig und bekennen wir unsere Ignoranz.«[3] Und es stimmt ja wohl, daß es auch zu Bachs und Mozarts Zeiten der sozialen Mißstände die Fülle gab, und doch war deren Musik nicht des Teufels, obgleich die Musiker im großen und ganzen Fürsten und Erzbischöfe gute oder auch ungute Männer sein ließen.) »Wahr, aber nebensächlich« nennt im 25. Kapitel der Teufel rechtens jene gesellschaftskritische Auskunft Leverkühns über die Frage, woran es liege, daß die Kunst »zu schwer« geworden sei, um groß zu sein, ohne daß »höllisch Feuer unter dem Kessel« brennt. Nein, »die prohibitiven Schwierigkeiten des Werks liegen tief in ihm selbst«. Und die Gescheitheit, mit der der Teufel über diese »prohibitiven Schwierigkeiten« abhandelt, ist diejenige Nietzsches, wenn nicht gar Hegels, während das Gesellschaftstheoretische, das Adrian äußert, aus anderen und späteren Zeiten stammt.

Adrians Lehrer Wendell Kretzschmar wußte über diese »prohibitiven Schwierigkeiten« Bescheid, und es bedurfte des Teufels nicht, um Leverkühn zu lehren, daß die Musik der vergangenen Jahrhunderte sich auf die schöne Eintracht gründete zwischen dem *individuellen* Gefühl, das nach Ausdruck verlangt, und der *allgemeinen* Ordnung von Formen und Konventionen, denen sich die subjektive Expression unterwirft und so als Kunst, als Ordnungsgefüge, möglich wird. Diese Eintracht war es, die Wendell Kretzschmar »harmonische Subjektivität« nannte. Mit dieser aber ist es aus. Das Individuum, in welchem Wissen und vermeintliche Erkenntnis im Laufe der Geschichte das Übergewicht über das Empfinden gewann, nimmt die Konvention nicht mehr hin, und die gegebene Regel regelt an der Wahrheit der Suvjektivität vorbei. Es ist, als ob das Gesetz ins Leere träfe und das Individuelle vom Allgemeinen nichts wissen wollte. Das Gesetz weiß nicht mehr, wie es mit der Innerlichkeit fertig werden soll; und selbst wenn es versuchte, das Herz für sich zu gewinnen, so widersetzte sich dieses solchem Werben mit allen Kräften, denn es fühlt sich in jedem einzelnen Fall als die Ausnahme, die die Regel *nicht* bestätigt; und sagte ein Mensch in aller Aufrichtigkeit, wie es um seine Seele bestellt ist, so wäre seine Rede Tohuwabohu und nicht

3 E. R. Hindon (Hrsg.), *The Rational Tradition,* Harmondsworth 1966, 199 f.

Kunst. Denn Kunst kann nicht sein ohne Gesetzesmaß und Formenzwang. Also verschreibt sich der Künstler, dessen Inneres der Anarchie verfallen ist, zum Zweck des Wirkens nach außen einer nur um so strengeren und »unpersönlichen« Ordnung, einer Abart dessen, was Wendell Kretzschmar »polyphonische Sachlichkeit« nannte.

Bei den Zusammenkünften der Intellektuellen in der Martiusstraße sprach man immer wieder davon, ohne daß sich Adrian vernehmbar machte, wenn die Rede gesellschaftskritisch wurde und es etwa hieß, daß die bürgerliche Kultur den Punkt erreicht habe, von dem es kein Zurück mehr gab: Das individualistisch-ästhetische Bildungsideal war so exzessiv ins Individualistische und Ästhetische gewuchert, daß aus der Bildung jene Über- oder auch Verbildung geworden war, die den Menschen jeglicher Verbundenheit mit der Gemeinschaft beraubte und damit den Künstler von allen Quellen des Ursprungs absonderte. War das nicht lange Zeit schon dem bürgerlichen Theater anzumerken, sagte man dort, einer Bühne, die nur noch den nervösen Reizbedürfnissen einer dem Untergang geweihten Klasse diente, der müden Flucht des bourgeoisen Selbst vor seinen öden Pflichten und Geschäften Vorschub leistete und sich nicht mehr darum scherte, daß das Drama einst dem Kollektiv gehörte, aus dem es geboren war? Wenn es den Anschein hat, daß Bertolt Brecht an diesen tiefsinnigen Beratungen teilnahm, so charakterisieren diese doch auch jenes ideologische Liebäugeln mit Volk und Völkischem, mit Bewegungen, die andere Wege gingen als der dem bürgerlichen Vergnügungstheater so abgeneigte Dramatiker.

Serenus Zeitblom erinnert sich also bei Adrians Komponieren der Münchner Debatten und freilich auch Wendell Kretzschmars, der, vom Ende der »harmonischen Subjektivität« überzeugt, seinem Schüler den Ausblick auf die neue »polyphonische Sachlichkeit« eröffnete, auf eine musikalische Sprache, welche die absolute Bindung anstrebt, und zwar nach dem Muster »der frommen Fessel prä-klassisch strenger Formen«, wie es in jenem Schlußteil des 34. Kapitels heißt. Und so wie nach Kretzschmar die Form der Sonate mit Beethovens Opus 111 ihren Höhepunkt und das eigentliche Ende ihrer Geschichte erreicht hatte, merkte die Musik selbst in nicht allzu ferner Zukunft, daß sie nichts Rechtes mit sich anzufangen wußte. Denn wenn Kretzschmar in dem ganz ihm gewidmeten Kapitel und am Ende seines Vortrags die Frage, warum die Sonate Opus 111 keinen dritten Satz habe, beantwortete, indem er stotternd-rhetorisch ausrief, ob man sich nach dem Ende des zweiten Satzes – er hatte ihn seinen Zuhörern auf dem Klavier vorgespielt – ein neues Anheben vorstellen könne, ein Wiederkommen »nach diesem Abschied«? Nein, die Sonate habe sich mit diesem enormen zweiten Satz zu Ende gespielt; und er meinte, wie wir lesen, nicht »diese nur, in c-Moll, sondern . . . die Sonate überhaupt, als Gattung, als überlieferte Kunstform.« Ist der Verdacht allzu gewagt, daß der, der diesen Vortrag erdachte, daß Thomas Mann in seiner Zeit dabei an die Musik überhaupt dachte, ja den ganzen Bereich der Kunst im Sinn hatte? Es wäre so überraschend nicht, hatte ja bereits Hegel das Ende der Kunst prophezeit; nein, nicht prophezeit, sondern als vollendete Tatsache hingestellt – von Nietzsche ganz zu schweigen.

Adrian war für Kreztschmars Darlegungen um so aufgeschlossener, als ihm von früh an ein stark ausgeprägter Ordnungssinn eignete. »Ordnung ist alles«, sagte er, als er noch sehr jung war und glaubte errötend, die Bibel zu zitieren, wenn er im 7. Kapitel verkündete: »Was von Gott ist, das ist geordnet.« (»Es stellte sich heraus, daß er religiös war«, fügt der humanistische Autor seiner Biographie hinzu.) Als Adrian und Deutschland ein paar Jahre älter waren, hieß das freilich (im 8. Kapitel) » . . . sogar eine alberne Ordnung ist immer noch besser als gar keine.« Das bezog sich auf die Musik des Kauzes Johann Conrad Beissel, der um die Mitte des 18. Jahrhunderts ein skurril-primitives Kompositionssystem von großer Strenge erfand und es in einer religiösen Gemeinde der Auswanderer in Pennsylvania praktizierte. Im Beziehungsfeld des Romans ist dabei freilich an eine noch weitergreifende Totalordnung zu denken, als die von jenem sympathischen Musiktölpel ausgeheckte, nämlich die totalitäre Ordnung der deutschen Tyrannei, deren Siege, »Durchbrüche«, Niederlagen und Greulichkeiten der Hintergrund sind, vor welchem sich das Leben des erzählenden Humanisten sowohl wie des genialen »Tonsetzers« (schon das Wort deutet auf den archaischen Rückfall Deutschlands, der die andere Seite des »Durchbruchs« ist) stellvertretend, wenn auch ins Edle und Schmerzlich-Schöpferische gewendet, abwickelt. Die Qualen, die nach des Teufels Auskunft die Hölle ihren Opfern zufügt, sind dieselben, mit denen die Diktatur der »Ordnung« die »Unordentlichen« peinigt, wie denn überhaupt diese Ordnung im Politisch-Groben jener geistig-seelischen Ratlosigkeit entspringt, die im Sublimen der Künstler Adrian Leverkühn zu überwinden sucht. Wenn sich Zeitblom auf der letzten Seite seiner »Biographie« erschüttert von ihrem Gegenstand verabschiedet – »Gott sei euerer armen Seele gnädig, mein Freund, mein Vaterland« –, ist die beabsichtigte symbolische Identität von Land und Landeskind so genau, wie sie sich im Buch selbst niemals einstellt, freilich ohne daß dies die große Bedeutung des Werks beeinträchtigt.

Ist aber einer in solchen Zeitläuften von Natur und Gottesgnaden Künstler (wenn es erlaubt ist, den Namen Gottes zu nennen, wo von Adrian Leverkühns Künstlertum die Rede ist), wie soll er es anstellen und wie sich betragen, um Werke zu schaffen? Schon einmal hatte Leverkühn diese Frage beantwortet, und zwar im Katastrophensinn Hegels und Nietzsches. Daß es mit dem »Spiel der Kunst« zu Ende sei, hatte er damals gesagt, und zwar deshalb, weil der Stellenwert der Imagination in der menschlichen Haushaltsführung tief abgesunken ist. Unser Wahrheitssinn verbietet uns, das Spiel noch ernst zu nehmen. Daß die Dichter zuviel lügen, hatte Nietzsche seinen Zarathustra in der Rede »Von den Dichtern« sagen lassen, und was er meinte, war gewiß nicht nur das Fiktive in der Dichtung. Nein, es war die Vorgaukelung von Sinn, Ordnung, Gesetz und Harmonie in einer Welt, die uns täglich zu verstehen gibt, daß sie, mit Wahrheitsstrenge betrachtet, nichts dergleichen rechtfertigt. Der schöne Schein der Kunst ist Lug und Trug, und lügt und trügt um so mehr, je schöner er ist; doch lügt und trügt er nicht weniger, wo er seine Scheinhaftigkeit zu verleugnen sucht und Wirklichkeit dazustellen vorgibt. Und Adrian sagt von der Musik, was Nietzsche von der Dichtung sagt.

Da Serenus Zeitblom, der Humanist, der gern an die Unvergänglichkeit der Kunst glaubte, den schmerzlich geliebten Freund so reden hört und dennoch Musik machen sieht, fragt er sich (im 21. Kapitel) »welche Anstrengungen, intellektuellen Tricks, Indirektheiten und Ironien nötig sein würden«, damit einer, den er sagen hörte: »Schein und Spiel haben heute schon das Gewissen der Kunst gegen sich. Sie will aufhören, Schein und Spiel zu sein, sie will Erkenntnis werden« –, damit Adrian Leverkühn in den Stand versetzt werde, ein Werk zu vollbringen, das »als Travestie der Unschuld den Zustand der Erkenntnis einbekannte, dem es abgewonnen . . .« (Travestie der Unschuld: Ist es das, worauf die immer wieder aufklingende romantische Hoffnung hinausläuft, die auf höchster Ebene wiedergewonnene Naivität von Schillers »sentimentalischem« Dichter? Oder das wiedererlangte Paradies, das Kleists Aufsatz vom Marionettentheater einer Menschheit in Aussicht stellt, die es in der Erkenntnis bis zum letzten gebracht hat? Oder sogar noch Zarathustras Kindwerdung des Geistes auf der dritten und höchsten Stufe seiner Verwandlungen?)

Adrian Leverkühn komponierte also im Sinne der »polyphonischen Sachlichkeit«, so wie er es vom Teufel oder der Teufel es von ihm gelernt hat. Wenn es nämlich mit dem »Spiel der Kunst« nichts mehr ist, so bleibt nur der Ernst der Arbeit. Die *Technik* wird der Kunst zum Selbstzweck, und zwar deshalb, weil auch diese so verteufelt schwer geworden ist, daß sich der Künstler daran erschöpft und ihm nichts bleibt als die verstohlene, kaum einbekannte Hoffnung, daß aus der technischen Vollendung etwas Sinn-Ähnliches hervorgehen würde, und sei dieser Sinn auch nicht viel mehr als die Kritik der Kunst selbst, eine Kritik, die ihrerseits zur Kunst zu werden sich anstrengt. Friedrich Schlegel schon sah diese Zukunftsmöglichkeit der Kunst, die freilich im Nu ins Unmögliche umschlagen mochte; denn gerade darin liegt nach der Erkenntnis des Leverkühnschen Teufels (im »verteufelten« 25. Kapitel) »die Gefahr des Unschöpferischen«. Und da Adrian dabei ist, sein großes Werk »Apocalipsis cum figuris« zu schaffen, erhält Serenus Zeitblom, wie er im Schlußteil des 34. Kapitel berichtet, einen Brief von ihm, der »Perotinus Magnus« unterschrieben ist. Da erwägt der besorgte Humanist, wie es, bei allem Ernst der technischen Arbeit, um die innere Ernsthaftigkeit und Legitimität eines Schaffens bestellt ist, das solche scherzhafte Identifikationen »voller Selbstverspottung« erlaubt. Denn dieser Perotinus leitete im 12. Jahrhundert den Kirchenchor von Notre Dame und wurde dafür berühmt, daß seine »kompositorischen Anweisungen zur Höherentwicklung der jungen Kunst der Polyphonie führten«. Hatte aber Adrian ein historisches und, was noch schwerer ins Gewicht fiel, ein geistig-seelisches Anrecht auf die religiöse Sphäre, aus der diese Kompositionsweise stammt, die er »mit den äußersten, entwickeltsten Mitteln betrieb«?

Serenus hatte Adrian einmal sagen hören, daß das Gegenteil der bürgerlichen Kultur nicht die Barbarei sei, sondern die Gemeinschaft, die jene abzulösen bestimmt ist. Fragt sich nur, ob Barbarei und der ideologische Kult der Gemeinschaft mit Notwendigkeit Gegensätze sind, und ob nicht die rein ästhetisch-profane Nutzbarmachung von Prinzipien, die der kultisch-ritualistischen Musik in tiefer Vergangenheit zu eigen waren, Gefahr läuft, das Barbarische wieder heraufzurufen? Nein, nicht das christliche Ritual, sondern Zeiten sind gemeint, da das Transzendentale das Geschäft von Medizinmännern und Magiern war, und gerade das Medizinmännisch-Magische ist es, das in Leverkühns »Apokalipsis« wieder gegenwärtig wird. So wenigstens klingt es den Ohren des Humanisten, und so beschreibt er im selben 34. Kapitel gewisse Passagen des Werks:

> Man hat da Ensembles, die als Sprechchöre beginnen und erst stufenweise auf dem Wege sonderbarster Übergänge zur reichsten Vokal-Musik werden; Chöre also, die durch alle Schattierungen des abgestuften Flüsterns, geteilten Redens, Halbsingens, bis zum polyphonsten Gesang gehen, – begleitet von Klängen, die als bloße Geräusche, als magisch-fanatisch-negerhaftes Trommeln und Gong-Dröhnen beginnen und bis zu höchster Musik reichen. Wie oft ist dieses bedrohliche Werk in seinem Drange, das Verborgenste musikalisch zu enthüllen, das Tier im Menschen, wie seine sublimsten Regungen, vom Vorwurf des blutigen Barbarismus sowohl wie der blutlosen Intellektualität getroffen worden!

Was den Barbarismus betrifft, so hört ihn Zeitblom vor allem den Glissandos an, die in der Komposition der Apokalipsis eine so große Rolle spielen. Sie fallen in eine – von Adrian allerdings raffiniert gemeisterte – Primitivität zurück, als dem Chaos das Tonsystem noch nicht »abgewonnen« und der Klang noch nicht »denaturiert«, also kultiviert war, sondern der Gesang »ein Heulen über mehrere Tonstufen hinweg gewesen sein muß«. Diesen Glissandos war Serenus immer mit dem Verdacht begegnet, daß sich darin »eine anti-kulturelle, anti-humane Dämonie« geltend machte: »Das Geheul als Thema – welches Entsetzen!«, schreibt er; ein Schrecken, der um so entsetzlicher ist, als er ausgedacht und höchst geistreich inszenziert wurde – die »blutlose Intellektualität«, die sich aus Opposition gegen die bürgerliche Kultur der Barbarei *sowohl wie* auch dem Kollektivismus verschrieben hat. Ein Rückgriff auf das Primitive – oder doch das Primitivere –

ist ja schon, ganz abgesehen von der Musik Adrian Leverkühns, Thomas Manns tragisches Parodieren des Frankfurter Volksbuchs aus dem Jahr 1587, ein so radikales Parodieren, daß der Sinn der alten Moralität verkehrt, umgedreht wird. Denn der Faust des alten Volksbuches erfleht vom Teufel die Macht, sich über die authentische Ordnung seiner Zeit zu erheben. Adrian Leverkühn aber, Thomas Manns Doktor Faustus, ist erpicht darauf, mit Hilfe der magischen Vokabeln, Figuren, Charaktere und Konjurationen des Teufels ein Objektives, Bindendes, Zwingendes für sich zu erlangen, ein Festgeordnetes, das ihn der monotonen Abfolge der Varietäten, Banalitäten, Fadigkeiten dieser müden »Meltau«-Freiheit, wie er sie nennt, entheben würde. Gelänge ihm dazu auch noch der »Durchbruch« aus der bloß intellektuell und ästhetisch konzipierten Ordnung der neuen »polyphonischen Sachlichkeit« in eine »Subjektivität«, die, formgebunden, »aus geistiger Kälte in eine Wagniswelt neuen Gefühls« führte, er wäre, wie es im 31. Kapitel heißt, »der Erlöser der Kunst«. Um dieser Erlösung willen überantwortet er sich dem Teufel.

Als Adrian in der großen Disputation mit »ihm« den Gedanken äußert, daß, wenn es mit dem *Spiel* der Kunst nichts mehr ist, man »das Spiel potenzieren« könnte, »indem man mit Formen spielte, aus denen . . . das Leben geschwunden ist«, antwortet der Teufel: »Ich weiß, ich weiß, die Parodie. Sie könnte lustig sein, wenn sie nicht gar so trübselig wäre in ihrem aristokratischen Nihilismus. Würdest Du Dir viel Glück und Größe von solchen Schlichen versprechen?« Und da Adrian zornig »Nein« sagt, ereignet sich die erstaunlichste Selbstverneinung eines Künstlers, die, sei sie auch zur zweiten Potenz erhobenes Spiel, sich bereits mit Hanno Buddenbrook anbahnte und mit *Tonio Kröger* einen ersten Höhepunkt erreichte, einen maßvollen, verglichen mit diesem satanischen Spaß. Der Teufel wartet mit Besserem auf und erhört das Gebet, das Serenus an einer Stelle von Leverkühns »Apocalipsis cum figuris« zu hören glaubte, die einzige Innigkeit eines Werkes, in dem sich die Zurücknahme der Neunten Symphonie nicht etwa nur ankündigt, sondern bereits vollzieht, die Perversion der Sublimität: »Das ganze Werk«, sagt der Betrachter im 34. Kapitel, »ist von dem Paradoxon beherrscht . . ., daß die Dissonanz darin für den Ausdruck alles Hohen, Ernsten, Frommen, Geistigen steht, während das Harmonische und Tonale der Welt der Hölle . . . vorbehalten ist.« Denn der Ort der Eintracht zwischen dem Individuum und der Welt, der Ort der »harmonischen Subjektivität«, ist jetzt das Inferno. Nur dort ist das Unbeschreibliche getan. Was sich aber in der apokalyptischen Komposition wie ein Gebet anhörte, war »eine inständige Bitte um Seele«. Der Teufel gewährt sie.

Adrian Leverkühns und des Teufels Triumph ist »D. Fausti Weheklag«, die Vertonung des alten Faustbuchs von 1587. Die Form dieser Kantate ist von noch härterer Disziplin als die Form aller vorhergehenden Kompositionen Adrians, und ist dennoch der »Durchbruch«. Denn gerade weil die Ordnung hier total geworden ist, kann sich, wie Serenus Zeitblom im 46. Kapitel kundtut, der Künstler darin »hemmungslos, unbekümmert um die schon vorgegebene Konstruktion, der Subjektivität überlassen, und so ist dieses, sein strengstes Werk, ein Werk äußerster Kalkulation, zugleich rein expressiv«. Dies ist also der profunde Skandal des profundesten von Thomas Manns Büchern, daß es zuwege bringt, profund und tief erlitten zu sein, obgleich soviel darin Parodie ist; und dies ist des Buches skandalöseste Erfindung: aus der Hölle kommt Leverkühns letzter Kunst die Beseeltheit. Denn die neue, die re-stabilierte subjektive Harmonie wird nun im Jasagen des Subjektes zu seiner Unerlösbarkeit erreicht. Die höchste Virtuosität vereint sich mit dem Authentischsten, und das Authentischste ist eine Klage, die so herzzerreißend klagt, daß man meint, es sei nie vorher geklagt worden. Doch ist die Klage zugleich der Höllenjubel. Denn wem willst du, hatte der Teufel in »seinem« Kapitel Adrian gefragt, »wem willst du theologische Existenz zuerkennen, wenn nicht mir?« »Bin ich doch nachgerade der einzige, der das Religiöse konserviert.« Das hatte schon Dostojewskijs Teufel gemeint, dem es aber nur bei einem der Brüder gelang, Iwan Karamasow, einer Gestalt, die einige Ähnlichkeit hat mit Adrian Leverkühn.

Das Vergängliche von Thomas Manns *Doktor Faustus* ist die Gleichung Adrian Leverkühn = Deutschland. So recht stimmte sie nie. Wie schon in den *Betrachtungen eines Unpolitischen* verlieh er Deutschland einen zu hohen Stellenwert in der Mathematik des Geistes. Was aber bleibt, ist – trotz der Problematik alles Musiktheoretischen im Buch – das Leiden und sogar die Größe Adrian Leverkühns und damit die Kunst Thomas Manns; und dann noch die schlimme Möglichkeit, daß sich inzwischen die

Hölle der Gaben bemächtigt hat, die bei Goethe noch die Götter für ihre Lieblinge bereithielten. Man höre das Ende von »D. Fausti Weheklag«, wie Zeitblom es am Ende des vorletzten Kapitels beschreibt: »Rein orchestral ist der Schluß: ein symphonischer Adagiosatz, in welchen der nach dem Höllengalopp mächtig einsetzende Klage-Chor allmählich übergeht, – es ist gleichsam der umgekehrte Weg des Liedes an die Freude, das kongeniale Negativ jenes Übergangs der Symphonie in den Vokal-Jubel, es ist die Zurücknahme . . .«. Dies zu spielen, war einem deutschen Orchester zugedacht; die Welt scheint jedoch nicht abgeneigt mitzuspielen. Ob aber der verschwebende Cello-Klang, der am Ende von »D. Fausti Weheklag« »als ein Licht in der Nacht« steht, zugleich auch einen zukünftigen Tagesanbruch verspricht? Wer will dessen gewiß sein nach dieser Zurücknahme der Neunten Symphonie?

XI.
Psychoanalyse und Literatur

In der Geschichte der menschlichen Erkenntnis gibt es immer wieder Augenblicke, in welchen eine von langer Hand vorbereitete Vermutung ins System schießt und von einem privilegierten Geist lehrbar, lernbar und nutzbar gemacht wird. Wir sagen dann, es lag in der Luft, wie etwa der blaue Dunst, der zur Regenwolke sich verdichtet, oder ein dunkler Verdacht, den ein Geistesblitz in vermeintliche Wissensklarheit verwandelt. Und was immer das Zukunftsgeschick der Freudschen Lehre sein mag, ihre historische Bedeutsamkeit ist unbestreitbar. »Man kommt darum nicht herum«, man muß sich mit ihr einlassen, und sei es auch nur, um ihre Gültigkeit zu bestreiten. Eine solche Unausweichlichkeit verdankt eine Theorie wohl stets ihrem langen Reifen im Schoße der Zeit. Sie wird geboren und blickt sich so siegreich um in der Welt, weil sie längst schon weiß, daß es *ihre* Welt ist. Pallas Athene, heißt es, sei in voller Rüstung dem Haupte des Vaters entsprungen. Zeus muß aber viel und lange auf athenisch gedacht und Athenisches erwogen haben, ehe solches geschehen konnte. Und Europa war auf Freud gefaßt, ehe es von ihm hörte.

So ist es also ein unerschöpfliches Beginnen, von Freuds Einfluß auf die zeitgenössische Literatur zu sprechen. Denn historisch und praktisch gesehen ist die Psychoanalyse mehr als nur eine unter vielen möglichen Theorien über die Psyche. Sie ist das systematisch-kritische Bewußtsein selbst, welches der Mensch einer bestimmten geschichtlichen Epoche von seiner Seelenlage hat. Und Literatur ist ja unter vielem anderen auch die künstlerische Gestalt, welche die Selbsterkenntnis einer Zeit sich selbst gibt. Wenn einer heute von Vätern spricht und Söhnen, von Müttern und Träumen, von Liebenden und Nebenbuhlern, von Zufällen, die Schicksal sind, vom Schicksal, das der Charakter ist, vom Lebenswillen und von der Todessehnsucht – und wovon sonst reden die Dichter? –, wie sollte er's anstellen, unbeeinflußt zu bleiben von Freud, und hätte er nie eine Zeile von Freud gelesen? Und wie erst fiele er diesem Einfluß zum Opfer, wollte er ihn etwa tilgen und verdrängen! Könnte heute ein Dichter seinen Helden auf Egmont-Art sagen lassen: »Wie von unsichtbaren Geistern gepeitscht, gehen die Sonnenpferde der Zeit mit unseres Schicksals leichtem Wagen durch, und uns bleibt nichts als, mutig gefaßt, die Zügel festzuhalten, und bald rechts, bald links, vom Steine hier, vom Sturze da, die Räder wegzulenken« – könnte heute einer dichtend solche platonischen Reden führen, ohne zu argwöhnen, daß er es nicht so sehr von Plato wie von Freud hat, daß die unsichtbaren Geister mit ihrer Peitsche das Unbewußte sind, das »Es«, und der recht hilflose Wagenlenker das bewußte »Ich«?

Von Goethe, von Novalis und Kleist, und gar erst von der Literatur des eigentlichen neunzehnten Jahrhunderts, von Stendhal, Flaubert und Maupassant, von Tolstoi und Dostojewskij, ist es ein viel kürzerer Weg zu Freud, als sich die Schulweisheit der Literaturgeschichte träumen läßt. Und die Literatur der folgenden Zeit spielt sich vollends in einem Seelenraum ab, dessen theoretische Definition von Freud stammt.

Sind Hofmannsthal, Schnitzler, Broch, Musil, Kafka, Rilke, Hermann Hesse, Thomas Mann von Freud »beeinflußt«? Haben James Joyce und Virginia Woolf, Hemingway und Faulkner Freud »studiert«? Die Frage, die manchmal mit Ja und häufiger mit Nein zu beantworten wäre, ist so müßig, wie es die Frage wäre, ob die ersten Flugzeugbauer von Newton inspiriert waren. Flugzeuge fliegen im Newtonisch definierten Raum, vertrauend auf die Gültigkeit der Gesetze von Schwerkraft. Wie nun steht es mit dem Freudschen Seelenraum, in welchem die moderne Literatur sich bewegt?

Aus der Vielfalt seiner Eigenschaften seien zwei ausgewählt. Die erste betrifft die Frage der Verantwortung des Menschen für seine Entscheidungen und Handlungen – also die Frage der Sittlichkeit selbst. Als Beispiel diene uns ein Meisterwerk der neueren Novellenkunst, Thomas Manns *Der Tod in Venedig*. Man erinnert sich jener entscheidenden Episode im Ablauf der Geschichte, da der alternde Schriftsteller Gustav von Aschenbach zum letztenmal versucht, die sittliche Initiative in der Auseinandersetzung mit seinem Schicksal zu ergreifen. Er will der Krankheit entrinnen: dem scirocco-schwülen Venedig wie auch der kranken Liebe zu dem schönen Knaben und beschließt, abzureisen. Sein Gepäck läßt er am frühen Morgen mit dem Hotel-Vaporetto an die Bahn bringen, während er selbst findet, es sei reichlich Zeit zu gemächlichem Frühstück – und vielleicht zu einem letzten schweigenden Wiedersehen mit Tadzio. Als er später mit dem öffentlichen Schiff den Bahnhof erreicht, stellt er fest, daß sein Koffer irrtümlich in einen anderen Zug verladen wurde und in falscher Richtung unterwegs ist. An diesem scheinbaren Zufall, der nicht geschehen wäre, hätte er selbst die Abfertigung seines Gepäcks überwacht, bricht seine Entschlußkraft zusammen. Er kehrt ins Hotel zurück, zum Knaben, zur Krankheit, zum Tod.

Schicksal und Zufall sind alte Verbündete; *dieser* Zufall aber konnte *so* nur in der Freudschen Ära ins Schicksal verwoben werden. Denn in der Darstellung Thomas Manns erscheint dieser Zufall nicht wie der Abgesandte eines Gegenspielers, mit welchem Aschenbachs Wille kämpft, nicht wie ein Manöver des großen Gegenübers, welches von alters her Schicksal heißt, nein, sondern wie das Erzeugnis von Aschenbachs *wahrem* Willen, der seine erklärte Absicht Lügen straft. Zwar ist Aschenbach unschuldig an dem Irrtum der Hotelverwaltung, aber unschuldig nur im Sinne des herkömmlichen sittlichen Urteils. Nach dem neuen Gesetz ist er verantwortlich. Und seine Seele *weiß* von dieser Verantwortung, *erfährt* davon, indem sie nicht verstimmt ist durch das Ärgernis, sondern es ekstatisch begrüßt wie einen Akt der Befreiung. »Aschenbach«, so heißt es, »hatte Mühe, die Miene zu bewahren, die unter diesen Umständen einzig begreiflich war. Eine abenteuerliche Freude, eine unglaubliche Heiterkeit erschütterte von innen fast krampfhaft seine Brust.«

Werfen wir nun einen Blick auf Thomas Manns großen Roman *Der Zauberberg.* Der Grundeinfall der Handlung geht in einen Satz: Hans Castorp, ein einfacher junger Mann aus Hamburg, kommt zu kurzem Besuch in ein Schweizer Lungensanatorium und bleibt wider Plan und Erwartung sieben Jahre. Man weiß warum. Er wird selber zum Patienten, wird selber lungenkrank. Warum aber bleibt er *wirklich*? Weil er auf die Rückkehr von Clawdia Chauchat wartet, eine Patientin, in die er sich verliebte und die, als sie das Sanatorium verläßt, gelobt, irgendwann einmal wiederzukommen. Und Hans Castorp wartet sieben Jahre. Gewiß, er ist krank; dennoch ist seine Krankheit nichts als Vorwand seines Wartens. Gegen alle humane Vernunft und sittliche Intention läßt ihn sein *wahrer* Wille krank sein. Also ist er, ist sein wahrer Wille, für die Krankheit verantwortlich. Und Thomas Mann las Freud erst nach dem *Zauberberg. Voilà*, der Zeitgeist!

Man sieht, worauf alles hinausläuft: auf eine Eigenschaft des neuen Seelenraums, welche das festgegründete Vorurteil gegen die Psychoanalyse am geflissentlichsten übersehen hat. Glauben viele nicht immer noch, daß Freud die Moral unterminiert, den Geltungsbereich des Sittlichen in Frage gestellt habe? Das genaue Gegenteil ist wahr, und eine vernünftigere Kritik an Freud wäre, zu sagen, er habe das Maß der humanen Selbstverantwortung ins Ungeheuerliche gesteigert. Die rationalistische Seelen- und Sittlichkeitslehre, welche seit der Aufklärung das europäische Moralempfinden beherrschte, sah die Sittlichkeit siegen oder unterliegen in einem *bewußten* Kampf mit Kräften, welche als »Natur«, »Trieb« oder »Neigung« die schlichten Widersacher der sittlich wachen Persönlichkeit waren. In Freuds Lehre vom Unbewußten aber wird der sittliche Streit und Widerstreit zum totalen Krieg. Er entbrennt nun auch dort, ja gerade dort, wo der Krieger einst ausruhte von den Anstrengungen der Sittlichkeit – im Schlaf, im Traum, in der Phantasie, in der unschuldig-unwillkürlichen Handlung. Sagt einer jetzt: »Ich habe das nur geträumt«, oder »Ich wollte das gar nicht sagen; das Wort ist mir nur so entschlüpft«, oder »Ich wollte es ja tun, aber ich wurde krank«, so wird er belehrt, daß er dies träumte, sagte oder nicht tat, weil sein tiefster Wille es so und nicht anders wollte. Denn Traum, Fehlleistung und Krankheit sind die Schlupfwinkel des bösen Willens, die Masken der unzulänglichen Sittlichkeit. Wenn sich die aufgeklärte Sittlichkeit nur am bewußten *Wollen* und *Tun* zu bewähren hatte, so ist die sittliche Erkenntnis nun wieder aufs *Sein* gerichtet. Ich sage »wieder«, weil es, wenn auch freilich auf sehr andere Art, vor Zeiten einmal schon so war – nämlich als Jesus die Pharisäer in verständliche Angst und keineswegs grundlosen Schrecken versetzte, da er die verborgene Seele über die öffentlich-bewußte Gesetzestreue des Willens stellte.

»Freilich auf sehr andere Art.« Denn die Psychoanalyse, die samt allen ihren Spielarten und eklektisch-modifizierten Abwandlungen ein wesentlicher Aspekt des Zeitbewußtseins ist, hat darum auch Teil an dessen Katastrophe. Diese aber liegt – ärztlich gesprochen, wie sich's hier ziemt – in der großen Überlegenheit der Diagnostik über die Therapeutik. Hat je ein Arzt so viele Krankheitsmöglichkeiten diagnostiziert wie Freud? Die von Freud analysierte Seele enthüllt sich als ein unerschöpfliches Reservoir der Pathologie, aufs prekärste eingedämmt vom allerzerbrechlichsten Begriff der Gesundheit. Alle Lust und alles Leid der Menschenseele, alle Sünden und alle Tugenden, die Ruhelosigkeit des Herzens sowie die große Stetigkeit der Liebe, die Furcht vor dem Bösen und der Glaube an Gott – alles vermag im Handumdrehen auszuarten in ein Symptom der gestörten Ökonomie der Lebenskräfte. *Was* aber ist die Gesundheit der Seele? Wie primitiv und ganz und gar unzulänglich, wie hausbacken-dumm im Vergleich zur Subtilität der Krankheitsdiagnose, ist doch die in den Grenzen der Psychologie einzig mögliche Antwort! Sie lautet: Die möglichst vollkommene Beherrschung der beherrschbaren Lebensverhältnisse, die möglichst friedlich-resignierende Fügung ins Unabänderliche. Wo aber verläuft die Grenze zwischen dem Beherrschbaren und dem Unabänderlichen? Ist sie von Gott gesetzt, diesem Neurosenprodukt der vatergebundenen Psyche? Von der Natur, die den Knaben im Bilde des Ödipus geschaffen und dem heilenden Zugriff der psychologischen Ratio überantwortet hat? Von der Gesellschaft und dem Staat? Von *welcher* Gesellschaft und *welchem* Staat? Von der viktorianischen Sozietät, deren wimmelnde Krankheitssymptome die Psychoanalyse auf den Plan gerufen haben? Von der aufrecht-freiheitlich-bindungslosen Gesellschaft, die ihr diesseits und jenseits des Ozeans stets sich erneuerende Patientenschwärme zuführt? Vom tyrannischen Staat, der sie verbietet?

Der Fragen ist kein Ende, der Antworten kein Anfang. Denn gäbe es eine Antwort, so gäbe es die Psychoanalyse nicht, die es nur gibt, weil der Mensch kein Glaubensbild mehr von dem ihm bescherten oder aufgegebenen »Sein« hat. Wir sind Patienten unserer eigenen Seelenkunde, weil unser diagnostischer Scharfblick für das Kranke jedwede uns mögliche Vorstellung von Gesundheit weit überholt hat – die vollendete Hypochondrie des Unglaubens.

Es ist das Paradox der Psychoanalyse, daß Freud selbst sich noch völlig geborgen fühlte im Glauben jenes Rationalismus, dessen gesellschaftliche Erschütterung Grund sowohl wie fortwirkende Folge seiner Lehre war. Darum hatte er kein Ohr für die *Seins*frage, die er selber aufwarf. Mit erstaunlicher Naivität behandelte er Theorien über das »Wie« psychischer Zusammenhänge, als wären sie eindeutige Antworten auf die Frage nach dem »Was« psychischer Phänomene, ihres *Sinnes* und ihrer möglichen Bezogenheit auf eine mögliche Wahrheit des Seins. Er glaubte zum Beispiel zu wissen, daß urzeitliche Vatermörder sich aus der Not ihrer Schuld einen anbetungswürdigen Gottvater schufen – eine Vermutung, die doch nur insofern einige Überzeugungskraft besitzt, als sie voraussetzt, daß jene wilden Wesen in all ihrer Wildheit ein Gewissen hatten und die seelische Fähigkeit, an Gott zu glauben. Freud nun fragte nicht, welchen Sinn es denn in der Ordnung des Seins habe, daß der Mensch zu Schuld und Glauben befähigt ist, sondern setzte voraus und erachtete wohl gar als erwiesen, daß jenes Gewissen und jener Glaube der Wilden notwendig die Realität verfehlten, an der Wirklichkeit vorbeifühlten und vorbeiglaubten. Er nahm als selbstverständlich hin, daß seinen Hörern und Lesern genauso wie ihm selbst gewisse *Inhalte* von Gewissen und Glauben als antiquiert erschienen, ohne der besonderen *Prägeform* und Qualität dieser doch höchst merkwürdigen seelischen Dispositionen Beachtung zu schenken. Die Frage vollends, ob diese menschliche Gewissens- und Glaubensfähigkeit als solche ihre Entsprechung hat in der Ordnung des Seins, erreichte ihn nicht. Gewiß, er hätte mit Recht gesagt, dies sei keine »psychologische« Frage. Ja, aber der Zweifel sogar schon an der Gültigkeit dieser Frage, ganz zu schweigen von dem Unvermögen, sie zu beantworten, ist das psychologische Grundphänomen einer Epoche, deren repräsentative Psychologie die Psychoanalyse ist.

Es würde zu weit führen, dies an der Verdrängungslehre der Psychoanalyse zu demonstrieren. Vom Anfang seiner Geschichte an steht ja der Mensch unter dem Zwang zur »Verdrängung« und hat nur deshalb eine Geschichte, weil er »verdrängt«. Es ließe sich sogar sagen, daß seine Geschichte nichts anderes sei als der stete Wechsel in der jeweiligen Wahl, bestimmte Potenzen seines seelischen Fundus auf Kosten sehr vieler anderer »verdrängter« Möglichkeiten zu kultivieren. Denn der Mensch unterscheidet sich von aller Natur vor allem dadurch, daß die Summe seiner Möglichkeiten jede mögliche Realitätserfüllung, jede mögliche Aktualität übersteigt. Es ist ihm das Wort gegeben, damit er zur Sprache bringe, was er jeweils nicht verschweigt. Er ist ein beredtes Wesen, weil er unsäglich verschwiegen ist. Dies ist der naturgeschichtliche Aspekt menschlicher Transzendenz, die psychologische Seite des »Existenzproblems«. Menschliche Existenz ist Wahl, Entscheidung, Resignation, Opfer – und freilich neurosenbildende Verdrängung, sobald dem Individuum das Opfer seiner unerfüllten Möglichkeiten nur noch vom trüben Zwang ungeglaubter gesellschaftlicher Normen abverlangt, und nicht mehr vollzogen wird im hellen Glauben an den höheren Wert des bewußt und unbewußt, unterscheidend oder auch nur gehorsam Gewählten. Wenn der Mensch von keinem zwingenden Grund mehr weiß, warum er dieses opfern muß, um jenes zu leisten; wenn ihm die Transzendenz seines Wesens nicht mehr einleuchtet, dann wuchern im Dunkel des Unbewußten seine gekränkten Möglichkeiten zur Neurose. Und die Psychoanalyse teilt mit der Existenzphilosophie ihrer Zeit das tragische Geschick, daß sie zwar das klare Bewußtsein hat von der wählenden, opfernden Not des Menschen, nicht aber den Glauben, der die Not wahrhaft transzendierte. Was der Psychoanalyse aber dennoch eignet, obgleich es ihrem Begründer unbewußt blieb, das ist die Richtung auf das Sein selbst als den Gegenstand der sittlichen Erkenntnis und also des sittlichen Urteils – das Sein und nicht bloß das *Tun*. Eine ihrer Tugenden ist daher die radikale Verneinung der Sentimentalität. Und ist nicht ein jeglicher falschen Gefühlsverhüllung abgeneigter Wahrheitswille das Beste an der modernen Literatur?

Es sollte aber noch von einer anderen, für die Literatur bedeutsamen Eigenschaft der Freudschen Welt die Rede sein – und es war von ihr die Rede. Was soeben von der Psychoanalyse gesagt wurde, heißt, daß sie – wohl als erste in der Geschichte der menschlichen Selbsterkenntnis – das Wagnis unternimmt, von jeder vorgefaßt wertenden, von einem klaren Glauben bestimmten Ordnung der Bewußtseinsinhalte abzusehen. Sie läßt sich mit dem Chaos ein. Die Ordnung muß erst geschaffen werden. Psychoanalyse – das ist der zum System gewordene Verdacht, daß alles und jedes, jeder Traumfetzen, jeder Erinnerungsrest, jede lose Assoziation von ungeahnter Bedeutung für die Ökonomie der Seele sein mag, so wie Marcel im 1. Band von *A la recherche du temps perdu* die plötzlichen Botschaften von einer großen und verborgenen Wahrheit erhält, jene unerwarteten Einflüsterungen der Ewigkeit, die einem Stein zu verdanken sind, in dessen nasser Oberfläche sich die Sonne spiegelt, oder dem Läuten einer Kirchenglocke oder dem Geruch herbstlich verwelkender Blätter – einer verworrenen Menge von Dingen, unter denen »die Wirklichkeit« sich versteckt hat. Seit Nietzsche war die Welt mit dem Argwohn vertraut, daß die Geschichte des europäischen Geistes nichts ist als eine Verschwörung, die Wahrheit zu verbergen; und wo alles darauf aus ist, das wahre Sein zu verhüllen, ist alles auch imstande, es dem enthüllenden Zugriff zu offenbaren. Wir leben in einer Welt, in welcher »alles leitet«, und was Hofmannsthal vom »Erben« solcher Erbschaft sagte, gilt vom Psychoanalytiker und gilt vom Dichter der psychoanalytischen Zeit:

Ihm bietet jede Stelle
Geheimnisvoll die Schwelle.

Prousts großes Romanwerk, dieser Versuch, einer sich entziehenden Wirklichkeit habhaft zu werden im kunstvollen Mosaik alles Erinnerten; James Joyce's »Ulysses«, das geniale Monstrebuch, in welchem das Seelenleben eines einzigen Tages zur Enzyklopädie wird; Hermann Brochs Epos von der Sterbestunde Vergils; ganz zu schweigen von den vielen kleineren »*stream of consciousness*«–Romanen – all das ist das unverkennbare Literaturprodukt einer Epoche, deren Seelentheoretiker Sigmund Freud ist; und was immer bleiben wird von unserer Literatur, der von gestern und der von morgen, wird die Prägung eines Bewußtseins haben, dem Freud zu sich selbst verholfen hat. Kann aber ein so durch und durch geprägtes Bewußtsein aus sich selbst zu jener »geprägten Form« finden, welche bislang alle große Kunst als das Einssein von Bewußtem und Naiv-Gewachsenem erweist?

Und damit wären wir denn bei dem ernstesten Problem, welches »Freud und die Literatur« heißt, und bei der prekären Lage der Dichtung in einer Zeit, welche es so weit gebracht hat in gewissen theoretischen Einsichten in das seelische Dasein des Menschen. Wir sind bei der Kunst überhaupt und ihrer spannungsreichen Beziehung zu jener Richtung des Bewußtseins, welche in Freud kulminiert, aber schon lange vor ihm die Wahrheit über den Menschen immer ausschließlicher im Bereich des Psychologischen suchte. Psychologie aber, die Psychologie des 19. Jahrhunderts, ist weitgehend Desillusionierung, Entmythologisierung, Entpoetisierung. Die Geschichte zum Beispiel des psychologischen Romans, wie er die Literatur des 19. Jahrhunderts beherrscht, ist in einem sehr ernsten Sinn die Geschichte der Auflösung des Poetischen, und damit der Auflösung des Romans selber. Novalis, der schrieb, daß »die sogenannte Psychologie« zu den »Larven« gehöre, »die die Stelle im Heiligtume eingenommen haben, wo echte Götterbilder stehen sollten«, wußte sehr wohl, was er tat, als er die romantische Schwärmerei für *Wilhelm Meister*, ja seine eigene Begeisterung für dieses Buch, mit jenem Mißton störte, der Goethes Roman als einen »Candide, gegen die Poesie gerichtet«, denunzierte, als eine »Satire auf die Poesie« eine »poetische

Maschinerie« zur Zubereitung eines »widerstrebenden« Stoffes, ja als ein »im Grunde« »fatales und albernes Buch«, »undichterisch im höchsten Grade«.[1]

Goethe seinerseits beschuldigte Kleist, diesen Ur-Patienten und Ur-Praktiker der Psychoanalyse, er habe es auf die Verwirrung der Gefühle abgesehen. Was meinte er damit? Wohl die unheimliche Faszination des Krieges, den in Kleists Geist die heroisch-mythenbildende Phantasie mit der psychologischen Erkenntnis-Radikalität führt, eines Krieges, der Kleists Vers und Prosa als das Zerwürfnis der Poesie mit der Seelenpathologie durchwaltet. Wie sollte Goethe diesen Dichter nicht abstoßend und verwirrend finden – Goethe, der glaubte, daß das Geniale allein im sich selbst überlassenen Unbewußten zu Hause sei und daß die Dichtkunst von dem, der sie ausübt, »eine gewisse gutmütige, ins Reale verliebte Beschränktheit« verlange, »hinter welcher das Absolute verborgen liegt«, wie er im Brief an Schiller vom 6. April 1801 schrieb. Unbewußt, gutmütig, beschränkt, vertrauend darauf, daß die verborgene Wahrheit sich dem naiven Sinn in der schlichten Realität dennoch offenbare – wollte man Kleist, wollte man die moderne Literatur von ihrem vollkommenen Gegensatz her bestimmen, dies wäre ihre negative Definition. Ja, es wäre denkbar, daß einer zur Ehrung Freuds eine Geschichte der Literatur schriebe, die mit Goethes sehr bewußter Lobpreisung des Unbewußten begänne und sodann von Kleists tödlicher Spannung zwischen Mythologie und Psychologie zu Nietzsche führte, diesem erstaunlichen Souffleur der Psychoanalyse, welcher wußte, daß der Mensch in der Erkenntnis »ein schönes Mittel zum Untergang« habe.[2] Und am Ende dieser Geschichte würde eine der Kafkaschen Betrachtungen (93) »über Sünde, Leid, Hoffnung und den wahren Weg« stehen, welche lautet: »Zum letztenmal Psychologie!«

Zur Ehrung Freuds? Gewiß, zur Ehrung Freuds, und keineswegs als Böswilligkeit, so wenig wie das angedeutete Thema sich in diesen Andeutungen erschöpft. Es verschlingt sich vielmehr mit einem größeren und reicheren, in welchem es schließlich aufgeht, wie der Schatten, der ein Thema der Sonne ist, aufgeht im Stande ihres Zenits. »Freud und die Literatur«: es könnte sich

1 Novalis, *Fragmente*, herausgegeben von Ernst Kamnitzer, Dresden 1929, 381, 632 f.

2 Musarion-Ausgabe der Gesammelten Werke, München 1922, VI, 48.

zeigen, daß Freud in all seiner medizinischen Nüchternheit (und sie scheint mir besser, diese Nüchternheit des Traumdeuters, als jene selber ein wenig verträumte Psychologie jüngeren Datums, die sich, so scheint es, bei den Träumern größerer Beliebtheit erfreut) – es könnte sich zeigen, daß Freud ein Erbe der deutschen Frühromantik ist. Denn die Frühromantik hatte es ja gewiß nicht einfältigerweise bloß auf die Desavouierung realistischer Nüchternheit im Interesse der Poesie, gewiß nicht auf die bloße Konservierung der poetischen Illusion abgesehen. Solches aus dem gelegentlichen Unwillen des Novalis über den Realismus von *Wilhelm Meister* zu schließen, wäre ein stupider Fehlschluß. Wie, diese Berufsironiker, die sich nie genug tun konnten in der ironischen Durchkreuzung ihrer eigenen poetischen Manöver, sollten sich prüde auf Traumverhüllung und Illusionsbewahrung versteift haben? Nein, ihre Ironie ist das literarische Spiel mit einem großen Ernst: die Poesie zu retten aus dem drohenden Schiffbruch aller Illusionen. Wie man auf den luxuriösen Ozeandampfern Rettungsbootübungen veranstaltet, so will die romantische Ironie dem poetischen Sinn beibringen, wie er sich über Wasser halten solle im drohenden Zudrang des prosaischen Geistes.

Daß die Dichtkunst Wissenschaft werden müsse, und alle Wissenschaft Dichtkunst, verlangte Friedrich Schlegel, und es ist seine Art zu sagen, was Schillers große Sehnsucht und Hoffnung war: daß der höchste Grad der Bewußtheit eine neue, gesündere Naivität hervorbringen möge. Und Novalis selbst? Er schrieb: »Das unkritische Sich-für-gesund-halten, sowie das unkritische Sich-für-krank-halten: beides ist Fehler und – Krankheit.« Würde man es nicht hinnehmen, wenn einer dies als einen Ausspruch Freuds zitierte? Der folgende aber ist bereits einer, obgleich er immer noch von Novalis stammt: »Alles Unwillkürliche soll in ein Willkürliches verwandelt werden.«[3] Bei Freud heißt das: »Wo *Es* war, soll *Ich* werden.«

Man lese doch, wie Freud das Verhältnis von »Ich« zu »Es« darstellt; lese, wie der Arzt von den Wunden spricht, die der Kampf zwischen »Ich« und »Es« der Menschenseele zufügt und wie diese im gesteigerten Bewußtsein ihrer selbst die verlorene Unbefangenheit wiedergewinnt; und dann frage man sich, ob diese große ärztliche Utopie nicht ihre Entsprechung habe in der Vi-

3 Novalis, *Fragmente*, 383.

sion eines zukünftigen Edens, in welche Kleist seine Betrachtung über das Marionettentheater, will sagen, über die neurotische Unfreiheit, das falsche Bewußtsein der gehemmten Seele, ausklingen läßt. Das Paradies der ursprünglichen Naivität und unbewußten Grazie sei verriegelt, heißt es da, und »wir müssen die Reise um die Welt machen und sehen, ob es vielleicht von hinten irgendwo wieder offensteht«; und in der Reinheit des vollkommenen Bewußtseins wird uns wiedergegeben, was uns das schuldgetrübte Wissen geraubt hat: Wir müssen wieder »von dem Baum der Erkenntnis essen, um in den Stand der Unschuld zurückzufallen«.

Ähnliches sagt Schiller, wenn er von der Wiedergewinnung des »Naiven« durch die unendliche Steigerung des »Sentimentalischen« spricht; ähnliches auch Schopenhauer, dieser mit den Schrecken des »Es«, des dunklen Triebes und Willens so innig vertraute Künder eines durch die reine Erkenntnis befreiten »Ich«. Und schließlich Nietzsche und Freud: Scheint auch kein Weg zu führen aus dem Sprachraum des Propheten in das Sprechzimmer des Arztes, so sind sie doch Nachbarn nicht allein in der Zeit. Denn der Nietzscheschen Götter einer ist Dionysos, der Gott des Triebs, der andere aber Apollo, der Gott der ordnenden, bändigenden Sicht und Klarheit. Und auch Nietzsche wollte, daß am Ende Apollo herrsche, nicht *über* Dionysos, sonder *mit* ihm, im utopischen Einssein von Geist und Instinkt. Nachbarn aber sind Nietzsche und Freud vor allem in ihrem psychologischen Wahrheitsfanatismus, der keine Götter dulden wollte, solange sie nicht unendlich mehr sind als die dürftigen Illusionen kranker Seelen. Kommt aber je der Tag, da die Menschen jenseits von Krankheit, Illusion und Entzauberung wieder zur Realität des Glaubens finden, dann mag es sogar geschehen, daß die Geister Nietzsches sowohl wie Freuds zustimmen dem dann nicht mehr verzweifelten Entschluß: »Zum letztenmal Psychologie!«

XII.
Vom Menschen, der sich schämt

1

»*Wie ein Hund*‹, *sagte er; es war, als sollte die Scham ihn überleben.*« – So endet Kafkas *Prozeß* und die Beschreibung von Josef K.s Hinrichtung. Will man den Satz ins Englische übersetzen, stößt man auf eine unüberwindliche Schwierigkeit. Denn im Englischen gibt es nur ein Wort – *shame* – für die zwei deutschen Worte *Scham* und *Schande* (oder die zwei französischen *pudeur* und *honte*). Merkwürdigerweise würde dieses Defizit der englischen Sprache dem Übersetzer nichts anhaben, wenn Kafka »die Schande« geschrieben hätte, nämlich die, die auch nach diesem schändlichen Tod noch in der Welt bliebe. Kafka aber schrieb »Scham«, in diesem Zusammenhang ein viel auffälligeres Wort, weshalb denn auch die Übersetzer »of it« hinzufügten, »*the shame of it*«. Bei Kafka aber ist die Scham sich selbst überlassen und überlebt als grammatikalisches Absolutum. Dies ist so wichtig, wie es außergewöhnlich ist. Denn für die Schande wäre es ein leichtes, das Ende der Person zu überdauern: als die Entehrung seines Namens, des Namens seiner Familie. Anders verhält es sich mit der Scham. Diese, so sollte man meinen, muß von dem, den sie betrifft, *gefühlt* werden, oder es gibt sie nicht, Im letzten Satz des *Prozeß* aber ist der Pulsschlag der Scham so intensiv, daß sie ein eigenes Dasein zu gewinnen scheint, unabhängig von dem, der sie erleidet. Der innere Zustand nimmt körperliche Form an, so wie es die Beutegier im Wolf der Fabel tut und die List im Fuchs, jedoch ohne jegliche allegorische Metamorphose.

Dieser Ausbruch der Scham aus der Zelle der Innerlichkeit und also der Psychologie ist für Kafkas Kunst und moralische Sensibilität so charakteristisch wie die gleiche Emanzipation der Schuld im *Prozeß*. Für Kafka gehörte Schuld sowohl wie Scham zu jenen Urphänomenen, von welchen Goethe im 1233. Aphorismus von *Maximen und Reflexionen* in spielerischer Laune sagte, sie seien wie »eine Folge ohne Grund, eine Wirkung ohne Ursache«; und es »fällt den Menschen so schwer, Grund und Ursache zu finden, weil sie so einfach sind, daß sie sich dem Blick verbergen«. Das ist gewiß ein Transzendental-Scherz auf Kosten Immanuel Kants; und was so einfach und verborgen ist, ist weder Grund noch Ursache im üblichen Sinn der Worte, und das Phänomen ist, was es ist, weil es – wenn es schon ein »weil« geben muß – seine Prägung in der metaphysischen Matrix des Menschseins empfing. Schuld und

Scham sind solche Phänomene. Ohne sie gäbe es den Menschen nicht.

Das bedeutet freilich nicht, daß der jeweilige *Inhalt* dieser *Kategorien* des Erfahrens so unveränderlich ist wie die Prägeform selbst. Keineswegs; die Inhalte wechseln von Epoche zu Epoche, von Kultur zu Kultur, ja von Person zu Person. Unter den vielen Überraschungen, welche exotische Gegenden den Anthropologen bereiten, gab es zum Beispiel jene Stammesfrauen, die sich von ihrer dunklen Haut zulänglich bekleidet fühlten, jedoch alle Anzeichen der Verschämtheit zeigten, nachdem Missionare sie überredet hatten, Lendenschurze anzulegen; dann bedeckten sie diese mit ihren Händen und verbargen sich sogar im Bambusdikkicht. Ihr Schamgefühl wurde von diesen Sexualfähnchen erweckt, die, so meinten sie, unkeusche Aufmerksamkeit auf das lenkten, wovon vorher dezenterweise kein Aufhebens gemacht worden war.

Jedoch sind keine weiten Reisen vonnöten, um solchen Wechselfällen im Schicksal der Scham zu begegnen. Es genügt der Verlauf der Zeit, ja weniger Jahrzehnte schon; und die Unbeständigkeit des historischen Panoramas der Scham wird besonders auffällig, liest man eine Beschreibung der Landschaft, die von einem Hauptingenieur ihrer Verwandlung stammt. In seiner Abhandlung über eine Kindheitserinnerung des Leonardo da Vinci aus dem Jahr 1910 bemerkt *Sigmund Freud* mit offenkundiger Mißbilligung, die Geschlechtsorgane seien seit so vielen Generationen schon Pudenda gewesen, Gegenstände der Scham, daß es einen nicht wundernehmen darf, wenn sich einem »umfassenden Blick auf das Sexualleben unserer Zeit« eine starke Abneigung gegen die Sexualität zeigt: »Widerwillig nur fügen sich die heute Lebenden in ihrer Mehrheit den Geboten der Fortpflanzung und fühlen sich dabei in ihrer menschlichen Würde gekränkt und herabgesetzt.« Hat auch vielleicht die Lust zur *Fortpflanzung* seither nicht sonderlich zugenommen, so haben doch die Worte »unserer Zeit« und »die heute Lebenden« den fatalen Klang rascher Vergänglichkeit für die Ohren der Zeitgenossen des sogar in den bürgerlichsten Wohnbezirken geübten Gemahlinnen-Austauschs, der Gruppen-Sex-Arrangements, der Masters-und-Johnson-Turnhallen und einer Vergnügungsindustrie, in der stets zahlreichere Exhibitionisten für die Bedürfnisse stets zahlreicherer Voyeurs sorgen.

Trotz der offenbaren Mutationen in den Mores von Betragen und Empfinden sind die Beziehungen von Geschlecht und Scham dennoch stets von jener Intimität, wie vielleicht nur die Sexualität sie hervorbringen kann; wie denn auch zu allen Zeiten die Versuche, ihre Dissoziation zu bewirken und die Geschlechtlichkeit schamfrei, »unverschämt« zu machen, etwas Schrill-Hysterisches und Hoffnungsloses an sich haben. Darum ist es auch bloß dem moralischen Bravado und der unreinlichen Erregtheit in den Zurschaustellungen dessen, was sich so gern als »nur natürlich« deklariert, zuzuschreiben, nur dem unnatürlichen Vibrato in der vermeintlichen Stimme der Natur, daß die pausenlose öffentliche Befassung mit dem Geschlechtlichen nicht zur ödesten Langeweile geworden ist – zu einer so langweiligen Langeweile, daß man sie als List der kosmischen Ökonomie zur Verhinderung der Übervölkerung ansehen könnte: bald, so sollte man meinen, müsse die leiseste Andeutung von Sexuellem die möglichen Fortpflanzer der Rasse sogleich in Schlaf versetzen. Daß diese heilsame Folge sich nicht einstellen wird, kommt daher, daß zumindest ein Quentchen von Schock den Darbietungen der Schamlosigkeit erhalten bleibt, auch wenn sie mit der Monotonie eines Uhrwerks gereicht werden; denn die menschliche Sexualität steht unauslöschlich im Zeichen der Scham, wenn dieses auch zu Zeiten von äußerster Blässe sein mag. (Wobei die Literatur des Humoristisch-Obszönen, des »Pornographischen«, das so robust und unnervös ist, daß nur die Prüden es als Pornographie empfinden, des »Tolldreisten«, das zwar satirisch unverschämt, aber nicht schamlos ist, außer acht bleibt. Solche Werke sind so selten wie die bedenkenlose Kraft, die sie ermöglicht, die Kraft etwa von Aristophanes oder Rabelais oder auch Goethe oder Balzac.)[1]

Immer, wenn er diese Allianz von Sexualität und Scham argwöhnisch betrachtet, scheint Freud dem Verdacht nachzugeben, daß sie, weit davon entfernt, in der menschlichen Natur verwurzelt zu sein, einer dunklen Verschwörung entstammt. Hat vielleicht eine Clique von machtlüstern schlauen Priestern die Herrschergewalt über die Menschheit gewonnen, indem sie deren

1 Unberücksichtigt bleibt hier auch der unvergleichlich problematischere, so offenkundig nachpuritanische und nachviktorianische, manchmal geradezu trotzköpfige Phallus-»Realismus« und abergläubische Scham-Exorzismus von James Joyce und D. H. Lawrence.

stärkste Impulse mit dem Bann von Schuld und Schande belegten und das menschliche Empfinden »seit einer langen Reihe von Generationen« zu ihrem Priestervorteil »manipulierten«? Nicht nur darin dächte Freud in der intellektuellen Nachfolge Nietzsches. Hätte er recht, so könnte die »lange Reihe« kaum länger sein. Wenn sie einen Anfang hat, so liegt er in unermeßlicher Zeitferne. Die Frage ist daher nicht, wann sie begann (eine unbeantwortbare Frage), sondern wie es geschehen konnte, daß jene Verknüpfung über so viele Zeitalter und Gesellschaften, von denen viele nichts von dem Gehaben der anderen wußten, sich erhielt – es sei denn, daß der Zwang, Scham auf Geschlecht zu reimen, der menschlichen Psyche so unausreißbar eingepflanzt ist wie der Geschlechtstrieb selbst. (Und wenn es keine »menschliche Psyche« gäbe, sondern nur eine unbestimmbare Menge von Möglichkeiten des Denkens und Fühlens, endlos variierbar im Lauf der Zeit, dann hätte weder Freud noch irgendeine andere Psychologie je einen gehörigen Gegenstand oder Auftrag.)

Natürlich wußte Freud das, auch wenn er zeitweilig nichts davon wissen wollte, und sagte es zum Beipsiel in der zweiten seiner »*Drei Abhandlungen zur Sexualtheorie*«. Er nennt dort das Schamgefühl eine der »seelischen Mächte«, die – wie auch »die ästhetischen und moralischen Idealanforderungen« – »dem Sexualtrieb als Hemmnisse in den Weg treten«. Und während seine hartnäckige Entschlossenheit, die Welt *sub specie sexus* zu sehen, immer wieder staunen macht – darüber, daß etwa der Gedanke des kategorischen Imperativs oder der Lebenswandel des hl. Franziskus oder die Wandmalereien der Sixtinischen Kapelle oder die Musik Mozarts nur den »Dämmen« zu verdanken sind, die das Strömen des Sexualtriebs »beengen« –, so räumt er doch ein, daß das Schamgefühl »organisch bedingt« ist und »hereditär fixiert«, ja »gelegentlich ganz ohne Mithilfe der Erziehung« sich einstellt, so daß diese sich rechtens darauf einschränkt, »das organisch Vorgezeichnete nachzuziehen und etwas sauberer und tiefer auszuprägen«.

2

Gewiß, was die Erziehung betrifft, so spielte sie kaum eine Rolle im Leben von Adam und Eva, es sei denn, wir betrachten die Belehrung, die Eva von der Schlange erhielt, als den Anfang der Pädagogik. Sie führte ja auch dazu, daß das erste Menschenpaar lernte, wessen es vorher nicht mächtig war: sich zu schämen. In diesem Prolog des menschlichen Daseins versteckt sich Adam, nachdem er die Missetat begangen, »vor dem Angesicht Gottes des Herrn unter die Bäume im Garten«; er hatte die Stimme gehört und fürchtete sich, »denn ich bin nackt«. Und damit, daß der Herr ihn fragt: »Wer hat dir's gesagt, daß du nackt bist?«, beginnt die Geschichte des Menschengeschlechts. Ihr Anfang ist Scham; und da Gott keine Antwort erhält, begegnet uns eben mit der Scham eines jener Phänomene von welchen Goethe sagt, sie seien Folgen ohne Grund; und sollte es dennoch einen Grund geben, so haben ihn die Bäume des Gartens den Blicken entzogen.

Diese mythologische Historie, die mit der Macht ihrer Phantasie die Kunst und das Denken von Jahrhunderten wie keine andere inspiriert hat, macht Scham, zugleich mit der Schuld, zur allerersten Begleiterscheinung der Individuation. Denn solange Adam und Eva sich nicht ihrer Nacktheit schämten, waren sie noch keine Individuen, auch wenn der biblische Bericht von ihnen als Mann und Weib spricht, als Adam und Eva. *Waren* sie aber Adam und Eva, Mann und Frau, ehe »Adam sein Weib Eva erkannte, und sie ward schwanger«? Gehört es nicht zum Wesen von Mann und Frau, daß es sie danach verlangt, einandern zu »erkennen«? Die Sprache der Individuation – und eine andere gibt es nicht; nur die Musik mag, wie Schopenhauer glaubte, darüber hinausreichen – überschreitet stets die Grenzen genauen Sinnes, wenn sie von Seinsverhältnissen spricht, die jenseits der Sphäre individualisierter Existenz gedacht und vorgestellt werden, von einem Leben vor diesem Leben oder einem Leben nachher, vom Dasein im Paradies oder im Gelobten Land, vom grenzenlosen Glück des All-Einen: »Die Wölfe werden bei den Lämmern, und die Parder bei den Böcken liegen. Ein kleiner Knabe wird Kälber und junge Löwen und Mastvieh miteinander treiben.« So spricht Jesaia (II, 6) in prophetischer Verzückung; was aber solche ekstatische Poesie prophezeit, ist die Harmonie eines Zustands *jenseits* von Raum und Zeit, einer Welt, in welcher weder reißende Wölfe noch furchtsame Lämmer sind, weder räubernde Parder noch wehrlose Böcklein. Denn der Wolf, der keine Lämmer anfällt, ist kein Wolf, das Lamm, das den Wolf nicht fürchtet, kein Lamm. Was Jesaia da heraufbeschwört, ist eine Welt, die vom *principium individuationis* entweder noch nichts weiß oder dieses überwunden hat, eine Welt ohne partikuläre Wesen. »Und sie waren beide nackt . . . und schämten sich nicht.« Das muß, auch wenn Milton mit poetischer Lizenz es anders will, gewesen sein, ehe sie Adam und Eva waren. Kaum waren sie es, schämten sie sich schon. Denn der Preis der Individuation ist Scham.

War Jehovah, obgleich er an der Nacktheit seiner Kinder vor ihrem Sündenfall keinen Anstoß nahm, ein ausnehmend strenger und prüder Gott? Nun, wie immer es um seinen Puritanismus bestellt sein mag: die Griechen der Antike, Erzeuger und religiöse Verehrer nackter Göttergestalten, waren gewiß keine Puritaner. Sie aber waren es, die die Schamhaftigkeit in den Rang einer Göttin erhoben: Hesiod, ihr großer, lehrhafter Poet aus dem achten vorchristlichen Jahrhundert, vergöttlichte sie. Ihr Name war *αἰδός*.[2] Schon lange aber, ehe sie zur Göttin wurde, galt *Aidos* als Tugend und Quelle aller Würde und guten Sitten. Wurde sie verletzt, so trat Nemesis, ihre Rächerin, auf den Plan. *Aidos* war eben jener Tugendbesitz der Seele, durch welchen der Mensch sich von den Tieren unterscheidet. Immer wieder taucht sie in der griechischen Literatur auf, vor allem bei Homer, und wo sie erscheint, wird von der Sittlichkeit gehandelt. So ist es denn kein Wunder, daß die Philologie jede Textstelle, in welcher *Aidos* vorkommt, auf ihre vielen Nuancen untersuchte; und es ist in der Tat faszinierend, der Prozession von Bedeutungen zu folgen, die das Wort annahm, das einerseits sexuelle Scham bezeichnet, ja manchmal sogar die Genitalien, und andererseits eine Disposition der Psyche meint, nämlich die Fähigkeit, sich zu schämen, deren Negation zur äußersten Unmenschlichkeit führt: zum Beispiel zu jener gräßlichen Brutalität, deren im vierundzwanzigsten Buch der *Ilias* Apollo den Achilles zeiht, »dessen Herz nicht achtet der Billigkeit«, sondern »wie ein Bergleu denkt er nur Wildheit, auch selber der Scham nicht kennt er«, da er die Leiche Hektors mißhandelt. Oder es kommt im neunten Buch der *Odyssee* die Ungeheuerlichkeit des Polyphem auf ihren Gipfel, indem er Odysseus im geringsten nicht versteht, da dieser ihn anfleht, sich

2 Die folgende Diskussion von *αἰδός* stützt sich vornehmlich auf C. E. v. Erffas große Abhandlung über diesen Gegenstand (Supplementband XXX, 2 zu *Philologus*, Leipzig 1937), und diejenige von Richard Harder (*Kleine Schriften*, München 1960, 208 ff.). Diese und andere Hinweise verdankte ich dem verstorbenen Wolfgang Schadewaldt.

an *Aidos* zu halten, die Götter zu ehren und zu scheuen und ihr Gebot der Gastfreundschaft zu achten.

3

Verehrung, Pietät, die Achtung des Mitmenschen, kurz: Humanität – in *Aidos* verbindet sich all dies mit der Scham, und das ist nicht allzu verwunderlich, denken wir an die moralische Reichweite, die auch im neueren Sprachgebrauch das Negativum besitzt: Schamlosigkeit. Liegt nicht in »schamlos« das Äußerste an moralischer Verurteilung, das ein Adjektivum auszudrücken vermag? Wie fest verankert das Gesetz von *Aidos* im Empfinden der Griechen war und welche Katastrophe seine Verletzung zur Folge haben konnte, zeigt eine Geschichte, die Herodot erzählt. Sie handelt von Kandaules, dem König der Lydier, seiner schönen Königin und Gyges, seinem Freund und Vertrauten. Nicht zufrieden, die intimen Freuden seiner Ehe zu genießen, rühmt sich Kandaules damit, ja besteht darauf, die nackte Schönheit seiner Frau dem Gyges zu zeigen, der zuerst zögert, mitschuldig zu werden an dieser Beleidigung der Königin, schließlich aber überredet wird, sich in ihrem Schlafgemach zu verbergen. Sie entdeckt das demütigende Spiel und ist außer sich vor Zorn über den schamlosen Betrug, der an *Aidos* verübt wurde: Gyges, so gebietet sie, muß entweder sich selbst oder den König töten. In der folgenden Nacht ermordet Gyges seinen Gastfreund und bemächtigt sich seines Thrones sowohl wie seiner Königin.

Was diese Geschichte dem einfältigen Sittenrichter, dem Hersteller von lasziven Schwänken oder dem Ergründer psychologischer Subtilitäten zu bieten hat, erwies sich fast als ebenso unwiderstehlich wie die dramatischen Möglichkeiten des berühmten Dreiecks Amphitryon, Alkmene und Zeus. Es ist also nicht überraschend, daß spätere Autoren, jeder auf sehr unterschiedliche Weise, sich den Stoff zunutze machten: Cicero, Hans Sachs, Lafontaine, Gautier, Gide und vor allem Hebbel. Sein Trauerspiel *Gyges und sein Ring* verschmolz Herodots Fabel mit derjenigen, die Platon im zweiten Buch des *Staats* erzählt. Dort findet ein Hirt, ein Vorfahr des Gyges, in einer Höhle, die ein Erdbeben am Ort, wo seine Herde zu weiden pflegte, aufriß, einen Ring, der die magische Kraft besaß, seinen Träger unsichtbar zu machen. So wird denn Hebbels Gyges zum unsichtbaren Voyeur, aber fatalerweise nicht zu einem unhörbaren, und da er, überwältigt von den Verlockungen, die sich ihm im fremden Ehegemach enthüllen, laut aufseufzt, kann die Königin nicht umhin, die Gegenwart eines Dritten zu vermuten. Von da an besteht sie auf dem tragischen Ausgang. Gyges, der sich bei Hebbel in jenem unverschämten Augenblick in die Königin verliebt, läßt sich von ihrem Versprechen, ihn zu heiraten, dazu verleiten, seinen Freund Kandaules zu ermorden. Da sie aber die Nachricht vom Tod des Königs erfährt, begeht sie Selbstmord.

Aus Gründen, die des Interesses nicht entbehren, ist Hebbels Drama mißlungen: nicht, weil er den magischen Ring in die Handlung einführte, und nicht nur, weil die Zeit, in der er schrieb, von heroischen Versdramen, wenn sie nicht Wagnersche Opern waren, so recht nichts mehr wissen wollte, sondern vor allem, weil er es sich an dem Motiv der Nemesis, die die gekränkte *Aidos* rächt, nicht genug sein ließ, sondern anfallsweise darauf aus war, der Handlung sein Hegelianisches Lieblingsthema aufzuzwingen: den Konflikt zweier Geschichtsepochen und ihrer gegensätzlichen moralischen Sensibilitäten. Jedoch gelang es ihm nicht, die Fabel historisch umzudeuten; er verwirrte und verdunkelte bloß die Bedeutung, die bei Herodot ganz auf der verletzten *Aidos* beruht. Vom Anfang des Hebbelschen Dramas an, wo Kandaules trotz der schlimmen Ahnungen seines treuen Dieners die traditionellen Insignia seines könglichen Amtes abschafft, bis zum Ende, oder fast bis zum Ende, wo er meint, er sei an einer schläfrig der hergebrachten Sitte folgenden Welt gescheitert – »Nun rühre nimmer an den Schlaf der Welt« –, läßt es der Dichter nicht an Fingerzeigen fehlen, daß sein Held ein verfrühter Neuerer und Reformator sei, den sein konservatives Reich tragisch untergehen läßt. In dieser Perspektive spielt der magische Ring fast die Rolle einer großen technischen Erfindung, die ermöglicht, was vorher unmöglich war. Die Zauberdinge des Märchens sind aber fehl am Ort in den Häusern des Fortschritts und geheime Schlafzimmerverabredungen *à trois* kaum die rechten Verkünder nobler Reformen. Auch drängt alles, was Dichter in Hebbel ist, darauf, daß der Autor, ohne es zu wollen, auch dichterisch dem Hegel-Schema widerspricht: Unter den Charakteren des Dramas hat Tiefe nur das Gefühl der Königin. So behauptet sich im Herzen des Schauspiels Scham gegen die historisierenden Anschläge des Dramatikers. Und dies kann gar nicht anders sein; denn

Scham läßt sich von keinen Machinationen der Historie aus der Welt schaffen, es sei denn, die menschliche Natur habe überhaupt keine bestimmten Attribute. Für Herodot, der den kapriziösen Einfall des Kandaules ungesund, krank, nennt, war *Aidos* eine solche Eigenschaft.

Auch für Homer. Dem »Historisieren« zugewandt, wie wir nun einmal sind, bedienen wir uns längst schon der Viktorianischen Romane als Lexika der guten Manieren jener Epoche und sind nur wenig erstaunt, daß sogar in einer Komödie Shakespeares ein Mädchen, außer sich vor Eifersucht, ein anderes anherrscht:

> Hast du denn keine Scheu, noch Mädchensitte,
> nicht eine Spur von Scham?

Jedoch mag es uns nicht als selbstverständlich erscheinen, daß in einem großen poetischen Werk, welches vielleicht vor dreitausend Jahren entstanden, Scheu, Mädchensitte und viel mehr als eine Spur von Scham als Zeichen guter Sitten gelten. Das Buch Nausikaa, das sechste der *Odyssee*, ist durchwirkt von der lyrischen Zartheit dieser Tugenden. Das folgende ist ein reizendes Beispiel dafür. Athene, »des Zeus blauäugichte Tochter«, war der Nausikaa, der königlichen Prinzessin der Phäaken, im Traum erschienen, um ihr anzukündigen, daß ihre Hochzeit bevorstehe; das Fest gut vorzubereiten, solle sie im nahen Fluß großen Waschtag halten. Der Göttin Absicht aber war es, auf diese Weise dem schiffbrüchigen und erschöpften Odysseus zu helfen, der in einem Olivendickicht am Ufer dieses Flusses schlief: eine jener freundlich-umwegigen Listen also, mit denen Homers Gottheiten ins Leben ihrer Schützlinge eingreifen und scheinbare Zufälle als Schicksal erweisen. Nausikaa sollte Odysseus entdecken und ihn in den Palast ihres Vaters führen; und da sie nun, der Athene gehorsam, den Vater bittet, ihr einen Wagen für das Waschunternehmen bereitzustellen, begründet sie dieses mit homerischer Weitschweifigkeit und verschweigt den wahren Anlaß: sie schämte sich, dem Vater von der Hochzeit zu reden. Alles verläuft, wie Athene es geplant hatte: Odysseus erwacht vom Gekreisch der Gehilfinnen Nausikaas und tritt aus dem Dickicht, nicht aber ohne »einen laubichten Zweig« aus dem Gebüsch gebrochen zu haben, »des Mannes Blöße zu decken«. Nur die Not bewegt ihn, so wie er war, nackt und »vom Schlamm des Meeres besudelt«, sich den Mädchen zu zeigen. Furchtsam flohen diese »hiehin und dorthin« und »bargen sich hinter die Hügel«; Nausikaa blieb, denn »ihr hatte Pallas Athene Mut in die Seele gehaucht«. Ob sie ihm wohl, bittet Odysseus sie, den Weg zur Stadt weisen und ihm ein Stück zur Bekleidung geben würde, und sei es auch nur das Wickeltuch, worin sie die Wäsche gebracht? Nausikaa ruft die Mädchen zurück, sie scheltend für ihre Furchtsamkeit, und ermahnt sie, die Hilfsbereitschaft, welche die Götter notleidenden Fremden gegenüber anbefehlen, über Angst und Scheu zu stellen. Da aber die Mädchen auf Nausikaas Geheiß Odysseus zum Fluß hinabführen, um ihn zu baden, fordert er sie auf, zurückzutreten: er schäme sich, nackt zu sein in ihrer Gegenwart. Sogar die Griechen zur Zeit Homers empfanden Kleider nicht als die Bedeckung der Nacktheit, sondern die Nacktheit – es sei denn, sie war olympisch ritualisiert – als Mangel an Bekleidung.

Pausanias, der im zweiten nachchristlichen Jahrhundert sammelte, was er an Geschichten aus der griechischen Vergangenheit fand und, vielgereist wie er war, die griechischen Länder schilderte, erzählt in seiner *Beschreibung Griechenlands*, wie die neu vermählten Odysseus und Penelope das Königreich Sparta verließen, wo Penelopes Vater, König Icarius, sie so gern ansässig gemacht hätte. Er folgte ihnen sogar, nachdem sie gegangen waren, und versuchte noch einmal, sie zu überreden, aber vergebens, und als er seine Tochter vor die Wahl stellte, entweder mit ihm zurückzukehren oder ihrem Mann zu folgen, antwortete sie nicht. Sie hüllte sich in ihren Mantel und bedeckte ihr Gesicht. Da wußte Icarius, daß er sie an Odysseus verloren hatte; statt aber zornig zu werden, errichtete er an der Stelle, wo er sie eingeholt hatte, eine Statue zur Ehre der Göttin *Aidos*. Ein wenig wie Nausikaa in der Odyssee, schämte sich Penelope, ihrem Vater von ihrer Ehe zu sprechen, und scheute sich, ihm zu gestehen, daß sie Odysseus mehr liebte als ihn. Scham, Scheu und Rücksicht vereinigten sich in der schweigenden Geste ihrer Verhüllung.

Das Wesen von *Aidos* liegt in dieser Geste, in der auch die Verbindung zwischen jener Bürgschaft des Humanen und der Ehrfurcht vor dem Heiligen sich zeigt. Denn auch das Heilige verlangt, daß der Mensch sich verhülle; und sogar in seinem positivistischsten Buch *Menschliches, Allzumenschliches*, im 100. Abschnitt des ersten Bandes, sagt Nietzsche, daß die Scham sich überall einstelle, wo es ein »Mysterium« gibt. Einige Jahre vorher, zur Zeit der *Geburt der Tragödie*, trug er in sein Notizbuch (gedruckt als 8. Abschnitt der Skizzen zu einer erweiterten Form dieses Werks) die Schopenhauersche Bemerkung ein, daß sich die Scham überall dort einstelle, wo der Mensch sich nur »als Werkzeug unendlich größerer Willenserscheinungen« fühlt, »als er sich selbst, in der Einzelgestalt des Individuums, gelten darf«; und einige Jahre später, im 2. Teil des *Zarathustra* (»Von den Mitleidigen«), erschien ihm die Scham als das Alpha und Omega der menschlichen Geschichte und der Mensch selbst als »das Tier, das rote Backen hat«, »weil er sich zu oft hat schämen müssen«. Die Scham ist nun, wie es im Nachlaß aus den Zarathustra-Tagen zu lesen steht, »der Unhold, der sich zu den Menschen gesellte, als es sie über die Tiere hinaus gelüstete« – »Unhold« aber nur für dasjenige im Menschen, was noch am Tierischen festhält.

Für die Griechen war also *Aidos* die Treuhänderin der Menschlichkeit und die Scham ein Aspekt der *Aidos*. Und Nietzsche hat gewiß recht, wenn er die Scham als so essentiell menschlich ansieht, daß das Menschliche undenkbar ist ohne sie. Dies freilich – und noch einmal – will nicht besagen, daß die Mores der Scham stets die gleichen seien. Wie alle Mores sind sie aus dem Stoff, aus dem die Geschichte gemacht ist. Nicht zu allen Zeiten würden sich die Mädchen wie Nausikaa schämen, mit ihren Vätern über ihre bevorstehende Hochzeit zu sprechen, oder wie Penelope über die Liebe zu ihrem Mann (oder gar, wie es bei Shakespeares Cordelia der Fall ist, über die Liebe zu ihrem Vater). Was aber bleibt, ist die Fähigkeit sich zu schämen, der Entwurf des Sich-Schämens, der der Seele eingeprägt ist. Ist er eine *sine qua non* der Humanität, so folgt daraus, daß die Feldzüge der Schamlosigkeit, auch wenn sie im Zeichen fortschrittlicher Ideologien unternommen werden, auf die Entmachtung der Humanität aus sind.

4

Ideologien. Das verwirrendste Dilemma, das der menschlichen Psyche bekannt ist oder auch nur dunkel von ihr geahnt wird – ein Dilemma, das in der neueren Geschichte immer mehr an Bedeutung gewann – ist dasjenige zwischen den Vorstellungen, die sich der Intellekt macht, und den Ideen, die die Seele sozusagen aus sich selbst hat; zwischen den Überzeugungen, die im raschen Hin-und-Her der Meinungen gebildet werden, und denjenigen, an denen das schwer belehrbare und viel langsamer als der Fortschritt sich bewegende Innere festhält. Kurz: zwischen Ideologie und Substanz. Wo diese im Streit liegen, ist die Authentizität in Frage gestellt; und zweifellos steht die Problematik des Authentischen im intellektuellen Brennpunkt des Zeitalters von Rousseau bis zu den Existentialisten. Es wäre unmöglich, die literarischen und spekulativen Unternehmungen des neunzehnten und zwanzigsten Jahrhunderts darzustellen, ohne das Augenmerk auf dieses Problem zu richten. Man nenne nur Benjamin Constants *Adolphe* oder Flauberts *Madame Bovary* oder Henry James' Romane oder Gides *Falschmünzer* oder Thomas Manns *Felix Krull* oder auch Freuds »Es«, das kaum ein Wort von dem glaubt, was das »Ich« sagt – und schon spürt man überall um sich die Fangarme der unauthentischen Riesenqualle.

Dostojewskijs *Raskolnikow* ist wohl der eindrucksvollste Charakter unter den vielen, die das Gelände bewohnen, das sich zwischen den Meinungen, von denen der Intellekt überzeugt zu sein glaubt, und der unüberzeugten Seele erstreckt, und dort schwindeln, lieben, töten oder bereuen. Stendhals *Rot und Schwarz* aber enthält die witzigste Episode, die sich in jenem zwielichtigen Zwischenreich abspielt. Der Schauplatz dieses 46. Kapitels ist das Schlafzimmer der Mathilde de la Mole, der intelligenten, zynischen, sentimentalen, stolzen Tochter von Julien Sorels aristokratischem Dienstherrn. Sie haben sich ineinander verliebt, wenn eine so einfache Bezeichnung gestattet ist, wo es nichts gibt als Kompliziertes. Mathildes Liebe für den interessanten Streber entstammt zum Teil der Verachtung, die sie für die Mediokrität ihrer eigenen »Restaurations«-Klasse hat. Eines Nachts klettert er zu ihrem Fenster hinauf, so wie sie es angeregt hatte, nicht weil es sie so sehr nach seinem amourösen Besuch verlangte, sondern um seinen Mut und seine Passion auf die Probe zu stellen. Nun aber, da er in ihrem Zimmer ist, »weht Gletscherkälte um das Stelldichein«, und nicht aus Leidenschaft gibt sie sich ihm schließlich hin – Leidenschaft ist ja immer »nur die Nachahmung eines Vorbilds der Phantasie, keine ganz echte Wirklichkeit« –, sondern aus »Pflichtgefühl«: »Der arme Junge hat sich sehr tapfer gezeigt; er muß beglückt werden, oder ich habe wenig Charakter.« Und natürlich weiß Stendhal, der brillante Betrachter der Tiefen und

Absurditäten der Liebe, der Autor von *De l'amour*, daß es in dieser Nacht keinen Augenblick der Spontaneität gibt und sie »statt der in den Romanen so viel gepriesenen Glückseligkeit« nichts fühlt als »Leid und Scham«.

Sie hat, ihre Pflicht gegen den »armen Jungen« erfüllend, ihren intellektuellen Überzeugungen Genüge getan, vor allem ihrer Verachtung für die Konventionen ihrer Gesellschaft. Fühlt sie sich trotzdem oder gar deshalb »tief unglücklich aus Scheu und schmerzlicher Scham«? Neurosen nähren sich von solchen Mißverständissen zwischen den vermeintlichen Einsichten des Denkens und der Mitgift der Seele, wobei die Intelligenz zuletzt in hilfloser Verwirrung zusehen muß, wie sie von der Seele widerlegt wird. Das schließliche Ergebnis mag sehr wohl eine hysterische Intelligenz sein und eine verfinsterte und verkleinerte Seele. Auf keinem Fall läßt sich das Schamgefühl von ideologischen Gesinnungen betrügen, auch nicht, wenn diese in der Verkleidung aufgeklärter Urteile daherkommen. Wäre jedoch Mathilde de la Mole weniger Ideologin gewesen und mehr eine Frau, die liebt, so hätte jene Nacht ihr nicht nur »Leid und Scham« verursacht. Sie hätte erfahren, daß der einzige Überwinder der Schamhaftigkeit die Leidenschaft der Liebe ist, deren Lust sich steigert an dem scheuen Widerstand der Seele. Dies ist der Grund, warum es in einer Welt ohne Scham auch das Enzücken der Liebe nicht gäbe. Eros hätte kein Gefallen gefunden an einer schamlosen Psyche. »*Dans le véritable amour c'est l'âme qui enveloppe le corps*«: Wahrscheinlich war es die französische Pietistin Madame Guyon, die diesen Satz aufschrieb, den Nietzsche im 142. Aphorismus von *Jenseits von Gut und Böse* »das züchtigste Wort« nennt, das er je gelesen. Dessen perfekten Gegen-Satz kannte er wohl kaum, den ersten in Shakespeares Sonett über den Sexualakt:

The expense of spirit in a waste of shame
Is lust in action . . .

Er ist nicht züchtig, obgleich nur erzürnte Keuschheit so bitter anzuklagen vermag. Was sie aber anklagt, ist nicht Liebe.[3]

3 Einer meiner Studenten stellte einmal so unversehens wie witzig Freuds Lehre auf den Kopf. Ich war damals auf Lehrbesuch an einer Universität der amerikanischen Ostküste und wußte noch wenig von der in der Gegend epidemisch grassierenden Indigestion der Seele. Daher zeigte ich mich ungläubig, als er mir sagte,

5

Max Schelers fragmentarischer Versuch »Über Scham und Schamgefühl«, 1913 geschrieben und erst nach seinem Tod veröffentlicht, enthält die Beboachtung, daß sich im Schamgefühl »auf merkwürdige und dunkle Weise ›Geist‹ und ›Fleisch‹, Ewigkeit und Zeitlichkeit, Wesen und Existenz« berühren. Schon im Jahr 1913 verlangten »Geist« und »Fleisch« Anführungszeichen und erhielten sie, und längst schon sind diese klassischen Antithesen, zusammen mit »Geist« und »Körper«, »Leib« und »Seele«, aus den Diensten der Philosophie entlassen, obgleich das philosophische Vermögen der Zeit sich als unzureichend erwiesen hat, sie zu ersetzen. Sei dem wie immer, der alte Sinn dieser Gegensätze kann einem Zeitalter gewiß nicht einleuchten, welches des Evangelisten Wort vom Geist, der willig, und dem Fleisch, das schwach ist, ins Gegenteil verkehrt hat; das Fleisch ermutigt, zu fast jeder Stunde stark zu sein, und den geschwächten Geist sich selbst oder dem Psychoanalytiker überläßt. Gibt es aber doch noch eine Chance, die Bedeutung jener großen Dualismen zu begreifen, dann bietet sie sich in der Erfahrung der Scham. Denn der Mensch ist eben so geartet, daß er sich alles dessen zu schämen vermag, was Natur an ihm ist (und gemeint ist die »natürliche« Natur, nicht die eigentlich menschliche), alles dessen, was ihn als Sklaven von Gesetzen und Notwendigkeiten erweist, gegen die weder sein Geist noch sein Wille bestehen kann.

Goethe haßte es sogar, von den Affereien der Affen an die Verwandtschaft des Menschen mit den Tieren gemahnt zu werden. In den *Wahlverwandtschaften* spricht seine geliebte Ottilie von den »garstigen Affen« und wundert sich, wie man es »über das Herz bringen kann«, sie »sorgfältig abzubilden«. Und obgleich Goethe es ja andrerseits immer wieder mit der Natur hielt, dichtete er doch unter den sublimen Versen, die am Ende von *Faust II* dessen Erlösung und Verklärung feiern, auch die Klage der ihn leiblich in den Himmel tragenden Engel:

> Uns bleibt ein Erdenrest
> Zu tragen peinlich,

daß mehr als die Hälfte meiner Klasse sich in psychoanalytischer Behandlung befände. Was ihnen denn fehle, fragte ich. Seine Antwort war: *They all suffer from repressed chastity* – Sie leiden alle an verdrängter Keuschheit.

Und wär' er von Asbest,
Er ist nicht reinlich –

nicht reinlich, ehe er nicht ganz von Geist verzehrt ist.

Daß die Scham dort sich geltend macht, wo der Mensch sich unter einen Willen gestellt fühlt, der unendlich größer ist als sein eigener, den Willen der Natur, läßt zu allererst an den Hunger denken. Der Hunger und die Verdauung sind es auch, woran Nietzsche denkt, wenn er es dem Unterleib zuschreibt, »daß der Mensch sich nicht so leicht für einen Gott hält«. Auch ist es der Naturzwang der Ernährung, an dem sich sehr deutlich zeigt, daß der Mensch gegen eine solche Übermacht der Natur – und damit auch gegen die Scham – nur zwei Mittel kennt: die Verheimlichung oder das Ritual. Es gibt keine Kultur, welche die Unvermeidlichkeit der Nahrungsaufnahme nicht »vermenschlicht«, mit Würde versehen, ritualisiert hätte, sei es nun durch einfache Tischmanieren oder die umständlichen Zeremonien der Bankette.

Ist aber, wenn sie durch Speise belohnt wird, die Unterwerfung des Hungernden unter den stärkeren Willen der Natur vergnüglich, so ist die Niederlage des Sterbenden schrecklich. Der Schrecken und die in der Niederlage, begründete potentielle Scham des Todes, wurde in früheren Zeiten von der Hoffnung auf eine erlöste Wiederaufstehung oder auch von der Feier des Tragischen gemildert, wenn nicht ganz und gar überwunden. Anders ist es in der Gegenwart, die rasch im Vergessen ist und stumpf gegen die Verdammnis; und was die Tragödie betrifft, so hat sie alle Eintrittsscheine an die Vergangenheit verkauft. Zwar mag die Rhetorik des Tragischen auch heute noch in etwas verlotterter Form überdauern, die Scham des Todes aber läßt sich nicht mehr verbergen, ganz zu schweigen von ihren vielen nahen oder fernen Verwandten: der Verlegenheit des Alterns, den Täuschungen, die es verheimlichen sollen, dem schrecklichen Hinausschieben des Endes mit Hilfe einer medizinischen Technik, die so oft mehr das Sterben als das Leben verlängert, und den traurigen Betretenheiten der Begräbnisse.

Der Tod hat sich den Pudenda hinzugesellt – gerade so, als gelte es, die Scham für die Verluste zu entschädigen, die sie allerwärts durch den Zudrang der Schamlosigkeit erlitten hat. Dennoch muß zu *allen* Zeiten, wo der Tod war, auch ein Keim von Scham

gewesen sein. Aus ihm erstanden die großen feierlichen Rituale, mit denen alle Kulturen den Tod umgaben. Dies hat der Tod gemeinsam mit den Festlichkeiten der Hochzeit, dem sexuellen Ereignis, das Nausikaa schamhaft ihrem Vater verschwieg. In noch viel höherem Grad ermutigt auch der Tod nicht die Ausgesprochenheit, wie aus der Fülle von Euphemismen zu ersehen ist, die sein Schrecken und seine Scham erzeugt haben – Euphemismen, die oft selber schamlos sind in ihrer offenkundigen Motivierung. Die Schande des Todes, dem das Ritual versagt wird, ist sogar das Thema einer der großen Tragödien des griechischen Altertums: der *Antigone* des Sophokles. Denn Antigone geht an dem königlichen Befehl zugrunde, daß ihrem Bruder, der im Kampf gegen den König gefallen war, das Ritual der Bestattung versagt werde. Unmenschlich sollte er vor aller Augen erleiden, was alle animalische Natur im Tod erleidet: die Verwesung des Leibes und daß er zum Fraß wird den Bestien.
Vor aller Augen. Wie die Sprache, die Liebe, die Kultur selbst, wäre auch die Scham nicht denkbar, wenn der Mensch von Natur aus zum Alleinsein geschaffen wäre, obgleich er sich vielleicht auch dann noch Gott als den »Anderen« erwählt hätte. Dennoch wäre es falsch, anzunehmen, daß die Scham ein ausschließlich soziales Phänomen sei. Zuletzt schämt sich der Mensch, wenn er sich schämt, vor sich selbst, auch wenn ihm unter den Blicken und durch die Zeugenschaft der anderen sein schamvoller Zustand am eindringlichsten zu Bewußtsein kommt. Als Sartre noch ein Philosoph war (und sich noch nicht einem politischen Fanatismus überlassen hatte, dem politische Talentlosigkeit assistiert), wußte er das: Scham, schrieb er im 1. Kapitel des 3. Teils von *Sein und Nichts*, läßt den Menschen erkennen, daß er *ist*, wie andere ihn sehen. Und gewiß ist er es selbst, der ihn durch die Augen der andern anblickt, auch wenn der andere ein Fremder ist oder gar Sokrates, zu dessen Ruhm Alkibiades im Symposium sagt, er sei der einzige Mensch, der ihn das Sich-Schämen gelehrt habe.

Der vierte Teil von Nietzsches *Zarathustra* schildert eine der merkwürdigsten Begegnungen, die der Prophet im Lauf seiner merkwürdigen Wanderungen hat. Im Reich des Todes trifft er auf den »häßlichsten Menschen«, ein erbärmlich verunstaltetes Geschöpf, und da er ihn erblickt, überfällt ihn »die große Scham darob, daß er so etwas mit den Augen angesehen habe«. »Errötend bis hinauf an sein weißes Haar«, wendet er den Blick ab und beschleunigt seine Schritte, um die schreckliche Erscheinung schnell hinter sich zu lassen. Aber der häßlichste Mensch hat ihn erkannt – »daß du errötest . . . daran erkannte ich dich als Zarathustra« (an der Schamröte also erkannte er den »höheren Menschen«) – und ruft ihm nach: »Rate mein Rätsel!« Wer er sei, das ist das Rätsel, und »was ist die Rache am Zeugen?« Da bleibt Zarathustra stehen und löst das Rätsel: »Du bist der Mörder Gottes . . . Du erträgst den nicht, der *dich* sah – der dich immer und durch und durch sah, du häßlichster Mensch! Du nahmst Rache an diesem Zeugen!« Ja, sagt da der häßliche Mensch, »er *mußte* sterben . . . Er sah des Menschen . . . verhehlte Schmach und Häßlichkeit. Sein Mitleiden kannte keine Scham: er kroch in meine schmutzigsten Winkel . . . Er sah immer *mich*: an einem solchen Zeugen wollte ich Rache haben – oder selber nicht leben. Der Gott, der alles sah, *auch den Menschen:* dieser Gott muß sterben! Der Mensch *erträgt* es nicht, daß solch ein Zeuge lebt.«

Dies ist Nietzsche-Zarathustras letzte und versteckteste Verkündigung des Übermenschen. Gott, der Zeuge, wird vom häßlichsten Menschen getötet, damit es die Scham nicht mehr gebe. Schämt er sich nun wirklich nicht mehr, auch nicht vor Zarathustra, der sich für ihn schämt? Soll aber so nicht gefragt werden, so muß der Mensch überwunden werden – denn »der häßlichste Mensch« steht hier superlativisch für den Menschen schlechthin – und der utopische Übermensch, der schönste Mensch, muß an seine Stelle treten. Der erst wüßte von nichts, dessen er sich zu schämen hätte und nähme paradoxerweise keinen Anstoß daran, von Gott zu jeder Zeit gesehen zu werden. Ist jedoch der Übermensch ein unerreichbares Ziel, so hat der häßlichste Mensch einen Fehler gemacht: nicht Gott, sondern die Scham hätte er töten müssen, um das Sich-Schämen zu verlernen; denn er selbst ist es, der sich mit den Augen Gottes sieht und sich verabscheut. Zarathustra weiß das auch: »Keinen fand ich noch, der sich so tief verachtete: auch *das* ist Höhe.«

Trotz der Wagnerischen Inszenierung und dem biblischen Sprach-Pastiche ist es eine profunde Parabel. Wäre es dem häßlichsten Menschen gelungen, zu tun, wonach er wirklich trachtete: sich der Scham zu entledigen, so hätte er den Menschen vernichtet. Denn den Menschen – um den Schlußsatz des *Prozeß*-Romans zu verkehren – wird es nicht länger geben als seine Fähigkeit, sich zu schämen.

Bibliographische Anmerkungen

Der Essay »Die Wiederkehr der Unschuld« stand unter dem Titel »Zarathustras drei Verwandlungen« in der Festschrift für Gerhard Storz, *Über Literatur und Geschichte*, Athenäum Verlag, Frankfurt a. M., 1973; »Als der Dichter Yeats zum ersten Mal Nietzsche las« in der Festschrift für Dolf Sternberger, *Sprache und Politik*, Verlag Lambert Schneider, Heidelberg, 1968.

»Modernität und Tradition« wurde 1965 als Vortrag bei einer gemeinsamen Veranstaltung der Universität München und der Bayerischen Akademie der Schönen Künste gehalten und im folgenden Jahr im Sammelband *Avantgarde, Geschichte und Krise einer Idee*, Verlag Oldenbourg, München, 1966 gedruckt. Er erscheint hier in revidierter und erweiterter Form.

»Die Lyrik und das Ärgernis der Subjektivität« ist im wesentlichen identisch mit einem Vortrag, der im Jahr 1976 in der Schopenhauer-Gesellschaft gehalten und im *Schopenhauer-Jahrbuch für das Jahr 1976* veröffentlicht wurde.

Die »Betrachtungen über Hölderlins ›Hälfte des Lebens‹« werden in dieser deutschen Fassung hier zum ersten Mal gedruckt. Ihr Anlaß war ein Vortrag über Heidegger und die Dichtung, zu dem mich die Universität von Kalifornien in San Diego aufgefordert hatte. Er erschien dann in der Festschrift für Oskar Seidlin, *Herkommen und Erneuerung*, Max Niemeyer Verlag, Tübingen, 1976.

»Die verantwortungslose Literatur«, als englischer Vortrag bei einem Symposion der Modern Language Association of America in New York gehalten, erschien auf deutsch im September 1968-Heft der Zeitschrift *Merkur*.

»Ein imaginärer Dialog« über Karl Kraus erschien im Juni 1956 in den Wiener Monatsheften *Forum* und »Die Ethik der Sprache«, eine der Wiener Reden zum Andenken des 100. Geburtstags des Satirikers und Dichters, in der Festschrift *Austriaca* für Heinz Politzer, Max Niemeyer Verlag, Tübingen, 1975.

»Thomas Mann in Venedig« erschien zuerst in der Festschrift für Liselotte Dieckmann, *Essays on European Literature*, Washington University Press, St. Louis, Missouri, 1972; »Improvisation des Klassischen« in *Die Klassik-Legende*, herausgegeben von Reinhold Grimm und Jost Hermand, Anthenäum Verlag, Frankfurt a. M., 1971; und »Die Zurücknahme der Neunten Symphonie«, als Vortrag zu Thomas Manns 100. Geburtstag im Rahmen des Thomas Mann-Symposions in München gehalten, wird in dem geplanten Sammelband der Münchner Vorträge erscheinen.

Teile des Essays »Psychoanalyse und Literatur« wurden zu Sigmund Freuds 100. Geburtstag als Vortrag in London gehalten und anschließend im *Jahresring* 1956–57, Deutsche Verlags-Anstalt, Stuttgart, gedruckt.

»Vom Menschen, der sich schämt« erschien deutsch erstmals im August 1974-Heft des *Merkur*.

Von Erich Heller
erschienen im Suhrkamp Verlag

Enterbter Geist. Essays. 1954. 374 S. Ln.
Die Reise der Kunst ins Innere. 1966. 280 S. Ln.
Thomas Mann. Der ironische Deutsche. 1975. 364 S. *suhrkamp taschenbuch* 243.
Nirgends wird Welt sein als innen. Versuche über Rilke. 1975. 150 S. *suhrkamp taschenbuch* 288.

Von Erich Heller
erschien im Insel Verlag

Essays über Goethe. 1970. 168 S. Kt.

st 357 H. P. Lovecraft, Das Ding auf der Schwelle. Unheimliche Geschichten
Deutsch von Rudolf Hermstein
Mit einem Nachwort von Kalju Kirde
Phantastische Bibliothek Band 2
212 Seiten
»Lovecrafts Geistergeschichten konzentrieren sich ohne Ausnahme auf einen Prozeß des Grauens, der sich in einer Sphäre des Verwesenden, des Zerfallenden abspielt: in Stadtvierteln, die von den meisten Menschen gemieden werden, in abgeschiedenen Einöden, die seit Generationen verflucht sind ... Wenn das Grauen, das sich meist unsichtbar im Verborgenen aufhält, einmal sichtbar wird, fallen die Zeugen des Unbeschreiblichen in Ohnmacht oder tragen Schaden an Leib und Seele davon.«

Frankfurter Rundschau

st 358 Herbert W. Franke, Ypsilon minus
Mit einem Nachwort von Franz Rottensteiner
Phantastische Bibliothek Band 3
168 Seiten
Wie bei allen Science-fiction-Stoffen von H. W. Franke geht es um prinzipiell mögliche Entwicklungen, um solche, die sich verwirklichen könnten, wenn man den Dingen ihren Lauf ließe. Zunächst wird der Leser von den geschilderten Ereignissen gefangen sein, vom verzweifelten Kampf gegen Reglementierung und Entpersönlichung vor der phantastisch-abstrusen Kulisse einer

Automatenwelt. Erst nachher wird er merken, daß ein beachtlicher Teil davon längst zur Realität unserer täglichen Umwelt geworden ist.

st 359 Blick vom anderen Ufer. Europäische Science-fiction
Herausgegeben und mit einer Einleitung von Franz Rottensteiner
Phantastische Bibliothek Band 4
258 Seiten
Das Buch beabsichtigt, ein möglichst vielseitiges Spektrum anspruchsvoller Science-fiction zu bieten. Der Bogen reicht von der ätzenden Anti-Kriegsgeschichte und dem psychologischen Schrecken eines Sewer Gansowski bis zum liebenswürdigen Humor Wadim Schefners, von der mythischen Parabel Iwanows bis zur romantisch-melancholischen, lyrisch gestimmten Geschichte des Franzosen Gérard Klein. Das Glanzstück der Anthologie stammt von Stanisław Lem, der in seiner Novelle virtuos die verschiedensten Möglichkeiten der Jagd nach dem flüchtigen Glück durchspielt und Weltbeglückungsideen parodiert und ad absurdum führt.

st 360 Hermann Hesse, Kleine Freuden. Verstreute und kurze Prosa aus dem Nachlaß
Herausgegeben und mit einem Nachwort von Volker Michels
391 Seiten
Der unerwartete Erfolg der ersten Sammlung von Hesses betrachtender und erzählender Kurzprosa aus dem Nachlaß, die 1973 unter dem Titel *Die Kunst des Müßiggangs* (st 100) erschien, war Anlaß, einen weiteren Band mit Texten zusammenzustellen, die Hesse zu seinen Lebzeiten in keiner Buchausgabe gesammelt hat und die folglich auch in der Werkausgabe fehlen. Die meisten dieser Stücke sind als »Feuilletons« in zahlreichen deutschen, schweizerischen und österreichischen Zeitungen und Zeitschriften erstmals gedruckt worden.

st 361 Helmuth Plessner, Die Frage nach der Conditio humana. Aufsätze zur philosophischen Anthropologie
198 Seiten
Plessner stellt die Frage, welches die »vor-menschlichen«

Bedingungen sind, die menschliche Existenz, bevor sie sich in historisch je variabler Form zu entfalten vermag, entscheidend prägen. Zwar ist der Mensch ungebunden insofern, als er sich geschichtlich immer wieder »anders« realisiert; aber seinen Realisierungsmöglichkeiten liegen anthropologische Konstanten zugrunde, die ihn spezifisch festlegen. Indem Plessner Grundmodalitäten menschlichen Handelns untersucht, stellt er zugleich die Frage nach Möglichkeit und Grenzen geschichtlicher Veränderungen.

st 362 Wolfgang Hildesheimer, Theaterstücke. Über das absurde Theater
186 Seiten
Dieser Band vereinigt die folgende Theaterstücke: *Pastorale* (1958, Neufassung 1965), *Die Verspätung* (1961), *Nachtstück* (1962) und bringt am Schluß die Rede *Über das absurde Theater* (1960), die heute zum Pflichtpensum auch vieler Theaterseminare nicht nur in Deutschland gehört.
»Die Arbeiten Wolfgang Hildesheimers bezeichnen . . . den deutschen Zweig jener ›engagierten‹ Literatur, die im Absurden das Tragische aufspüren will.«
Claus Henning Bachmann

st 363 Wolfgang Hildesheimer, Hörspiele
158 Seiten
Inhalt: *Das Opfer Helena* (1955), *Herrn Walsers Raben* (1960), *Unter der Erde* (1962), *Monolog* (1964)
»Hildesheimers Rundfunkdichtungen zeugen von der gleichen skurrilen Phantastik und der gleichen zeitbezüglichen Ironie, die auch den Geschichten des Autors ihr ganz eigentümliches Gepräge geben.«
Kieler Nachrichten

st 365 Ambrose Bierce, Das Spukhaus. Gespenstergeschichten
Deutsch von Gisela Günther, Anneliese Strauß und K. B. Leder
Phantastische Bibliothek Band 6
166 Seiten
Neben den grausamen, den Krieg als Barbarei entlarven-

den Geschichten aus dem amerikanischen Bürgerkrieg schrieb Bierce auch Gespenstergeschichten, die sich durchaus mit denen Poes messen können. »Bierce hat sich gleichermaßen als ein Meister der makabren Phantasie und der knappen realistischen Erzählweise erwiesen.«

Frankfurter Rundschau

st 366 E. L. Doctorow, Das Buch Daniel. Roman
Aus dem Amerikanischen von Thomas Schlück
342 Seiten
Doctorow benutzt das historische Material eines skandalösen Prozesses, in dem 1950 ein jüdisches Ehepaar wegen angeblichen Verrats des Atombombengeheimnisses an die Sowjetunion auf dem elektrischen Stuhl hingerichtet wurde, als Idee eines packenden, hochaktuellen Buches. »Zwar hat es in der sogenannten Schönen Literatur an gesellschaftskritischem Engagement der Autoren keinen Mangel, aber nur ganz wenige Schriftsteller nehmen es auf sich, die Politik ihres Landes, ihrer Regierung mit all den vielfältigen Folgen für einzelne Bürger zum Thema eines Romanes zu machen. Schon allein aus diesem Grund ist *Das Buch Daniel* des Amerikaners E. L. Doctorow eine Rarität.«

Helmut M. Braem, Stuttgarter Zeitung

st 367 Stuart Gilbert, Das Rätsel Ulysses.
Eine Studie
Ins Deutsche übertragen von Georg Goyert
Für die Taschenbuchausgabe neu durchgesehen und mit Zitaten aus der Frankfurter Joyce-Ausgabe
316 Seiten
Seit der ersten Auflage dieses aufklärenden Buches, das noch unter Mitwirkung von Joyce geschrieben wurde, gilt sein Autor als der gründlichste Kommentator des *Ulysses*. Auf dem Hintergrund genauer Kenntnis sowohl des Joyceschen Gesamtwerks als auch der wesentlichen Literatur zu Joyce zeigt Gilbert Voraussetzungen, Zusammenhänge, Querverbindungen, Entsprechungen.
»Gilberts Analysen sind Orientierungshilfen für die Lektüre, überdies ausgezeichnete Hinweise für die Interpretation. Eine enorm wichtige Studie zu einem der wichtigsten Romane dieses Jahrhunderts.«

Aachener Nachrichten

st 368 Hermann Hesse, Die Verlobung.
Gesammelte Erzählungen. Band 2 1906–1908
Zusammengestellt von Volker Michels
390 Seiten
Der zweite Band dieser auf vier Bände angelegten Taschenbuchausgabe enthält Erzählungen aus Hesses Gaienhofener Jahren. Die übrigen drei Bände haben die Titel *Aus Kinderzeiten.* Band 1 1900–1905 (st 347); *Der Europäer.* Band 3 1909–1918 (st 384); *Innen und Außen.* Band 4 1919–1955 (st 413).

st 369 Alexander Weissberg-Cybulski, Hexensabbat
Mit einem Vorwort von Arthur Koestler
382 Seiten
Die »Große Säuberung« 1936–1938 im Rußland Stalins mit ihren rund zehn Millionen Opfern war mehr als nur eine Episode in einem diktatorischen Regime. Daß dieses Buch kein Buch der Schrecken ist, ist dem Verfasser zu danken, dessen unverwüstlicher Optimismus und Mut seinen Bericht aus den russischen Gefängnissen in erstaunlichen Gegensatz zum schrillen Ton der üblichen Gefangenenliteratur stellt.

st 370 Alejo Carpentier, Explosion in der Kathedrale. Roman
Aus dem Spanischen übersetzt von Hermann Stiehl
380 Seiten
Dieses Werk ist ein im besten Sinn traditionell geschriebener, im Tenor aber moderner historischer Roman: Sein indirekter Hinweis auf das Zeitgeschehen in Cuba ist unverkennbar. Sein Thema: die Begegnung verschiedener Kulturen beim Transport der Französischen Revolution und ihrer Freiheitsideen auf die Antillen, Perversion der Ziele durch den Widerstand von Menschen und Dingen. Dennoch hat, in dem scheinbar tödlichen Kreislauf der Geschichte, Geschichte stattgefunden und die Explosion in der Kathedrale, die Revolution, ihre wandelnde Kraft bewiesen.

st 371 Siegfried Kracauer, Das Ornament der Masse. Essays
Mit einem Nachwort von Karsten Witte
356 Seiten
Eine Erkundung der »Exotik des Alltags, abenteuerlicher

als eine Filmreise nach Afrika« nannte Kracauer 1929 seine Studie über die Angestellten. Diese Charakterisierung trifft auch auf die Essays zu, die in diesem Band versammelt sind, von denen viele in der »Frankfurter Zeitung« veröffentlicht wurden. Sie handeln von Straßen, Lokalen und Passanten, von Film und seinem Publikum, von Büchern, Gedanken und scheinbar ganz harmlosen Dingen, die erst unter Kracauers Blick zwielichtig werden, vertrackt und hintergründig.

st 372 Ernst Penzoldt, Die Powenzbande. Zoologie einer Familie
288 Seiten
»Ein lustiges Buch, *diese Powenzbande«*, schrieb Thomas Mann, »ein Schelmenstück, die kindlich-drollige Verschwörung kleiner sozialer Selbsthelfer gegen die ›Ordnung‹ und ihre grimmige Dummheitsmiene und also so ganz und gar harmlos nicht.«

st 374 Vision und Politik. Die Tagebücher Theodor Herzls
Auswahl und Nachwort von Gisela Brude-Firnau
344 Seiten
Herzls Tagebücher sind historischer Kommentar und intensive Selbstaussage. In seltener Synthese ergänzen sich hier Literatur und Politik, Gedanke und Handlung. Die Tagebücher zeigen, daß Herzls Forderung eines ethisch fundierten Staates, der Toleranz und jüdisch-arabische Koexistenz ermöglicht, die einzige Alternative war gegenüber der vorausgeahnten Apokalypse. Abgeschlossen wird der Band durch ein ausführliches Nachwort, das die historische und literarische Bedeutung der Tagebücher kommentiert, die Dreyfus-Legende widerlegt und für die erneute Beachtung Herzls als Schriftsteller plädiert.

st 375 Hermann Broch, Philosophische Schriften
Kommentierte Werkausgabe, herausgegeben von
Paul Michael Lützeler
Bd. 1 – Kritik, 314 Seiten
Bd. 2 – Theorie, 334 Seiten
Band 1 enthält Brochs Kulturkritik, seine Positivismus-Kritik und die Rezensionen. Die kulturkritischen Stellung-

nahmen reichen von den frühen, durch Schopenhauer und Nietzsche beeinflußten Aphorismen aus dem Jahre 1908 bis zu den Reflexionen über die philosophischen Aufgaben einer internationalen Universität von 1946. Die Studien zum Positivismus zeigen Broch in der Auseinandersetzung mit B. Russell, L. Wittgenstein und den Vertretern des Wiener Kreises während der 30er Jahre. Bei den Rezensionen handelt es sich um Besprechungen der Werke von M. Adler, E. Bloch, J.-P. Sartre, E. von Kahler u. a.

Band 2 enthält die Beiträge zur Wert- und Geschichtstheorie, die erstmals ein adäquates Bild von Brochs eigenständiger philosophischer Leistung in den 20er Jahren vermitteln. Sie werden ergänzt durch seine erkenntnistheoretischen Abhandlungen.

st 376 Das Gedicht. Eine Sammlung von Benno von Wiese
192 Seiten
»Sich Gedichten verweigern heißt, das Gespräch untereinander unterbrechen wollen.« *Benno von Wiese*

st 377 Milan Kundera, Das Leben ist anderswo. Roman
Aus dem Tschechischen von Franz Peter Künzel
368 Seiten
Der Roman, 1973 in Frankreich erstveröffentlicht, ist die Geschichte des einzigen Sohnes einer Prager Bürgerstochter, die, von ihrem Mann enttäuscht, vom Sohn Jaromil Entschädigung verlangt: er soll der apollinisch vollkommene Dichter werden. »In Jaromil verkörpert sich ein tschechisches Schicksal der Mitte des 20. Jahrhunderts. Im Hintergrund scheinen die markanten historischen Ereignisse der Jahre 1938 und 1968 auf.« *Berner Tagblatt*

st 378 Adolfo Bioy Casares, Fluchtplan. Roman
Aus dem Spanischen von Joachim A. Frank
136 Seiten
In diesem Roman ist die Insel ein Archipel mit Gefängnisanstalten (die Teufels- oder Salutinseln). Der Briefschreiber, der dorthin strafversetzte Leutnant Nevers, soll dem Gouverneur Castel zur Hand gehen. Tage verstreichen, ehe er Castel, über den sonderbare Gerüchte im

Umlauf sind, kennenlernt. Eine der Inseln wird Nevers verboten. Er versucht, das Geheimnis zu lüften. Seine Briefe nach Hause, seine Tagebucheintragungen melden seine Erkundungen und Schlüsse, Ergebnisse, die er immer wieder berichtigen muß.

st 379 Christiane Rochefort, Das Ruhekissen. Roman
Aus dem Französischen von Ernst Sander
304 Seiten
Erzählt wird die Geschichte von Liebe und Hörigkeit einer Frau. Sie verfällt einem jungen, süchtigen Intellektuellen, der seine ganze Intelligenz nutzt, um diese Frau immer tiefer zu erniedrigen. Wie dann in der tiefsten Krise, in der beide zugrunde gehen müßten, die Idee des Lebens triumphiert, das gehört zu den erstaunlichen Wendungen dieses erstaunlichen Buches.

st 380 Hermann Hesse, Briefe an Freunde.
Rundbriefe 1946–1962
Zusammengestellt von Volker Michels
272 Seiten
Seit 1946, seit der Verleihung des Nobelpreises an Hermann Hesse, nahm der tägliche Posteingang an Leserbriefen solche Dimensionen an, daß Hesse einen Ausweg finden mußte, der es ihm ermöglichte, seinem Grundsatz treu zu bleiben und den Fragen nicht auszuweichen, ohne ihm doch die schriftstellerische Produktion zu opfern. So half er sich von 1946 bis zu seinem Lebensende mit einer neuen literarischen Gattung, seinen »Rundbriefen«, die es ihm erlaubten, sowohl auf die am häufigsten wiederkehrenden Leserfragen zu reagieren, zeitgenössische Bücher zu empfehlen als auch seine neuen Erlebnisse und Erfahrungen festzuhalten und zu gestalten.

st 381 Hermann Hesse, Die Gedichte. 2 Bände
Neu eingerichtet und um Gedichte aus dem Nachlaß erweitert von Volker Michels
zus. 842 Seiten
Mit mehr als 680 Gedichten ist dies die bisher vollständigste Ausgabe der Lyrik Hesses. Die Gedichte sind in zeitlicher Folge angeordnet. Beginnend mit dem frühesten Gedicht aus dem Jahre 1892 (Nachlese) und ergänzt

um die späten Gedichte, sowie erstmals um die wichtigsten humoristischen und zeitkritischen Gedichte aus dem Nachlaß, ergeben diese Bände eine Art lyrischer Autobiographie.

st 383 Hermann Hesse, Kurgast. Aufzeichnungen von einer Badener Kur
112 Seiten
»Eine Badereise mit ihren tragikomischen Alltäglichkeiten wird dem Dichter zum Anlaß, das Zusammenleben der Menschen in einer Folge von gutgelaunten, idyllischen philosophisch beschaulichen Szenen zu durchleuchten. Mit Entzücken sieht der Leser durch den lebenschaffenden Blick des Dichters in diesem Mikrokosmos die Formenfülle und Merkwürdigkeit der Welt.«.

Oskar Loerke

st 384 Hermann Hesse, Der Europäer.
Gesammelte Erzählungen. Band 3 1909–1918
Zusammengestellt von Volker Michels
372 Seiten
Der dritte Band dieser auf vier Bände angelegten Taschenbuchausgabe enthält Erzählungen aus Hesses letzten beiden Jahren am Bodensee, die mit der Indienreise ihren Abschluß fanden, sowie Erzählungen aus den Jahren bis 1918, der Zeitspanne vor und während des Ersten Weltkriegs, als er in Bern lebte. Die Jahre des Ersten Weltkriegs waren Hesses politische Lehrzeit. Damals sammelte er die Erfahrungen, ohne die sein unbestechlicher Vorausblick für die künftigen politischen Entwicklungen nicht möglich gewesen wäre.

st 385 Hugo Ball, Hermann Hesse. Sein Leben und sein Werk
186 Seiten
»Aus dem Konflikt von Zeit und Kultur gelingt Hugo Ball die Deutung manches großartigen Widerspruchs, den wohl der eine oder andere Leser der Hesseschen Bücher festzustellen meint: ›Wohl kaum hat Hesse ein Erlebnis bis zum Rest erschöpft und gedeutet, so wird ihm gerade dieses Erschöpfen zur Gefahr und wirft ihn in das andere Extrem.‹ Wie diese Deutung durchgeführt wird, das macht die Lektüre dieses eigenwilligen, klu-

gen und lebensnahen Buches zu einem heute seltenen Genuß.«

Hermann Kasack

st 386 Hermann Hesses weltweite Wirkung.
Internationale Rezeptionsgeschichte
Herausgegeben von Martin Pfeifer
364 Seiten
Zum ersten Mal wird hier die Wirkung des Werkes dieses Autors in ihrem weltweiten Ausmaß untersucht und dargestellt. Es werden Entwicklungen und gegenwärtiger Stand der Hesserezeption unter ihrem verlegerischen und publizistischen Aspekt, die Qualität der Übersetzungen und die wissenschaftliche Auseinandersetzung mit Hesses Werk gezeigt und Antwort zu geben versucht auf die Frage nach den Leserschichten und deren Zusammensetzung, nach der Art des Literaturkonsums und nach den Auswirkungen der Hesselektüre.

st 395 Hans Magnus Enzensberger, Der kurze Sommer der Anarchie
Buenaventura Durrutis Leben und Tod. Roman
Mit Abbildungen
336 Seiten
Die zwölf Kapitel des Romans handeln vom Leben und vom Sterben des spanischen Metallarbeiters Durruti, der nach einer militanten und abenteuerlichen Jugend zur Schlüsselfigur der spanischen Revolution 1936 geworden ist. Die Darstellung beruht auf zeitgenössischen Broschüren, Flugblättern und Reportagen, auf Reden und Memoiren und auf Interviews mit Augenzeugen, die Durruti gekannt haben.

st 413 Hermann Hesse, Innen und Außen.
Gesammelte Erzählungen. Band 4 1919–1955
Zusammengestellt von Volker Michels
432 Seiten
Der vierte und letzte Band der Erzählungen Hesses setzt ein nach dem ersten Weltkrieg und enthält alle seitdem parallel zu den großen erzählerischen Werken, »Siddhartha«, »Der Steppenwolf«, »Narziß und Goldmund«, »Die Morgenlandfahrt« und »Das Glasperlenspiel« entstandenen kürzeren Erzählungen.

Alphabetisches Gesamtverzeichnis der suhrkamp taschenbücher